21세기 포스트모던 시대의 가장 큰 위기는 메타내러티브(metanarrative, 거대 서사)의 상실이다. 모든 개인은 자신이 세상의 중심이라고 호기롭게 외치지만, 우리의 인생은 매우 짧고 유한할 뿐이다. 이와 관련해 크리스토퍼 라이트는 이 책에서 신구약 성경을 근거로 모든 그리스도인이 하나님의 선교라는 위대한 이야기에 속해 있다는 사실을 설득력 있게 논증한다. 이집트의 노예로 억압당하던 이스라엘 민족을 구원하신 하나님은 그들에게 '하나님의 백성'이라는 정체성을 주시고, 그들을 통해 사랑과 공의에 기초한 하나님의 나라를 세우고자 하셨다. 이스라엘 민족이 시내산에서 받은 옛 언약은 예수 그리스도의 십자가를 통해 새 언약으로 확장되었고, '하나님의 백성'이라는 정체성은 이제 민족적 혈통이 아니라 그리스도를 향한 믿음으로 얻을 수 있게 되었다. 이 책은 우리가 이러한 정체성을 바탕으로 우리 인생의 의미와 목적, 교회의 사명과 책임을 발견하도록 이끌어 준다. 특히 라이트가 강조한 선교적 성경 해석학은 하나님 나라의 관점을 이해하는 데 매우 중요한 통찰을 준다.

문대원 대구동신교회 담임목사, 로잔 운동 국제 이사

복음주의 진영의 대표적인 선교학자, 크리스토퍼 라이트의 새로운 책이 나와 매우 기쁘다. 라이트가 그의 전작 『하나님의 선교』와 『하나님 백성의 선교』를 통해 복음주의 관점에서의 총체적 선교를 전개했다면, 이 책에서는 각 책에서 보여 준 선교에 대한 관점을 한층 명료하게 발전시킨다. 특히 구약학자이자 선교학자라는 독특한 학문적 전문성을 바탕으로 성경 전체를 하나님의 선교라는 관점으로 읽어 내는 '선교적 성경 해석학'을 자세히 다루고, 그 구체적 사례들을 제시한다. 그런 다음 총체적 선교와 최근 급부상하고 있는 주제인 '창조 세계 돌보기'(생태 선교)를 조명하는데, 복음주의 진영의 학자로서 라이트가 이러한 주제를 어떻게 다루고 있는지도 볼 수 있다. 한국 교회에 주어진 선교적 과제에 관심 있는 신학생과 목회자뿐 아니라 모든 그리스도인이 꼭 일독하기를 추천한다.

박보경 장로회신학대학교 선교학 교수, 세계선교학회 회장

이 책은 성경을 하나님의 목적 및 하나님의 선교에 대한 우리의 참여를 보여 주는 하나님의 거대 서사로 보게 하고, 새롭게 상상하게 만든다. 라이트는 성경에 대한 방대한 학문적 지식과 국제적 사역 경험을 토대로 성경 이야기에 생명력을 부여한다. 유려하면서도 이해하기 쉬운 이 책을 통해, 모든 독자들이 하나님의 선교를 받아들이고 온 교회를 위한 온전한 선교를 발견하도록 격려한다.

린 코힉 휴스턴 신학교 신약학 석좌교수, 『NICNT 에베소서』 저자

교회를 위해 중요한 책들을 지속적으로 출간하고 있는 크리스 라이트가 새롭게 내놓은 책이다. 크리스는 자신이 다루어 온 여러 중요한 주제들을 간결하고 명료하며 대중적인 방식으로 결합한다. 그 내용은 선교적 성경 해석학의 개요, 기독교 신앙과 선교에서 서사가 차지하는 중요성, 복음서들의 선교 명령과 총체적 선교 등 다양한 주제를 포함한다. 이 책은 여러 신학 강좌를 위한 훌륭한 교과서다. 나 역시 이 책을 사용하고 다른 이들에게 열렬히 추천할 것이다.

마이클 고힌 커버넌트 신학교 선교 신학 교수, '미셔널 트레이닝 센터' 신학 교육 책임자, 『성경은 드라마다』 공저자

라이트는 '교회의 존재 양식'으로서의 선교 개념을 재구성한다. 이는 모든 기독교적 규범에 대한 우리 이해를 전적으로 변화시키는 방식이다. 신중하게 논증하고 성경을 다시 읽어 내려가면서, 그는 그리스도인들이 빠지기 쉬운 오만한 태도와 도덕적 망각을 드러낸다. 이 책은 명료한 대화체로 쓰였지만 기억해야 할 문구와 통찰로 가득하다. 교회 안에서 널리 읽혀야 할 책이다.

엘런 데이비스 듀크 대학교 신학대학원 성경 및 실천 신학 교수, 『성경 읽기는 예술이다』 저자

크리스 라이트는 내가 학생들에게 작가의 모든 책을 읽으라고 권하는 몇 안 되는 저자들 중 한 명이다. 그는 숙련된 구약학자로서 성서학과 선교학을 넘나들며 작업한다. 이것은 이례적으로 풍성한 교차 지점이며, 이 같은 작업을 수행할 기술을 가진 이는 그리 많지 않다. 크리스는 이 책에서 다루는 문제들에 대해 오랫동안 생각하고 가르치고 글을 써 왔다. 그래서 그토록 오랜 노고가 비교적 압축적으로 담긴 이 책을 읽는 독자들은 선물을 받은 것이나 다름없다. 아무리 추천해도 지나치지 않은 책이다!

크레이그 바르톨로뮤 영국 옥스퍼드 대학교 커비 레잉 기독교 윤리 연구소 소장, 『성경은 드라마다』 공저자

로잔 운동은 1974년 설립 이래로 '온 교회가 온 복음을 온 세상에 전파하도록' 도전해 왔다. 로잔 언약의 수석 설계자이자 자신의 멘토인 존 스토트의 뜻을 이어받은 크리스 라이트는, 훌륭한 성경적 깊이와 폭으로 그 틀을 설명해 준다. 그는 하나님의 선교가 우리의 인식보다 훨씬 크다는 사실을 이해하도록 돕고, 우리 모두가 그 선교의 여러 부분에 더 인격적이고 총체적인 방식으로 기여하도록 도전한다. 아무쪼록 우리가 하나님의 전 지구적 백성으로서 이 중대한 가르침을 적극적으로 읽고 그 가르침에 응답하게 되기를 바란다!

마이클 오 로잔 운동 국제 디렉터 및 최고경영자

평생 학문적 성경 연구에 헌신하고 동시에 하나님의 선교에 대한 열정을 가진 크리스토퍼 라이트가 우리에게 안내하는 성경 읽기 방식은, 대단히 창조적이고 이해하기 쉽고 흡입력 있다. 이 책 전체에서 확인할 수 있는 그의 논지는, 성경이 하나님의 선교 이야기이며 그것이 우리의 이야기라는 것이다. 우리는 너무나 놀라운 성경 드라마의 일곱 개 막 안에서 우리 자신을 발견한다.

스캇 선퀴스트 고든 콘웰 신학교 총장 및 선교학 교수, 『기독교 선교의 이해』 저자

라이트는 역사 속에서 이루어지는 하나님의 운동, 우주를 위해 펼쳐지는 하나님의 드라마 안으로 우리를 깊숙이 데려가, 그 안에서 호흡하도록 우리를 초대한다. 하나님의 이야기 안에 산다는 것은 그 안에서 우리가 어느 시대에 살고 있는지 발견한다는 뜻이 아니다. 그것은 우리 삶의 어떤 순간에서도, 창조에서 새 창조에 이르는 이 거대한 플롯의 어떤 막이든 경험할 수 있다는 뜻이다. 이 서사에 어떤 종류의 인간이 참여하고, 이 서사를 통해 어떤 종류의 인간이 빚어지는가? 이것이 바로 이 토대를 이루는 책을 통해 라이트가 불러일으키는 질문이다.

마이르토 테오카로우스 그리스 바이블 칼리지 히브리어 및 구약학 교수

목회자나 교회 지도자, 나아가 모든 그리스도인이 이해하기 쉽게 쓰인 책이다. 성경의 가르침에 대한 대중적 오해를 교정하면서 사려 깊고 유익한 방식으로 기독교 복음의 성격을 조명하고, 환경 정의를 위한 강력한 성경적 근거를 제시한다. 궁극적으로 선교의 본질과, 기독교 공동체의 소명과, 성경 이야기 속에서 그들이 차지하는 자리에 관한 라이트의 분석은 지역 교회의 연구와 논의에 생산적 역할을 할 것이다.

마이클 배럼 캘리포니아 세인트 메리 칼리지 신학과 종교 연구 교수

라이트의 책은 깊이 있는 신학적 기초 위에서, 신학자가 아닌 사람들도 쉽게 이해할 수 있는 언어로 하나님의 계획을 개관한다.

볼프강 헤데 *Faithful Until Death* 저자

하나님의 선교, 세상을 바꾸다

IVP(InterVarsity Press)는
캠퍼스와 세상 속의 하나님 나라 운동을 지향하는
IVF(InterVarsity Christian Fellowship)의 출판부로
생각하는 그리스도인을 위한 문서 운동을 실천합니다.

ⓒ 2023 by Christopher J. H. Wright
Originally published in English under the title
The Great Story and the Great Commission by Baker Academic,
A division of Baker Publishing Group
P.O. Box 6287, Grand Rapids, MI 49516, U. S. A.
All rights reserved.

Used and translated by the permission of Baker Publishing Group
through rMaeng2, Seoul, Republic of Korea.

This Korean edition ⓒ 2024 by Korea InterVarsity Press
156-10 Donggyo-ro, Mapo-gu, Seoul 04031, Republic of Korea.

이 한국어판의 저작권은 알맹2를 통하여
Baker Publishing Group과 독점 계약한 IVP에 있습니다.
신 저작권법에 의하여 한국 내에서 보호받는 저작물이므로
무단 전재와 무단 복제를 금합니다.

하나님의 선교, 세상을 바꾸다

크리스토퍼 라이트
정효진 옮김

The Great Story
and
the Great Commission

성경에서 발견한 위대한 이야기, 위대한 사명

Ivp

찰리 스크라인에게

하이엇 무어(Hyatt Moore)
"열두 부족과 함께하는 마지막 만찬"
(The Last Supper with Twelve Tribes)

캔버스에 아크릴과 오일, 609cm×137cm, 2000.

(왼쪽부터) 몬태나 크로우족, 북아프리카 베르베르족, 케냐 마사이족, 중국인, 에콰도르인, 아프가니스탄인, 예수님, 에티오피아인, 멕시코 첼탈족, 브라질 카넬라족, 파푸아뉴기니인, 브리티시컬럼비아 살리시족, 몽골인.

차례

서문 13

들어가며 16

1장	선교적 성경 해석학	22
2장	위대한 이야기: 7막의 드라마	36
3장	위대한 이야기의 역할	70
4장	위대한 임무와 선교의 다섯 가지 표지	100
5장	복음 전도와 가르침을 통해 교회 세우기	120
6장	긍휼과 정의를 통해 사회 섬기기	137
7장	창조 세계의 선함과 영광	165
8장	창조 세계의 종착지	193
9장	위대한 이야기, 위대한 임무, 교회의 선교	210

성경 찾아보기 225

이 책의 판매로 생기는 크리스토퍼 라이트의 인세는 모두 랭엄 문서사역(Langham Literature)에 기부하기로 되어 있다. 랭엄 문서사역은 존 스토트가 창설한 국제 랭엄 파트너십(Langham Partnership International, LPI)에 속한 국제 프로그램 중 하나다. 랭엄 파트너십은 교회가 성경적 설교와 가르침의 수준을 높여 그리스도를 닮은 성숙한 교회로 성장할 수 있도록 돕기 위해 세워진 단체다. 랭엄 문서사역은 복음주의 도서들을 다수 세계(Majority World)의 목회자, 신학생, 신학교 도서관에 보급하고, 그 지역어로 된 기독교 도서의 저술과 출판을 육성한다. 랭엄 문서사역과 LPI에 대해 더 알고 싶다면, www.langham.org를 방문하기 바란다.

서문

수년간 생각하고 읽고 쓰고 설교했던 내용을 세 개의 강의로 압축하기란 결코 쉬운 일이 아니다. 하지만 대니얼 자카리아스(Daniel H. Zacharias) 목사가 캐나다 노바스코샤의 아카디아 신학교에서 2020년 10월에 열릴 예정이었던 헤이워드 강연을 제안했을 때, 나는 이를 흔쾌히 수락했다. 덕분에 "위대한 이야기와 위대한 선교: 선교적 성경 해석학이 교회를 세우고, 사회를 섬기고, 창조 세계를 관리하는 우리의 선교를 형성하는 방식"이라는 큰 표제 아래 현장과 온라인으로 모인 청중과 선교의 본질에 관한 성찰을 나눌 수 있었다. 그런 좋은 기회를 허락해 주신 대니 목사님과 아카디아 신학교에 심심한 사의를 표한다. 마찬가지로, 엄청나게 압축된 그 강의들을 책으로 출간하면서 자유롭게 확장하고 설명하고 주석을 달 기회를 준 베이커 아카데믹 출판사에도 감사를 전하고 싶다. 또한 유익한 제안을 해 주고 초고를 잘 개선해 준 제임스 코스모와 편집팀에 감사드린다.

성경과 선교에 관한 여러 책을 쓰면서 나는 오랫동안 신념 하나를 견지해 왔다. 하나는 하나님의 선교와 하나님 백성의 선교를 제대로 이해하기 위해서는 성경 전체가 필요하다는 것이다. 또 하나는 하나님이 우리에게 주신 형태의 성경 전체를 사용하는 순간, 우리는 인간적 삶과 경험의 폭넓은 스펙트럼 속에서 넓은 지평의 성경적 비전과 소망을 가지고 하나님의 목적에 참여하도록 초대받게 된다는 것이다. 나는 독자들이 이 책을 통해 그런 광범위한 폭과 깊이의 윤곽을 간략히 스케치해 봄으로써, 거대 서사가 담긴 성경이라는 드라마를 더 풍성하게 이해하기를 소망한다. 또 각각의 신자와 교회들이 모든 차원의 선교적 삶과 증언을, 그리스도의 주되심 아래 하나님 나라의 좋은 소식이라는 성경적 복음을 중심으로 통합해 내기를 바란다.

지난 20년 동안 아내 리즈와 함께 영국 런던 랭엄 플레이스의 올 소울스 교회의 일원으로 살아올 수 있었던 것은 너무나 큰 기쁨이자 특권이었다. 우리가 처음 이 교회에 출석하게 된 것은, 존 스토트(John Stott) 명예사제로부터 그분이 30여 년 전 창립한 랭엄 파트너십[1]을 이끌어 달라는 요청을 받은 2001년이었다. 존 스토트의 사역과 가르침으로부터 강력한 성경적 유산을 물려받은 올 소울스 교회는 지금도 신학적이고 실제적인 측면에서 복음 중심적 선교에 헌신하고 있다. 이것은 이 책에서 다루는 '선교의 다섯 가지 표지'를 분명하게 견지하고 통합하는 선교다.

올 소울스 교회의 생명력과 그들과 나눈 우정에 감사하며, 따뜻한 마음으로 찰리 스크라인(Charlie Skrine)에게 이 책을 바친다. 그는 우리 교회가 2021년 4월(적절하게도 이날은 존 스토트 탄생 100주년이 되는 날이었다)에 맞

---

[1] 이 사역에 대해 더 많은 것을 알고 싶다면 www.langham.org를 보라.

이한 새로운 주임사제다. 우리와 함께한 첫 해에 찰리는 디도서를 강해하며 복음이 얼마나 큰 힘으로 사회적 변화를 일으킬 수 있는지를 보여 주었다. 그렇게 되기 위해서는 복음을 "**경건함에 속한** 진리의 지식"(딛 1:1)[2]으로서 가르쳐야 하고, "경건함"이 그리스도인 삶의 모든 측면에서 눈에 보이는 선행의 형태로 공적으로 나타나야 한다. 바로 이것이 바울이 신자들에게 가르치라고 반복해서 디도에게 요구하는 내용이다. 찰리의 설교는, 복음의 진리가 그것을 믿고 그것으로 구원받은 신자들의 변화된 삶의 증언과 통합되고 더욱 풍성해질 때 어떤 강력한 선교적 영향력이 일어나는지를 보여 주었다. 그 내용 덕분에 이 책의 6장을 쓸 수 있게 되어 감사하다.

2022년 부활절에

---

[2] 이곳을 포함해 책 전체에서 성경 인용문을 강조한 부분은 저자가 표시한 것이다.

들어가며

이 책의 주제는 **선교**다. 그리고 성경을 우리의 본문과 자원과 권위로 사용하게 될 것이다.

그런데 성경을 찾아보면 **선교**라는 말이 등장하지 않는다! 선교는 예를 들어 **믿음**, **구원**, **공의** 같은 위대한 성경의 단어가 아니다. 그렇다면 선교의 **성경적** 이해를 추구하는 것이 도대체 무슨 의미가 있을까? 그런데 생각해 보면 **삼위일체**도 성경에 나오지 않는 말이다. 그럼에도 불구하고 성경은 우리가 성자와 성부와 성령으로 알고 있는 하나님을 아주 분명하게 계시하고 있다. 어떤 성경 저자도 삼위일체라는 단어 자체를 사용한 적이 없었지만, 그에 대한 성경적 이해를 추구하는 것은 전적으로 옳은 일이다.

마찬가지로 **선교**라는 말도 성경에 등장하지는 않지만, 성경은 신적 목적과 궁극적 운명을 향해 우주의 이야기 전체를 끌고 나가시는 하나님을 분명하게 계시한다. 이 하나님은 또한 그 신적 사명을 공유하고 그러한 하나님의 계획 안에서 정체성과 역할을 부여받는 백성을 창조

하는 분이시다.[1]

　이것은 내가 이 책에서 **선교**라는 단어를 사용하는 방식이 될 것이고, 또한 계속해서 이 단어를 사용하는 이유이기도 하다. 왜냐하면 사실상 **선교**가 논쟁적인 단어가 되어 버렸기 때문이다. 물론, 공격적으로 사람들을 타 종교로부터 전향시키거나 개종시키려는 태도를 포함한 '선교사적 열정' 때문에 기독교를 혐오하는 사람들이 있다. 그런데 최근에는 복음주의 기독교 신앙을 고백하는 이들 중에서 마이클 스트룹(Michael W. Stroope)[2] 같은 사람들이 이 용어의 지속적 사용에 이의를 제기하고 있다. 이런 문제 제기에는 단순히 선교가 성경에 나오는 단어가 아니라는 사실 외에 다양한 근거가 있다. 우선 이 단어가 교회 역사 초기에는 신자들 사이에서 사용되지 않았다. 비록 말과 행동으로 신앙을 증언하고 그리스도에 대한 믿음으로 구원을 얻는다는 좋은 소식을 멀고 먼 곳의 다른 민족에게까지 전한다는 의미에서 오늘날 우리가 말하는 '선교'를 **수행**하기는 했지만 말이다. 또한 우리는 이후 기독교 선교 활동의 어두운 측면 때문에 이 단어에 부정적 응어리가 남아 있다는 사실을 인정해야 한다.[3] 게다가 최근 들어서는 **선교적**(missional)이라는 형용사가 너무나 다양한 방식으로 쓰여 일종의 유행어가 되었고, 결국은

1　Tim Carriker, "The Bible as Text for Mission", in *Bible in Mission*, ed. Pauline Hoggarth, Fergus Macdonald, Bill Mitchell, and Knud Jørgensen, Regnum Edinburgh Centenary Series 18 (Oxford: Regnum, 2013), pp. 29-39를 보라. 이 자료집에는 전 세계 교회의 다양한 영역에서 성경과 선교의 관계를 다룬 많은 논문과 사례 연구가 실려 있다.
2　Michael W. Stroope, *Transcending Mission: The Eclipse of a Modern Tradition* (Downers Grove, IL: IVP Academic, 2017).
3　하지만 우리는 가장 초기에 일어났던 기독 교회의 선교적 확장에는, 모든 인간의 일이 그러하듯 선과 악이 복잡하게 뒤섞여 있었다는 사실을 인식할 필요가 있다. 최근에 나온 John Dickson, *Bullies and Saints: An Honest Look at the Good and Evil of Christian History* (Grand Rapids: Zondervan, 2021)를 통해 이 모호한 이야기를 잘 이해할 수 있을 것이다. 『벌거벗은 기독교 역사』(두란노).

의미가 희석되어 거의 무의미한 단어가 되고 말았다. 하지만 나는 이 모든 문제점을 충분히 인정하면서도 굽히지 않고 **선교**라는 단어(그리고 그 파생어들)의 사용을 옹호하려고 한다. 물론 그러기 위해서는 그 단어가 무엇을 의미하고 또 의미하지 않는지를 충분히 설명해야 할 것이다.

일반적 용례에서 선교(mission, 사명)라는 단어는 넓은 의미와 좁은 의미를 모두 가지고 있다. 우선 이것은 어떤 계획이나 사업의 중요한 목적을 일컫는다. 그렇기 때문에 많은 단체들이 자신들의 존재 이유와 추구해야 할 하나의 목표라고 여기는 내용을 진술한 '사명 선언문'(mission statements)을 가지고 있다. 런던에서는 심지어 사명 선언문을 내건 식당 체인점도 볼 수 있는데, 폭넓은 인간적 노력을 기울이는 가운데 그것이 하나의 자명한 사명(그 식당의 존재 이유)이 된다고 생각했을 것이다. 하지만 그러한 넓은 의미 안에는 더 많은 구체적 '사명들', 즉 시간이 감에 따라 다양한 방식으로 전체적 사명의 성취에 기여하는 제한된 목표와 활동들이 있을 수 있다.

예를 들어, 제2차 세계대전에서 연합국의 전체적 사명(전쟁의 목적)은 나치 독일을 격퇴하고 나치의 점령 아래 놓인 나라들을 해방하는 것이었다. 하지만 연합국의 그러한 전반적 사명 아래서 군대와 첩보 기관과 첩보원 및 수많은 사람들이 다양한 차원에서 수천 개의 '사명들'을 수행하고 있었다. 그 모든 사명을 조정하고 정당화하는 것은 하나의 전체적 사명, 즉 승리였다. 영국 정부와 연합국이 (나치즘을 격퇴하기 위해) 선언한 사명은 다양한 종류의 사명들을 수행할 국민들의 동원과 참여를 필요로 했다.

이 비유에서, 성경은 전 창조 세계에서 악을 제거하고 자신을 위해 모든 족속과 나라에서 구속된 한 백성을 창조해 새로운 창조 세계의 주민으로 만들고자 하시는 하나님의 전체적인 사명 선언이다. 우주의 통치자이신 하나님이 선언하신 사명은 다양한 문화와 역사적 시기에 다양한 종류의 사명을 수행할 백성의 동원과 참여를 요구한다. 하나님 백성의 사명과 사명들은 하나님의 사명으로부터 흘러나오고 그 사명에 동참한다. 하나님의 계획과 목적이 우리의 계획과 목적을 지배한다. 혹은 적어도 그런 당위성을 가져야 한다.

그렇다면 성경이 우리에게 제시하는 것은 목적을 가진 하나님과 목적을 가진 백성이다. 본질적으로 이것이 바로 이 맥락에서 내가 말하는 **선교**의 의미다. 좀 더 직접적으로 이런 질문을 던져 볼 수도 있을 것이다. 성경에서 만나는 하나님의 목적에 비추어 볼 때 **우리**의 정체성과 사명은 무엇인가? 하나님의 백성인 **우리**는 누구이고, 또 왜 여기에 있는가? 나는 이 책을 통해 우리가 함께하게 될 여정의 끝에서 이 질문들에 대한 더 나은 대답을 얻을 수 있기를 소망한다. 이제 이 책을 통해 어떤 내용을 다루게 될지를 간략히 소개하겠다.

첫 장에서는 '선교적 성경 해석학'의 의미를 우선 다루어야 할 것이다. 이 같은 성경 읽기 방식이 제시된 후 최근 몇 년간 많은 학문적 논의가 이루어졌는데, 나는 이런 종류의 성경 해석 방식들 중 주요한 흐름을 개관할 것이다.

2장에서는 그 흐름들 가운데 내가 개인적으로 가장 많은 관심을 기울인 분야를 살펴볼 것이다. 이것은 성경이 근본적으로 하나님의 계획과 목적에 관한 하나의 지배적인 이야기, 혹은 바울이 '하나님의 전체적인 뜻'이라 부른 것을 제시하는 책이라고 보는 관점이다. 나는 몇 개의 막으로 구성된 드라마 형식으로 이 이야기를 개관할 것이고, 그것은 마이클 고힌(Michael Goheen)과 크레이그 바르톨로뮤(Craig Bartholomew)가

제시한 구조를 약간 확장한 형태다.[4]

3장에서는 그런 방식으로 성경을 읽을 때 어떤 일이 일어나는지를 탐구해 볼 것이다. 우리는 특별히 다음과 같은 질문을 하게 될 것이다. 만약 그것이 하나님의 '큰 이야기'라면, 우리의 '작은 이야기들'은 지금 여기 그 이야기의 아주 작은 영역에서 어떤 부분을 담당하는 것일까? 부활과 그리스도의 재림 사이의 시기에 성경이 들려주는 이야기와 그것이 펼치는 계획에 실제적으로 참여한다는 의미에서 우리가 '성경 안에' 있다는 사실을 깨닫는다는 것은 어떤 의미일까?

4장에서는 이렇게 하나님의 선교를 '성경 전체를 통해' 이해하는 방식이 이른바 대위임령에 어떤 성경적 반향(여기서 성경은 구약을 의미한다)을 일으키고, 어떻게 하나님 백성으로서 **우리가** 행하는 선교의 모든 차원을 하나님 나라 복음과 그리스도의 주되심을 중심으로 통합시켜 주는지를 살펴볼 것이다. 더불어 선교의 이른바 다섯 가지 표지를 확인하고, 그것을 **교회** 세우기, **사회** 섬기기, **창조 세계** 관리라는 세 가지 광범위한 과제로 단순화할 것이다.

5장과 6장에서는 세 가지 광범위한 선교 영역 중에서 교회 세우기와 사회 섬기기를 좀 더 깊이 있게 살펴볼 것이다. 7장과 8장에서는 세 번째 영역에 주의를 기울이고자 한다. 다시 말하자면, 환경과 기후 위기로 인해 오늘날 긴급하게 다루어야 할 주제로서가 아니라, 하나님의 창조 세계를 경건하게 사용하고 돌보는 것과 관련된 **성경적이고 선교적인 사안**으로서 다룰 것이다.

---

4 Craig G. Bartholomew and Michael W. Goheen, *The Drama of Scripture: Finding Our Place in the Biblical Story*, 2nd ed. (Grand Rapids: Baker Academic, 2014). 『성경은 드라마다』(IVP).

9장에서는 이것이 전체 교회와 각 신자들에게 어떤 의미가 있는지를 두고 몇 가지 결론을 이끌어 내고자 한다.

1장
선교적 성경 해석학

최근 하나님의 선교와 하나님 백성의 선교라는 관점에서 성경 전체를 읽는 방식에 대한 관심이 늘어나면서, '선교적 성경 해석학'이라는 이름의 학문적 성경 연구 분야가 탄생했다. 심지어 다양한 글과 논문들을 다량으로 쏟아내는 저명한 세계 성서 학회(Society of Biblical Literature)[1]의 국제 대회에서 이 주제를 가지고 매년 포럼이 열릴 정도다.

대략적으로 말하면, 선교적 해석학이란 상호 보완적인 세 가지 주요 관점을 가지고 성경을 읽고 해석하는 방식을 말한다. 성경을 보는 관점

---

1 이 모임과 프로젝트에 관한 유익한 설명이 *Reading the Bible Missionally*, ed. Michael W. Goheen, The Gospel and Our Culture Series (Grand Rapids: Eerdmans, 2016)에 담겨 있다. 『선교적 성경 해석학』(IVP). 몇 장을 할애해 신구약에 선택된 몇 권의 성경을 선교적으로 읽는 법을 다루고 광범위한 도서 목록을 제시하는 것 외에, 이 책에는 George Hunsberger의 유익하고 탁월한 장이 포함되어 있다. "Mapping the Missional Hermeneutics Conversation"(pp. 45-67)이라는 제목의 장에서 Hunsberger는 최근 선교적 해석학으로 표현되어 느슨하게 연관된 내용들 중 두드러진 네 가지 주요 흐름을 다음과 같이 정리한다. '이야기의 선교적 방향성' '기록의 선교적 목적' '독자의 선교적 위치' '선교적 문화 참여.' 이후에 나올 간략한 개관은, 이 책에서 Hunsberger가 제시해 준 분석과 고무적인 성찰에서 많은 도움을 얻었다.

에는, 그것을 하나님의 선교의 기록, 산물, 도구로 보는 세 관점이 있다.

하나님의 선교의 **기록**으로서 성경

이것은 **전체 성경 이야기의 틀과 방향**에 집중하는 접근 방식이다. 물론 우리에게 제시되는 정경의 구조를 보면 수백 개의 작은 서사들과 함께 상당한 분량의 비서사적 텍스트(율법, 시, 설교, 조언, 찬양 등)도 포함되어 있다. 그럼에도 이 정경의 형태는 하나님의 섭리에 의해 "태초에" 하늘과 땅을 창조하는 창세기 1장으로 시작되고, 요한계시록 21-22장의 "새 하늘과 새 땅"으로 마무리된다. 하나님이 "만물을 새롭게" 하심으로써 창조 세계가 새롭게 되고 '하늘과 땅의 만물'이 하나님께로 돌아가 화해를 이루는 것은, 이 전체 이야기의 절정을 이루는 중심 사건인 메시아 예수의 십자가와 부활을 통해서다.

이 거대 서사의 구조는 우리가 성경에서 만나는 하나님의 생각과 목적을 분명하게 드러내 준다. 창조는 하나님의 거룩한 말씀을 통한 목적 있는 행동에서 시작된 것이다. 새 창조는 이야기의 처음부터 끝까지 지속적으로 흐르고 있었던 하나님의 구속적 목적과 행동의 궁극적 성취가 될 것이다.[2] 성경은 그 사이에서 광대한 연대기적 순서에 따라 흘러가는 하나의 서사를 기록한다. 그 시작은 인류의 반역과 죄와 그에 따른 치명적 결과에 대한 음울한 묘사를 통해 최초의 역사를 기술하는 창세기 1-11장이다. 그리고 이스라엘의 조상들과, 그리스도가 오시기

---

[2] 사실 신학적으로는(시간상으로 일어나는 일과 별도로), 새 창조가 그리스도의 죽음과 부활로 이미 '성취'되었다. 부활하신 그리스도는 장자요 첫 열매이시며, 그분 안에서 그분과 함께 죽고 다시 살아난 우리는 이미 "새로운 피조물"이다(고후 5:14-17).

전까지 수 세기 동안 부침을 거듭했던 그들의 운명에 관한 이야기로 전환된다. 마침내 나사렛 예수의 탄생과 죽음과 부활이 일어나고, 이어서 주후 1세기 예수님의 제자들이 활동했던 몇 십 년의 이야기가 등장한다. 그런 다음 어떤 미래가 다가올 것인지에 대한 예측이 우리에게 주어진다. 우리가 성경을 통해 계속해서 확신하는 바는, 이 거대한 서사가 그 주역인 주 하나님, 이스라엘의 전능하신 자, 우리 주 예수 그리스도의 아버지 하나님의 계획과 목적에 따라 펼쳐지고 있다는 것이다.

성경은 사명을 가진 하나님의 이야기를 들려주며, 그 사명은 이 땅의 열방에게 복을 주고 전 창조 세계를 새롭게 하는 것이다. 우리는 지금까지 관례적으로 이 방대한 서사를 창조, 타락, 구속, 미래의 소망이라는 네 개의 주요 부분으로 나누어 왔는데, 이런 형태는 '이야기로 구성된 세계' 속에서 살아가는 인간의 기본 조건과 잘 부합한다. 이것은 좋은 출발을 했지만 위협적인 문제나 갈등에 봉착해서 그것을 해결하기 위한 지난한 과정을 거치고 마침내 좋은 결말에 이른다는 내용의 모든 이야기에 반영되어 있다. 이런 이야기들은 세계에 대한 실제 이야기, 즉 성경이 들려주는 참된 이야기를 모방한 축소판과 같다. 스캇 선퀴스트(Scott Sunquist)는 이렇게 말한다.

성경의 전체 메시지는, 하나님이 창조 세계를 사랑하시고 그것과 관계를 맺으시는 이야기다. 선교 신학을 이해하고 우리 선교 사역의 메시지를 전하는 문제에서, 성경의 이야기를 알고 전달할 줄 아는 것이 중요하다. 성경은 여러 다른 저자들이 다른 시대에 다른 언어로 다양한 문학적 형식을 가지고 들려준 하나님의 이야기다. 하지만 그것은 하나님의 하나의 이야기다. 공적 이야기 혹은 '공공연한 비밀', 즉 하나님의 모든 창조 세

계를 위한 그분의 이야기다.[3]

더 최근에는 이런 성경적 틀이 단순한 서사를 넘어 하나의 드라마라는 개념으로 표현되고 있다. 바르톨로뮤와 고힌은[4] 성경이 (그들의 표현에 따르면) 여섯 개의 막으로 구성된 연극과 같다고 주장한다. 바로 그 저자이신 주 하나님의 총괄적 연출 아래 많은 등장인물들이(우리가 맡은 부분에서는 우리도 등장인물이다) 자신의 역할을 연기한다. 나는 다른 많은 비유들과 함께 이것 역시 무척 유익한 비유임을 알게 되었고, 2장에서 이 내용을 조금 다룰 것이다.

선교적 해석학은 이렇게 하나님이 연출해 가시는 위대한 이야기를 해석의 맥락으로 여긴다. 우리는 성경을 구성하는 모든 부분을 그 맥락 안에서 읽어야 한다. 성경 이야기의 의미는 성경의 하나님의 계획과 목적 안에서 발견되어야 한다. 반대로 설명하자면, '하나님의 생각'을 이해하기 위해서는 성경을 누대의 자연사와 수천 년 인류 역사를 통해 그분이 추구해 온 목적을 기록한 책으로 이해해야 한다. 성경은 하나님의 자서전, 하나님의 이야기,[5] 하나님의 선교의 기록이다. 이것은 신학자로 걸어온 나의 여정에서 계속해서 자라 온 신념이며, 『하나님의 선교』

---

3 Scott W. Sunquist, *Understanding Christian Mission: Participation in Suffering and Glory* (Grand Rapids: Baker Academic, 2013), p. 181. 『기독교 선교의 이해』(주안대학원대학교출판부). 이와 같은 성경 읽기 방식에 대한 자세한 설명을 원한다면, Michael W. Goheen, *A Light to the Nations: The Missional Church and the Biblical Story* (Grand Rapids: Baker Academic, 2011)도 보라. 『열방에 빛을』(복있는사람).
4 Craig G. Bartholomew and Michael W. Goheen, *The Drama of Scripture: Finding Our Place in the Biblical Story*, 2nd ed. (Grand Rapids: Baker Academic, 2014). 그들은 N. T. Wright가 제안하고 Richard Middleton과 Brian Walsh가 발전시킨 은유를 의도적으로 사용하고 있다.
5 이것은 Zondervan에서 간행되고 있는 주석 시리즈 The Story of God Bible Commentary가 명백하게 드러내는 신학적 근거이며, 나는 이 시리즈에 출애굽기에 관한 장을 기고하는 특권을 누렸다(다음의 주7을 보라).

(*The Mission of God: Unlocking the Bible's Grand Narrative*, IVP)[6]라는 책으로 결실을 맺고 여러 주석[7]을 쓰는 접근 방식에도 영향을 미쳤다.

하나님의 선교의 우선성을 명확히 하는 이런 방식은, 성경의 역사적 기간과 사도행전 이후 수 세기 동안 하나님의 백성이 수행해 온 선교를 이해하는 방식에 필연적인 영향을 미친다. 우리의 선교는 하나님의 선교에서 흘러나온다.

선교적 해석학의 핵심에는, 하나님이 우주적인 회복 사역을 완수하려는 계획에 **특정한 한 백성**을 포함시킨다는 인식이 놓여 있다. 여기서 '특정한'과 '백성'이라는 두 단어가 모두 중요하다. 그분은 한 **백성**을 선택하신다.…하나님의 목적 안에서 자신의 역할을 수행하기 위해 선택된 백성. 이것이 바로 선교적 해석학을 구별 짓는 요소다.

어떤 백성을 선택한다는 것은 역사적 **특정성**이 있다는 의미다. 즉 특정한 시간과 공간에 존재하는 백성을 선택하는 것이다. 성경 이야기는 특정한 것으로부터 보편적인 것을 향해 펼쳐지는데, 이것은 역사적이고 지리적인 측면 모두에 해당된다. 역사적으로 볼 때, 성경 이야기는 특정한 수단을 거쳐 보편적인 목적을 향해, 한 민족으로부터 열방을 향해 나

---

6 Christopher J. H. Wright, *The Mission of God: Unlocking the Bible's Grand Narrative* (Downers Grove, IL: IVP Academic, 2006).
7 Christopher J. H. Wright, *Exodus*, The Story of God Bible Commentary (Grand Rapids: Zondervan Academic, 2021); Wright, *Deuteronomy*, New International Biblical Commentary (Peabody, MA: Hendrickson, 1996; Understanding the Bible Commentary Series로 재출간, [Grand Rapids: Baker Books, 2012]); Wright, *The Message of Jeremiah*, The Bible Speaks Today (Downers Grove, IL: IVP Academic, 2014), 『예레미야: 심판의 끝, 은혜의 시작』(IVP); Wright, *The Message of Lamentations*, The Bible Speaks Today (Downers Grove, IL: IVP Academic, 2015), 『예레미야애가: 하나님을 향한 정직한 탄식』(IVP); and Wright, *The Message of Ezekiel*, The Bible Speaks Today (Downers Grove, IL: IVP Academic, 2001), 『에스겔: 새 마음과 새 영』(IVP).

아간다. 지리적으로 이 서사의 흐름은 한 장소에서 모든 장소로, 하나의 중심에서 여러 주변부로, 예루살렘에서 땅끝까지 흘러간다.[8]

대부분의 성경 이야기가 일차적으로 초점을 맞추는 것은 특정한 대상이다. 하지만 이렇게 특정한 내용들을 양 끝에서 감싸 주는 보편적인 내용들이 있는데, 바로 창조와 종말이다. 이 이야기는 하나님이 땅과 모든 민족의 조상을 창조하시는 일로 시작된다. 그리고 새 창조가 일어나고 열방에서 백성이 나아오는 것으로 끝난다. 교회는 이처럼 특정성에서 보편성으로 향하는 하나님의 구속 사역의 움직임 속에 놓여 있다.[9]

그렇다면 교회의 선교란 무엇인가? 이 질문에 대한 대답은 무수히 많고, 논쟁 또한 존재한다. 앞으로 이 책에서 우리는 성경의 포괄적 전망과 최대한 일치하는 대답을 찾아 나갈 것이다.

하나님의 선교의 **산물**로서 성경

이것은 **성경 문서들의 선교적 기원**에 집중하는 접근 방식이다. 성경 텍스트를 기록하게 된 과정을 보면 사실상 그 목적이 선교인 경우가 많다. 하나님의 백성은 세상 속에서 자신들이 이해한 하나님의 계시와 구속 행위를 설명하고 살아 내야 한다는, 도전적이고 끝없이 변화하는 과

---

[8] 참조. Richard Bauckham, *Bible and Mission: Christian Witness in a Postmodern World* (Grand Rapids: Baker Academic, 2003), pp. 13-16, 『세계화에 맞서는 기독교적 증언』(새물결플러스); and Richard Bauckham, "Mission as Hermeneutic for Scriptural Interpretation", in Goheen, *Reading the Bible Missionally*, pp. 28-44.
[9] Michael W. Goheen and Christopher J. H. Wright, "Mission and Theological Interpretation", in *A Manifesto for Theological Interpretation*, ed. Craig G. Bartholomew and Heath A. Thomas (Grand Rapids: Baker Academic, 2016), pp. 175-176.

업을 부여받았다. 많은 성경 텍스트들이 바로 그런 과업을 수행하는 가운데 일어난 여러 사건과 투쟁과 외침과 갈등 속에서 탄생했다. 때로 이 투쟁은 하나님의 백성 내부에서 일어났고, 때로는 그들과 경쟁하는 주변 종교와 세계관과의 치열한 갈등 때문에 촉발되기도 했다. 많은 성경 텍스트가 하나님의 백성이 세상 속에서 그야말로 하나님 백성으로 살아가는 맥락에서 마주치는 문제와 필요와 논쟁과 위협 따위를 다루면서 생겨났다. 그러므로 선교는 '객관적' 주해가 끝난 후에 '적용'하는 추가적인 해석적 성찰도, 텍스트의 함의로서 부가된 내용도 아니다. 선교는 텍스트의 **기원**이다. 텍스트 자체가 선교 활동을 수행하는 가운데 생겨난 산물이기 때문이다. 여기서 선교란 구약 이스라엘이나 신약 교회가 다양한 특정 맥락 안에서 부상한 문제들에 적극적으로 관여한다는 의미다.

우리는 이런 사례를 신약에서 쉽게 찾아볼 수 있다. 예를 들어, 대부분의 바울 서신은 바울이 선교사로서 많은 노력을 기울이는 가운데 쓴 것이다. 그는 이방인을 포용하는 것을 뒷받침하는 성경적이고 신학적인 근거를 두고 씨름했고, 복음의 필연적 결과로서 유대인과 이방인이 그리스도와 교회 안에서 마땅히 서로를 받아들여야 한다고 주장했다. 또한 그리스의 다신론과 부도덕성이 팽배하고 로마제국이 위세를 떨치는 세계에 뿌리내린 신생 교회가 맞닥뜨린 수없이 복잡한 새로운 문제들과 싸워야 했다. 그리고 예수 그리스도의 우월성과 충분성을 확고하게 주장하며 초기 이단과 대적하는 등 많은 노력을 기울였다. 마찬가지로 복음서들도 나사렛 예수에 대한 좋은 소식, 특별히 그분의 죽음과 부활의 의미를 설명하기 위해 쓰였다. 교회를 확장하는 선교 과업을 수행하기 위해서는 이런 내용을 확신해야 했다.

하워드 마샬(I. Howard Marshall)은 신약 신학에 접근하는 실마리로서 신약 문서들이 가지는 이러한 선교적 본질을 잘 설명하고 있다. 그는 모든 신약 문서가 나사렛 예수와 그분의 활동이 끼친 영향과 관계되어 있다는 명확한 요점을 설명한 후 이어서 이렇게 말한다.

하지만 이것들을 더 구체적으로 선교 문서로 보는 것이 한층 유익하다. 이 문서들의 주제는, 이를테면 예수님이나 하나님 그 자체가 아니라, 구주이자 주님의 역할을 맡으신 예수님이다. 신약 신학은 본질적으로 선교 신학이다. 이를 통해 내가 전달하고자 하는 의미는, 이 문서들이 두 종류의 선교의 결과로 생겨났다는 것이다. 첫 번째 선교는, 하나님 나라의 복을 백성에게 전함으로써 그 나라의 시작을 알리고 그에 응답하도록 백성을 부르기 위해 보냄받은 예수님의 선교다. 그리고 그분의 일을 지속하도록 부름받은 제자들의 선교가 있다. 예수님을 주님이요 구주로 선포하고 사람들을 불러 그분을 믿고 지속적으로 헌신하게 하는 제자들의 선교를 통해 그분의 교회가 성장하게 된다. 신학은 이러한 운동에서 도출되고 그것을 통해 형성되며, 다시금 교회의 지속적인 선교를 형성한다. 그러므로 이 문서들의 주요한 기능은 예수님과 그분의 제자들이 선포한 복음을 증언하는 것이다. 여기에 담긴 가르침은 그 복음에 대한 더 상세한 해설로 볼 수 있으며, 기독교 신앙으로 회심한 사람들이 영적으로 성장하는 문제와도 관련이 있다. **이 문서들은 교회가 선교를 위해 어떻게 형성되어야 하는지를 보여 주고 선교의 확장에 방해가 되는 문제들을 다룬다.**[10]

---

10 I. Howard Marshall, *New Testament Theology: Many Witnesses, One Gospel* (Downers Grove, IL: IVP Academic, 2004), pp. 34-35 (강조는 저자의 것). 『신약성서 신학』(CH북스).

구약 텍스트의 기원 역시 이와 동일하다고 말할 수 있을까? 선교에 대한 이해를 '타문화권으로 선교사를 보내는 것'으로 제한하지 않는다면 그럴 수 있다고 나는 믿는다. 이스라엘은 자신들의 역사와 언약 관계 안에서 알게 된 하나님의 빛 아래서 주변 세계와 관계를 맺어야 했고, 그 과정에서 많은 구약 텍스트들이 탄생했다. 사람들은 이스라엘의 하나님 야웨가 세상 속에서 하셨고, 하고 계시며, 앞으로 하시리라 믿었던 내용과 관계된 텍스트들을 만들어 냈다. 몇 가지 사례들이 이해에 도움이 될 것이다.

- 토라는 메소포타미아의 다신론적 신화와 극명한 대조를 이루는 창조 신학을 정립하고 우리를 둘러싼 자연 세계에 대한 전혀 다른 접근을 제시한다.
- 또한 토라는 출애굽을 야웨가 수행한 구속적 정의의 행동으로 기록한다. 그분은 신성을 주장하고 충성을 요구하는 파라오와 대대적으로 맞서 그 권력을 무력하게 만드셨다.
- 구약의 역사적 서사들은 가나안의 부패한 문화와 우상숭배적 바알 신앙과 대결했던 이스라엘의 길고도 음울한 이야기를 서술하고 있으며, 이 대결은 포로기 이전 예언서들에도 담겨 있다. 이스라엘을 통해 세상으로 나아가는 하나님의 선교는, 그 이스라엘이 주변 민족들의 우상숭배에 굴복하고 말았을 때 가장 큰 위기를 맞았다.
- 포로기와 포로기 이후 텍스트들은, 적대적이거나 관용적인 여러 제국들 안에서 이스라엘의 남은 자들의 작은 공동체가 신앙 공동체로서 지속적 정체성을 유지하기 위해 분투하는 가운데 탄생한 저작들이다.
- 지혜서들은 주변 문화의 국제적인 지혜 전승과 교류하는 가운데서도,

오염되지 않은 확고한 유일 신앙을 유지한다.
- 시편과 예언서에는, 이스라엘이 그들의 하나님 야웨와 다른 민족의 관계를 돌아보고(때로는 부정적이고 때로는 긍정적으로), 민족들 사이에서 야웨의 제사장으로 선택받은 그들 역할의 본질을 성찰하는 내용이 담겨 있다.

하나님 백성이 주변의 다신론적 문화와 선교적으로 관계 맺는 과정에서 수없이 많은 성경 텍스트들이 태어나는 이 같은 방식을 인식하게 되면, 조지 훈스버거(George Hunsberger)가 정리한 선교적 해석학의 다른 두 요소도 받아들일 수 있게 된다. 바로, **독자의 선교적 위치**와 **문화와의 선교적 관계**다.

우리는 현대의 독자로서 이 텍스트들을 읽으면서, 우리 자신이 특정한 사회문화적 위치에 놓여 있고, 어떤 문화적 도전이 주어지고 그것과 씨름할 때마다 구체적인 선교적 책임이 부여된다는 사실을 인정하게 된다. 그런데 그것은 이 텍스트를 처음 접한 청자와 독자들도 마찬가지였다! 예를 들어, 예레미야서를 읽을 때 우리는 주전 587년 이전 격랑의 수십 년 동안 예레미야라는 **사람**이 전한 메시지를 처음 들었던 이들의 맥락을 우선 생각해 보고 나서, 그들이 해야 했거나 할 수 있었거나 했거나 하지 않았던 반응을 생각할 것이다.

하지만 또한 우리는, 하나님이 예레미야를 통해 하신 말씀이 이루어져 심판을 받고 바빌론에 포로로 끌려간 이후에 예레미야의 **두루마리**를 읽었던 사람들의 위치와 맥락을 생각할 필요도 있다. 이제 **그들**은 어떻게 반응해야 하는가? 29장의 예레미야의 편지가 포로기와 그 이후의 선교적 위치에서 이 문제를 정확히 다루고 있다. 따라서 선교적 해석학은 예루살렘에서 예레미야라는 사람의 말을 **들었던** 이들의 위치와,

바빌론에서 예레미야의 책을 **읽은** 사람들의 위치(여기에는 필연적으로, 자신만의 맥락에서 그 책에 반응하는 우리를 포함한 여러 세대의 다양한 사회문화적 위치들도 포함된다)에 모두 관심을 기울인다.

한마디로, 성경 텍스트가 적어도 부분적으로는 하나님 계시의 진리와 구속적 의도를 위해 주변 문화와 선교적 관계를 맺는 가운데 생겨난 산물로서 선교적 기원을 갖는다는 것은, 이른바 상황화라는 과제가 서구 선교사들이 해외에서 비로소 마주한 새로운 현상이 아니라는 뜻이다. 그것은 텍스트 자체의 내재적 본질이다. 문화와의 선교적 관계에 하나님의 말씀을 가져간다는 것이 무엇인지를 두고 씨름할 때, 우리는 본래 텍스트가 하던 것, 텍스트가 해야 하는 것을 하는 셈이다.

하나님의 선교의 **도구**로서 성경

이것은 **성경 문서의 선교적 목표**에 집중하는 접근 방식으로, 마지막 요점과 관련된다. 많은 성경 문서들이, 세상 속에서 하나님의 선교를 위해 하나님 백성으로 살아가는 선교적 과업을 지닌 하나님 백성을 형성하고, 도전하고, 준비시키기 위한 **의도**로 쓰였다. 이것은 앞서 인용한 하워드 마샬이 지적한 내용이다. "이 문서들은 교회가 선교를 위해 어떻게 형성되어야 하는지를 보여 준다."

대럴 구더(Darrell Guder)와 마이클 배럼(Michael Barram)의 유익한 조사가 보여 주듯,[11] 이 역시 신약에서 쉽게 사례를 찾을 수 있다. 바울은 신

---

11 Darrell Guder, "Biblical Formation and Discipleship", in *Treasure in Clay Jars: Patterns in Missional Faithfulness*, ed. Lois Y. Barrett, The Gospel and Our Culture Series (Grand Rapids: Eerdmans, 2004), pp. 59-73; and Michael Barram, *Mission and Moral Reflection in Paul*, Studies in

자들의 작은 공동체가 그리스도 안에서의 정체성을 이해하고, 이교적인 그리스-로마 문화에 둘러싸인 가운데서도 자신들이 속하게 된 이야기와 일관된 삶을 살도록 격려하기 위해 편지를 썼다. 즉 참되고 살아 계신 한 분 하나님의 이야기와, 메시아 왕 예수 안에서 약속하고 성취하신 것과, 그 이야기가 다다르게 될 영광스러운 결말에 걸맞은 삶을 살도록 말이다. 그 복음(즉, 좋은 소식으로 선포된 하나님과 그리스도에 관한 구체적 주장)은, 오직 그것을 듣고 믿게 된 사람들이 변화된 삶과 행동을 통해 살아 낼 때 비로소 믿을 만한 것이 될 수 있었다. 바울의 간명한 표현대로, 복음은 당시의 크레타 같은 악명 높은 죄악의 소굴도 변화시킬 수 있는 "경건함에 속한 진리"다(딛 1:1, 12).

기록된 복음서는 명백히 선교의 도구다. 왜냐하면 이 책들은 나사렛 예수의 삶과 죽음과 부활에 관한 목격자들의 확실한 이야기를 교회에 들려주고 그럼으로써 회개하고 예수님과 영원한 삶에 대해 믿으라고 촉구하기 때문이다(요한의 경우는 그 점이 명백하다).

구약 시대에 이스라엘은 '원심적' 선교 명령, 즉 열방으로 **나가라**는 명령을 받지 않았다.[12] 하지만 그들은 야웨 하나님의 백성으로서 많은 민족들 한가운데서 **살아가라**는 분명한 부르심을 받았다. 그들은 온 땅에서 한 분이신 참되고 살아 계신 하나님으로서 야웨의 실재와 주권을, 그리고 긍휼과 정의와 사랑과 신실함과 진실성과 같은 하나님의 성

Biblical Literature 75 (Berlin: Peter Lang, 2005).

12 이 점에 대해서 나는 Walter C. Kaiser Jr.와 다소 의견을 달리한다. 그는 하나님께 이스라엘로 하여금 열방으로 나가 그들의 하나님과 오실 메시아에 대해 이야기하게 하려는 의도가 있었다고 주장하지만, 나는 설득력이 없다고 생각한다. 하지만 나는 그의 책 *Mission in the Old Testament: Israel as a Light to the Nations*, 2nd ed. (Grand Rapids: Baker Academic, 2012)이 제시하는 탁월한 여러 주장들에 동의한다. 『구약성경과 선교』(CLC).

품을 증언해야 했다. 하나님의 "제사장"과 "거룩한" 백성(출 19:4-6)이 되려면, 그들을 그 과업으로 소환하고 과업 수행에 필요한 것들을 설명해 줄 수 있는 구술되고 기록된 말씀이 필요했다. 내가 다른 곳에서 쓴 내용처럼, 이것이 성경이 지니는 한 가지 기능이다.

구약 시대 이스라엘에게 율법이 주어진 목적에 관한 나의 연구에는, 그것이 이스라엘을 야웨의 성품을 반영하는 공동체로 '형성'하기 위해 주어졌다는 관찰도 포함되어 있다. 율법은 그들이 구속된 백성의 공동체에 의도하신 내용을 보여 주는 공적이고 가시적인 본보기가 되게 해 주었다.[13] 따라서 법규와 관련된 텍스트는 이스라엘 사회가 지녔던 '사명'(mission)의 의미 아래 해석되어야 한다. 이스라엘의 사명은 열방에 빛과 복이 되는 것이었다. 율법의 '사명'은 그 과업을 성취할 수 있도록 이스라엘을 형성하는 것이었다.

…서사의…[또 하나의] 기능은 이스라엘이 자기 인식을 형성하고 이스라엘 안에서 행해야 할 것과 그래서는 안 되는 것에 대한 규준과 모범을 이해하는 데 있어서 강력한 윤리적 영향력을 행사하는 것이었다.[14] 예언자들은 세대를 거듭하며 심각하게 '제 모습을 잃어버린' 이스라엘 백성에게 메시지를 전했고, 근본적 회개와 언약의 요구와 일치하는 삶을 촉구했다. 지혜 문학은 이 같은 목적을 가지고 가장 직접적인 교훈을 전했으며, 찬양의 시들은 언약의 요구와 약속들에 부합하는 종류의 행동과

---

13 Christopher J. H. Wright, *Old Testament Ethics for the People of God* (Downers Grove, IL: IVP Academic, 2004), 특히 2장과 9장. 『현대를 위한 구약윤리』(IVP).
14 예를 들어 Waldemar Janzen, *Old Testament Ethics: A Paradigmatic Approach* (Louisville: Westminster John Knox, 1994); and Gordon J. Wenham, *Story as Torah: Reading the Old Testament Ethically* (Edinburgh: T&T Clark, 2000)를 보라. 『구약성경의 토라이야기』(대서).

태도와 관계를 머릿속에 심어 주었다.…

따라서 선교적 해석학의 질문은 이것이다. 어떻게 이런저런 특정한 텍스트가 하나님의 백성을 선교적 증언을 위해 준비시키고 형성했으며, 어떻게 오늘날에도 지속적으로 우리를 형성하고 있는가? 그에 대한 답은 긍정적 측면뿐 아니라 부정적 측면도 포함할 것이다. 하지만 중요한 것은, 구약을 포함한 전체 성경이 어떻게 하나님 백성으로 하여금 그들을 둘러싼 민족들 한가운데서 정체성을 지키고 역할을 수행하도록 기능할 수 있었는지를 보는 것이다.[15]

한마디로 선교적 해석학의 기본 신념은, 성경 전체가 창조 세계 전체를 향한 하나님의 목적을 위해 하나님의 세상과 관계 맺고 있는 하나님 백성을 통해 이루어지는 하나님의 선교 이야기를 들려준다는 것이다.

선교적 해석학의 이 같은 포괄성이 이 책의 주제와 관련해서 가지는 의의는, 그것이 우리로 하여금 이런 관점 아래서 성경을 **전체적으로** 읽게 만든다는 것이다. 단순히 이곳저곳에 흩어져 있는 몇몇 '선교 본문'에만 근거해 선교 신학을 정립하고 실행하는 것이 아니라, 성경 전체를 (하나님과 우리의) 선교와 관련된 본문으로 대하는 것이다. 하나님과 복음을 위해 어떤 선교적 상황으로 부름받든, 우리는 성경의 **모든** 부분에 대해 그것이 어떻게 **어떤** 부분에서 하나님의 위대한 선교적 대의와 일치하고 하나님 백성인 우리에게 영향을 미치는지를 물을 수 있고 물어야만 한다.

---

15 Christopher J. H. Wright, "Mission and Old Testament Interpretation", in *Hearing the Old Testament: Listening for God's Address*, ed. Craig G. Bartholomew and David J. H. Beldman (Grand Rapids: Eerdmans, 2012), pp. 185-186.

2장
위대한 이야기
: 7막의 드라마

첫 장에서 나는 성경 전체를 가지고 선교(혹은 그 무엇이든)를 생각할 필요성에 대해 강하게 역설했다. 그런데 여기서 하나의 질문이 제기된다. 우리는 성경이 사실상 무엇이라고 생각하는가? 이 질문에 답하기 위해서는 성경이 무엇이 **아닌지**를 생각해 보는 편이 좋을 것이다. 이 지점에서 시작하는 이유는, 내가 볼 때 많은 그리스도인들이 성경을 대하는 방식(**틀렸다**고 할 만한 것은 없다)이 성경을 전체적으로 보는 데 도움이 되지 않거나 충분하지 않기 때문이다.

- 성경에는 약속들이 많이 나오지만, 성경은 단순히 **약속**으로 채워져 있는 책이 아니다.
- 성경은 단순히 어려운 용어나 조직 신학을 좋아하는 이들을 위해 **교리**를 기록해 둔 책이 아니다.
- 제자도의 핵심이 순종임을 상기시키는 엄격한 규칙이 나오기는 하지만, 성경은 단순히 **규칙**을 기록한 책이 아니다.

물론 성경에는 이 모든 것이 포함되어 있지만, 이것들이 성경이 정말로 **무엇인지**를 설명해 주지는 않는다. 이런 접근 방식들은 성경을 작은 조각들로 나누어서 취하는 경향이 있다. 그래서 마음을 따뜻하게 해 주는 약속 때문에 개인적으로 좋아하게 된 구절에 집중하거나, 교리를 체계적으로 설명할 기반이 되는 증거 본문을 찾는다. 혹은 어떤 윤리적 이슈에 대한 성경적 가르침이 될 만한 내용을 지지할 본문을 찾기도 한다.

성경을 '이용'하는 이 같은 방식들은 모두 저마다 타당하다. 그런데 이런 방식을 사용하면 많은 성경 **지식**(제각각 유용한)을 얻게 될지는 모르지만, 성경이 전체적으로 무엇을 말하는지를 **전반적으로 파악**하기가 힘들다. 그야말로 나무를 보느라 숲을 보지 못하는 것이다. 은유를 확장해 보자면, 이 방식은 마치 우리가 설계한 건축물을 짓는 데 필요한 목재를 얻는 수단으로 성경을 이용하는 것과 같다. 그래서 숲을 총체적이고 살아 있는 유기체로서 의미와 가치를 지니는 **전체적인 숲으로서** 알아보지 못하는 것이다.

이것이 바로 내가 북아일랜드에서 어린 시절과 청소년기를 보내며 학습했던 방식이다. 나는 그때부터 성경을 많이 배웠고 그 점에 대해 깊이 감사하고 있다. 나는 성경 구절들을 암송했고 장 전체를 외우기도 했다. 성경 퀴즈 대회에서 상도 받았다. 교리문답에 나오는 어려운 용어들과 그에 해당하는 성경 구절을 연결할 수도 있었다. 나는 성경을 잘 알고 있다고 스스로 생각했다. 오랜 시간이 지나서야, 성경을 **하나의 전체적이고 일관성 있는 서사**로 파악하고 그것이 우리의 세계관, 신학, 선교, 실제적 삶에 가지는 함의를 이해하는 것이 얼마나 중요한지를 알게 되었다. 성경에 들어 있는 많은 **내용**을 이해하는 것에서 스스로를 성경의 **이야기** 안에서 살아가는 존재로 인식하는 것으로 나아간 일은 엄청난 변화였다. 성경은 더 이상 내가 인식하고 연구하는 **객체**(object)가 아닌, 내가 살아가는 삶의 **주체**(subject)가 되었다. 이제 나는 성경에 **대해** 생각하기보다 성경과 **함께** 생각한다. '내 삶에 성경을 적용'하려 하기보다(마치 내 삶이 중심에 있고 성경이 그 삶을 수식함으로써 연관성을 가진다는 듯이), 내 삶을 성경에 적용하려고 한다. 즉, 성경 이야기 안으로 들어가 그곳에서 살아간다.

이제 앞 장의 첫 번째 중제목 단락으로 돌아가 보자. 우리에게 제시되는 성경은 그 지배적인 정경 구조 측면에서 볼 때 근본적으로 하나의 이야기, 시작과 중간과 끝이 있는 거대 서사다. 혹은 더 나은 표현으로는, 성경은 온 우주에 대한 **진짜 이야기**다. 그것은 창조로 시작해 새 창조로 끝나며, 그 사이에 하나님과 관계 맺는 인간의 이야기, 즉 죄와 구원에 관한 이야기가 들어 있다. 이 책의 제목이 선언하는 대로, 성경은 **그 위대한 이야기**(the great story)다.[1]

물론 그것은 수많은 변화와 전환(너무도 나쁜 전환을 포함해서)을 보여 주는 매우 **복잡한 이야기**이기도 하다. 하나의 평이한 서사가 아니라 다양한 문학 장르를 통해 전달되며, 각 장르는 이 거대 서사 내의 적절한 위치에서 다루어져야 한다. 예를 들어, 지혜서 텍스트는 서사가 아니지만 우리가 구약이라 부르는 서사 안에서 이해해야 한다(율법과 예언서와 시편도 마찬가지다). 마찬가지로, 사도들의 서신은 서사가 아니지만 말씀이

---

[1] 성경을 하나의 전체적인 이야기로 읽고 그것을 선교와 연관시키는 이 같은 방식이 *Theology and Practice of Mission: God, the Church, and the Nations*, ed. Bruce Riley Ashford (Nashville: B&H, 2011)의 기초다. 1장 "The Story of Mission: The Grand Biblical Narrative", pp. 6-16를 보라. 그 내용에 대한 깊이 있는 해설이 Bruce Riley Ashford and Heath A. Thomas, *The Gospel of Our King: Bible, Worldview, and the Mission of Every Christian* (Grand Rapids: Baker Academic, 2019), 1-4장에 담겨 있다. 『왕의 복음』(IVP).

육신이 되어 우리 안에 거하셨던 성경적 서사의 맥락 안에서 해석되어야 한다. 이 위대한 이야기는 역사 안에서 산출된 다양한 텍스트를 적절하게 주해하고 해석할 수 있는 지배적인 맥락이다.

또 하나 중요한 것은 성경이 **우리의 이야기**라는 점이다. 그 이유는 다음과 같다.

- 성경은 우리가 참되고 살아 계신 한 분 하나님을 만날 수 있는 이야기다. 우리는 그 이야기 안에서 하나님을 이스라엘의 하나님, 우리 주 예수 그리스도의 하나님 아버지, 우리의 하나님이요 구주로 알게 된다.
- 성경은 우리가 누구이고 이 땅의 하나님 백성으로서 왜 여기 있는지를 말해 주는 이야기, 우리의 정체성과 선교를 생성하는 이야기다.
- 성경은 우리의 전반적인 기독교 세계관을 형성하는 이야기다. 왜냐하면 우리는 그 이야기 안에 살고 그 이야기에 참여하는 자로서 하나님의 세상 안에서 살아가고 있기 때문이다.
- 성경은 우리가 하나님 백성으로서 어떻게 이 땅에서 살아가야 하는지를 보여 주고, 또한 그렇게 살아가도록 자원을 제공하는 이야기다.
- 성경은 우리에게 궁극적 미래를 향한 소망을 주고 사명을 부여해, 타락했지만 그리스도 안에서 구속된 세상 속으로 우리를 보내는 이야기다.

앞 장에서 나는 크레이그 바르톨로뮤와 마이클 고힌이 N. T. 라이트(Wright)가 제안한 비유에 근거해 성경을 여섯 개의 막으로 구성된 드라마로 묘사했음을 언급한 적이 있다.[2] 나는 그 아이디어에 하나를 더해

---

2 Craig G. Bartholomew and Michael W. Goheen, *The Drama of Scripture: Finding Our Place in*

완벽한 7막의 드라마로 만들어 보았다!

내가 볼 때 드라마로서의 성경이라는 아이디어는 꽤 유익한 비유다. 물론 성경 시대에는 극장이라는 것이 없었지만, 분명 이스라엘 사람들도 다른 민족들이 그들 안에서 그들을 통해 일하시는 하나님의 강력한 행동을 **보고** 있다고 생각했을 것이다. 이 민족들은 구원이든 심판이든 그 이야기가 펼쳐지는 내내 그것을 목도하는 관람자이자 증인으로 흔히 묘사된다. 이 세상은 야웨 하나님이 이스라엘과 민족들 안에서 활동하시는 역사의 거대한 드라마가 펼쳐지는 무대라는 사실은, 이스라엘의 상상력 안에서 결코 낯설지 않았을 것이다.[3] 하나님의 목적이 가시적인 방식으로 펼쳐지고 있었고, 사람들은 그것을 이해하고 놀라움이나 두려움이나 단순한 호기심으로 반응할 수 있었다. 그것은 길고 짧은 형태로 계속해서 전달되고 있었다.

그러므로 성경이란 그저 하나의 이야기가 아니다. 그것은 하나님이 직접 극본과 연출을 맡은 방대한 서사에 무수히 많은 배우들이 출연하여 각자의 역할을 연기하는 장구한 드라마다. 훌륭한 드라마들이 대부분 그렇듯, 성경의 드라마도 몇 개의 '막'으로 나뉜다. 이것은 드라마가 전개되는 동안 발생하는 중요하고 뚜렷한 내용들의 구분 혹은 단계를 뜻한다. 우리는 성경 전체를 7막으로 이루어진 드라마로 그려 볼 수 있다.[4]

---

the Biblical Story, 2nd ed. (Grand Rapids: Baker Academic, 2014).
3   나는 The Mission of God: Unlocking the Bible's Grand Narrative (Downers Grove, IL: IVP Academic, 2006), 14장 "God and the Nations in Old Testament Vision"에서, 구약성경이 다른 민족들을 이스라엘 안에서 야웨가 행하시는 모든 것을 지켜보는 '관중'(사실상 환호하는 수혜자들)으로 묘사하는 역동적 방식을 분석했다. 『하나님의 선교』(IVP).
4   이 지점에서는, 내가 전천년설의 세대주의적 발상과 같은 '세대주의'를 언급하지 않는다는 점을 명시하는 것이 좋을 듯하다. 내가 제시하려는 것은 전체적으로 통일되고 일관성 있는 드라마의 단순한 연대기적 순서, 하나의 거대한 이야기 안에서의 연속적 단계다.

그림 2.1. 성경 드라마의 7막

그림 2.1은 이 드라마를 일곱 개의 상징으로 시각화한 것이다. 나는 이 상징에 대한 영감을 애리조나 피닉스에 있는 교회 네트워크 미시오 데이 커뮤니티(Missio Dei Communities)의 목사 크리스 곤잘레스(Chris Gonzalez)에게서 얻었다. 그는 어느 일요일에 한 교회 신자에게 성경이 어떻게 하나의 큰 이야기로 개념화될 수 있는지 설명해 주려고 봉투 뒷면에 이런 그림을 그렸다.[5] 나는 그의 본래 작품을 조금 수정하고 그 배열에 6번을 추가했다.

이제 성경 드라마의 일곱 개의 막을 간략히 살펴보고, 그것들이 성경을 하나의 크고 전체적인 이야기로 파악하는 데 얼마나 중요한 역할을 하는지 생각해 보자. 이 장에서 그 이야기를 끝까지 다루고 나면, 이런 식으로 성경 전체를 읽을 때 무슨 일이 일어나는지를 다음 장에서 함께 생각해 볼 것이다. 이런 방식의 성경 읽기는 신자로 살아가는 그리스도인의 삶과 일에 어떤 영향을 미치는가? 또 우리의 선교에는 어

---

[5] Chris Gonzalez가 그린 "True Story"의 본래 상징들은 Missio Dei website: https://missiodeicommunities.com/story에서 확인할 수 있다.

떤 영향을 미칠까?

1막: 창조

▲

1
창조
하나님,
인류,
땅

그림 2.2. 1막: 창조

살아 계시고 영원하신 한 분 하나님이 우리가 우주라고 부르는 하늘과 땅(그림 2.2를 보라)을 창조하기로 결정하시면서 전체 드라마가 시작된다. 그분은 그것을 '선하게' 창조하셨다. 또한 그분의 형상을 따라 인간을 창조해 땅 위의 선한 창조 세계를 다스리고 섬기도록 하셨다.

이것은 하나님, 땅, 인류를 연결하는 위대한 창조의 삼각형이라 할 수 있다(내가 첫 번째 상징을 삼각형으로 그린 이유다). 이것은 그리스도인으로서 지녀야 할 온전한 세계관의 토대가 된다. 세 개의 각이 모두 필수적이며, 하나의 각은 다른 두 각과 관련성을 가진다.

- **야웨 하나님**은 창조주시다. 그분은 참되고 살아 계신 한 분 하나님, 전 우주의 주권자이시다. 전 창조 세계와 전 인류를 존재케 하시고 그들의 찬양을 받아야 하는 분, (인간의) 예배와 사랑과 순종을 마땅히 받으셔야 하는 분이다.
- **인간**은 하나님의 형상을 따라 하나님에 의해 창조되었다. 모든 피조물 가운데서 오직 인간에게만 해당되는 이 사실은, 인간이 된다는 의미에 대한 결정적인 존재론적 규정이다. 창조주의 형상을 가진 인간은 땅 위의 다른 피조물을 다스릴 권한을 갖고(창 1:26-28) 그것을 섬기고 돌보도록 위임받았다(창 2:15).
- **땅**은 '선하다.' 왜냐하면 하나님이 그렇다고 선언하셨기 때문이다. 땅은

하나님의 것이고(시 24:1) 우리에게 선물로 주어졌다(시 115:16). 하나님의 의도는 우리가 이 땅에서 인간으로 살아가며 수행할 수 있는 모든 활동을 하면서, 일하고 쉬고 생산하고 나누고 거래하고 관계 맺는 것이다.

이렇게 간략한 요점으로 정리한 내용 이면에는 광대한 깊이의 성경적 진리가 놓여 있지만 그것을 여기서 다루기는 힘들다. 성경 드라마의 첫 번째 막이 드러내는 바는, 하나님이 누구이시고, 인간인 우리는 누구이며, 살고 있는 땅과 관계 맺고 그에 대한 책임을 지닌 우리의 위치가 어디인가 하는 것이다. 이러한 신학적 진리에는 막중한 윤리적 함의가 있다. 모든 책이 창세기 1-2장에 기반한 이른바 문화 명령을 다루고 있다. 즉, 모든 장이 함의하는 바는 땅에서의 인간 삶에 관한 것이다. 성경 드라마의 1막이 제공하는 도덕적·사회적 관점으로 다루어야 할 쟁점에는 적어도 다음과 같은 내용들이 포함될 것이다.

- 땅과 피조물에 대한 신성한 지배권의 본질(창 1:26-28)과, 그것들을 '섬기고' '지켜야'(창 2:15에 등장하는 단어들) 할 필요성
- 땅이 선물로 제공하는 자원들과, 그에 따라 경제 활동과 생태학적 책임의 측면에서 제기되는 모든 문제들
- **모든** 인간이 하나님 형상으로 창조되었다는 사실이 인간의 고결한 삶, 다양한 문화 속에서 모든 인간이 가지는 존엄성 및 평등함, 인간이 하나님과 서로에 대해 가지는 책임에 대해 함의하는 내용
- 모든 차원에서 이루어지는 인간의 일이, 일하시는 하나님의 형상의 한 부분으로서 가지는 선함과 내재적 가치, 그리고 '안식'과 쉼의 의미
- 남성과 여성의 성적 상호 보완성과 창조 세계를 다스리고 섬기는 과업

에서 두 성이 함께 맡은 역할, 그리고 결혼이라는 제도와 그것의 본질

성경의 1막을 이후 내용의 토대로서 진지하게 다루는 것이 매우 중요하다. 이야기의 **시작**인 창조와 그것이 인간의 삶과 사회와 문화에 대해 의미하는 모든 내용을 강하게 붙잡지 않으면, 이어지는 이야기의 **목적** 또는 새 창조로 끝나는 놀라운 **결말**을 충분히 이해할 수 없기 때문이다. 사실 '선교'에 곧장 돌입하는 일부 교회와 복음주의 그리스도인들이 약점과 편협함을 드러내는 한 가지 이유는, 끔찍할 정도로 창조 신학이 부재한 데 있다. 어떤 사람들의 사고 체계 내에서는, 전체 우주와 이 땅이 구원을 이해하게 해 주는 임시적인 발판 정도로 축소되어 있다. 대체로 그들에게 구원이란 신자들이 지구를 완전히 떠나는 것인데, 어쨌거나 이 지구는 우주적으로 소각되어 버릴 운명이기 때문이다. 그야말로 대피와 소거의 신학이다! 이런 사고는 1막을 구성하는 책들(단순히 창 1-2장뿐 아니라, 시 8, 19, 104, 148편 및 여타 장들처럼 창조를 다루는 구약 본문들)의 심대한 중요성을 무시한다. 또한 그것은 인간뿐 아니라 전 창조 세계를 향한 하나님의 구속과 화해의 목적을 다루는 신약의 분명한 가르침도 무시한다. 앞으로 살펴보겠지만, 바로 이런 본문들이 우리의 선교 개념에 영향을 미쳐야 한다.

2막: 반역

성경의 위대한 드라마는 1막에서 '좋은 시작'을 했다가, 창세기 3장에서 일이 심각하게 잘못되기 시작한다(그림 2.3의 'X' 표시가 이를 말해 준다). 보통 창세기 3장의 내용을 두고 '타락'(the fall)이라고 표현하는데, 나는

결코 그것이 이때 일어난 일을 설명하는 적절한 용어라고 생각하지 않는다. 우리는 마치 우발적 실수를 저지른 것처럼 단순히 죄 안으로 '떨어진'(fall) 것이 아니다. 우리 인간은 하나님의 선하심을 불신하기로, 하나님의 말씀을 의심하기로, 하나님의 명령에 불순종하기로 **결정했다**. 따라서 도표에 나오는 대로 **반역**(rebellion)이 더 적절한 표현이다.

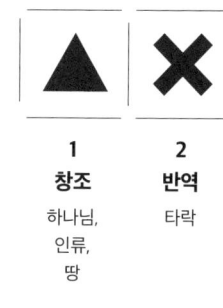

그림 2.3. 2막: 반역

주의해야 할 것은, 창세기 3장이 '악의 기원'[6]을 말하고 있지 않다는 점이다. 우리는 호기심에서 나온 다음과 같은 질문에 대해 그 어떤 대답도 듣지 못할 것이다. '왜 뱀이 다른 들짐승보다 더 교활했을까? 그 의미는 무엇인가? 이 뱀은 어떻게 말을 할 수 있었을까? 대체 여기서 무슨 일이 벌어진 것일까?' 본문에서 우리가 알 수 있는 것은, 불가해한 방식으로 무엇인가가 잘못되고 빗나갔다는 사실뿐이다. 하나님의 '선한' 창조 세계 안에서 일어나서는 **안 되는** 무엇인가가 **일어났고**, 그 이유나 근원에 대해서는 설명하지 않는다. 다만 그것이 하나님에게서 비롯되거나 하나님의 인간 피조물의 마음속에서 시작되지 않았다고 말할 수 있을 뿐이다. 하나님이 아닌, 인간의 외부에 있는 어떤 것이 그 장면에 침입해 들어와 사악한 질문들을 주입하며 인간의 의식을 괴롭히고 있었다. 이것은 악의 **기원** 자체를 다루는 이야기가 아니라, 인간

---

[6] 이것은 오랫동안 그리스도인들의 신학적 고민과 저술의 주제가 되어 왔지만 만족스러운 '답'을 얻을 수 없었던 질문이다. 내가 이 주제를 가지고 씨름한 내용들은 *The God I Don't Understand: Reflections on Tough Questions of Faith* (Grand Rapids: Zondervan, 2008), part 1, "What about Evil and Suffering?"에 담겨 있다. 『성경의 핵심 난제들에 답하다』(새물결플러스).

의 삶과 역사에 악이 **등장**하는 이야기다.

악은 파괴적 수준의 포괄성을 가지고 등장한다.

창세기 3장의 (깊이 있는 단순함과 단순한 깊이를 동시에 지닌) 서사는 죄와 악이 인간 삶의 모든 차원과 관계 속으로 침입해 들어가는 모습을 기술한다. 그것은 영적·지적·물리적·사회적 특성을 포괄한다.

- **영적**: 하와는 하나님의 진실하심과 선하심에 의문을 품고 불신하도록 유혹당했다. 그녀가 하나님과 맺었던 신뢰의 관계는 오염되고 말았다.
- **지적**: 그녀는 이성적 사고 능력("먹음직도 하고")과 심미적 인식 능력("보암직도 하고")과 호기심("지혜롭게 할 만큼 탐스러운", 6절상)을 발휘했다. 이 모든 것은 그 자체로 선한, 하나님이 주신 능력이다. 실제로 성경은 이런 능력을 칭송한다. 하나님의 형상으로 창조된 우리는, 이성적으로 생각하고 아름다움을 즐기고 지혜를 추구할 수 있는 권한을 얻었고 그렇게 하도록 장려된다. 문제는 하나님이 주신 이 모든 놀라운 능력이 **하나님이 금하신 방향으로** 발휘되고 있다는 점이다. 죄는 지적인 사고 자체가 아니라, 불순종을 정당화하기 위해 그것을 사용하는 데 있다(그 이후로 우리는 이 일에 전문가가 되었다).
- **물리적**: "여자가 그 열매를 따 먹고"(6절하).[7] 이것은 그녀의 선택으로 물리적 세계에서 일어난 물리적 행동이다. 죄악된 선택과 그 결과가 우리 몸과 물리적 환경 모두에 침입했다.

---

7   매우 단순한 두 개의 동사다. 나는 이 동사들에 대한 Derek Kidner의 깊이 있는 설명을 사랑한다. "**여자가…따 먹었다**: 행동하기는 너무 쉬웠지만, 되돌리기는 너무 어려웠다. '따 먹는' 것이 구원의 동사가 되기 전까지, 하나님은 빈곤과 죽음을 맛보셔야 했다." *Genesis*, Tyndale Old Testament Commentary (Downers Grove, IL: InterVarsity, 1967), p. 68. 『창세기: 틴델 구약주석 시리즈 1』(CLC).

- **사회적**: 그녀는 열매를 "**자기와 함께 있는** 남편에게도 주었다"(6절하). 나와 같은 남성들이 주의를 기울여야 할 대목이다. 남자는 그 대화가 이루어지는 동안 다른 어딘가에 가 있던 것이 아니었다. 그는 거기 있었다. 모든 이야기를 듣고 있었다. 그는 하와와 마찬가지로 유혹에 굴복했다(17절에서 하나님이 지적하신 것처럼).[8] 앞서 영적이고 지적이고 물리적으로 저질러진 죄가 사회적으로 공유된 것이다. 죄는 하나님과의 관계뿐 아니라 인간들 사이의 관계도 오염시켰다. 죄는 관계적이다. 창세기 1:27과 2:18-25이 표현하는 대로 관계는 인간이 된다는 것의 의미의 근본적 차원을 이루고, 우리는 그렇게 관계 안에서 관계를 위해 창조되었기 때문이다.

따라서 창세기 3장의 분명한 함의는(물론, 다른 여러 함의들 중에서), 인간의 여러 차원들 중에서 죄와 악의 존재와 그 해로운 영향으로부터 자유로운 것은 하나도 없다는 점이다. 많은 오해를 받아 온 '전적 부패'(total depravity) 교리가 말하는 바는 모든 인간이 도달할 수 있는 최악의 상태까지 나빠졌다(일반적 용례로, '전적으로 부패했다')는 것이 아니며, 실제로도 전혀 그렇지 않다. 이 교리가 말하는 바는 우리가 어떤 측면에서도 마땅히 되어야 할 선한 모습이 되지 못한다는 것이다. 인간의 어떤 부분도 죄의 영향에서 벗어날 수 없다. 우리는 존재의 전체적 측면에서 '부패'(타락하고 죄를 지었다는 의미에서)했다.

---

8 이 말은 그 장면에 대한 바울의 설명과 모순되지 않는다: "아담이 속은 것이 아니라, 여자가 속아 죄를 저질렀다"(딤전 2:14, ESV). 분명한 것은 아담과 하와가 모두 죄를 저지르고 죄인이 되었다는 점이다. 즉 하와 쪽에서는 속아서 그 일이 일어났다면, 아담 쪽에서는 뱀의 거짓말에 속는 일 **없이** 죄인이 되었다. 아담은 두 눈을 빤히 뜨고 죄를 지은 것이다.

문제는 그것으로 끝이 아니었다. 창세기 4-11장은 죄가 개인과 관계적 삶을 잠식하는 데서 더 나아가 세대와 역사를 통해 증식하고 확대되어 사회와 국가의 차원까지 확산되는 모습을 보여 준다. 그것은 부패와 폭력을 양산하고 모든 문화를 오염시키며 국가 간의 분열과 혼란을 조장한다. 죄는 인간의 사회 구조에 스며들어 긴 역사와 문화적 승인을 통해 강화되고 그 안에 굳게 자리를 잡는다. "죄의 영향력과 악의 힘이 문화적·경제적·사회적·정치적·종교적 삶의 구조에 스며들어 빈곤을 야기하고 창조 세계를 훼손한다."[9]

당신이 심각한 질병으로 고통받고 있다고 하자. 적절한 처치나 치료를 받기 위해 당신에게 필요한 것은 제대로 된 정확한 진단이다. 이때 부정확하거나 불충분한 진단은 생명에 지장을 줄 수 있다. 마찬가지로, 성경이 제공하는 죄와 악에 대한 근본적이고 포괄적인 진단을 이해해야만, 우리는 더 근본적이고 포괄적인 하나님의 구속 계획의 범위를 인지할 수 있다. 우리의 반역으로 생겨난 문제는 너무나 광대하고 다면적이기에, 복음도 그 문제만큼이나 광대해야 한다. 성경은 (감사하게도) 정말로 그러하다는 사실을 보여 준다! 사실, 하나님은 시작부터 그분의 의도를 선언하신다. 뱀과 그것이 대표하는 모든 악은 결코 최종적 발언권을 갖지 못할 것이다(창 3:15). 바로 이것이 인간을 위한 좋은 소식이다.

복음은 죄와 악이 가져온 결과의 모든 측면을 다룬다. 따라서 우리는 하나님의 선교와 우리에게 위임하신 선교가 넓고 포괄적이라는 사실을 이해해야 한다. 우리는 그것을 4장에서 다루게 될 것이다.

---

9 "Statement of Faith", Tearfund, 2021년 11월 5일에 접속, https://www.tearfund.org/about-us/our-mission/statement-of-faith.

3막: 구약의 약속

창세기 11장에서 우리는 막다른 길에 몰린 인류의 모습을 보게 된다. 이곳은 하나님의 저주를 받은 땅 위에서 분열되고 흩어진 나라들이 이룬 세계다. 라멕은 자신의 아들 노아('위로'를 뜻하는 히브리어)가 하나님이 땅을 저주하신 결과로 인간이 겪게 된 비참함을 끝내 줄 것을 기대했었다 (창 5:29). 물론 홍수 이후로 인류에게 새로운 시작이 주어졌지만, 죄와 악은 제거되지 않았다. 심지어 노아와 그의 가족 안에서도 말이다. 그렇다면 도대체 이런 상황에서 하나님은 무엇을 하실 수 있단 말인가?

3막에 접어들면서, 이야기의 방향을 소망으로 끌어가는 놀라운 약속과 계획을 가지고 하나님이 개입하신다. 이 막의 상징을 화살표로 그린 것은 바로 이 때문이다(그림 2.4를 보라). 이야기가 전개된다. 플롯이 한 층 흥미진진해진다.

모든 것은 창세기 12장에서 하나님이 아브라함을 부르시고 약속을 주시는 일에서 시작된다. 창세기 12, 15, 17, 18장에 걸친 일련의 만남을 통해, 하나님은 아브라함과 사라에게 세 가지 중요한 내용을 약속하신다. (1) 그들이 아들을 낳을 것이고, 그 아들을 통해 많은 자손들이 태어

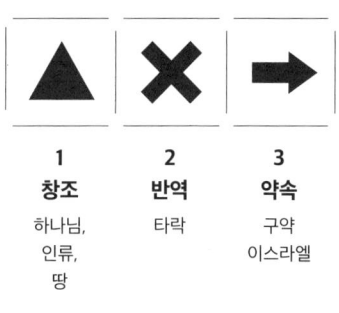

그림 2.4. 3막: 구약의 약속

나 큰 민족을 이룰 것이다. 역시! (2) 하나님이 그 민족을 그분이 보호하시는 언약 관계 안에서 복 주실 것이다. (3) 하나님이 그들이 거주할 가나안 땅을 주실 것이다. 이 세 개의 약속은 출애굽기에서부터 여호수

아서에 이르기까지 이야기가 전개되는 가운데 성취된다.

그런데 하나님이 아브라함에게 주신 약속에는 네 번째 요소가 있었다. 말하자면 핵심 요점 같은 것인데, 그 내용이 충격적일 만큼 폭넓다. 하나님은 "아브라함을 통해[혹은 아브라함 안에서] **땅의 모든 족속/민족이 복을 발견할 것**"(저자 사역)이라고 말씀하셨다. 창세기 12:3에서 처음 하신 이 약속은 이후로 창세기 안에서 네 번 더 반복된다(18:18; 22:18; 26:4; 28:14). 따라서 이것은 결코 추가적으로 덧붙은 내용이라고 볼 수 없다. 이는 하나님의 의도를 근본적으로 선언한 것이며, 이후 펼쳐질 인간 역사를 위한 하나님의 선교의 의제였다.[10] 또한 우리는 3막의 동력, 사실상 성경 드라마 전체의 동력이 되는 아브라함 언약이 어떻게 1막과 연결되는지를 이해해야 한다. 그 관계는 그림 2.5처럼 단순하게 표현해 볼 수 있다.

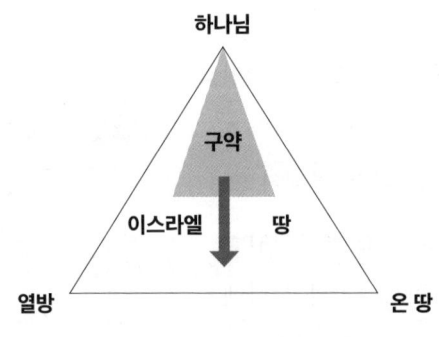

그림 2.5. 아브라함 언약

이것은 내가 구약의 적실성을 설명하기 위해 초기부터 사용했던 삼각형으로, *Old Testament Ethics for the People of God* (Downers Grove, IL: IVP *Academic*, 2004)에 있는 자료를 변형해서 실었다. Copyright © 2004 by Christopher J. H. Wright, InterVarsity Press, P.O. Box 1400, Downers Grove, IL 60515, USA. www.ivpress.com. 허락을 받고 사용.

---

10 이 아브라함 언약이 이후 구약의 내용과 더 나아가 신약에까지 미친 영향에 대한 상세한 연구를 보려면, 내 책 *Mission of God*, pp. 191-264(6-7장)를 참조하라.

바깥쪽 삼각형(아마 당신은 초록색 바탕을 상상할 것이다)은 1막에서 하나님과 인류와 땅 사이에 맺어진 창조의 관계를 표현한다. 하지만 2막에서 죄로 인해 이 모든 관계가 왜곡되고 깨지고 오염되어 버렸다. 이제 3막에서는, 하나님이 안쪽 삼각형(아마 당신은 빨간색 바탕을 상상할 것이다)에서 소규모로 구속과 관련된 일을 시작하기로 결정하신다. 바깥쪽 삼각형의 세상에 복을 가져다주기 위해서 말이다. 하나님은 여전히 온 땅과 열방의 하나님이시다. 바로 그들을 위해, 궁극적으로 가장 먼 곳까지 이르게 될 하나의 프로젝트를 역사 속에서 시작하신다.

하나님은 땅의 모든 민족 가운데서 이스라엘이라는 한 민족을 창조하고 부르셔서, 그들이 다른 민족들에게 복을 가져다주는 수단이 되게 하셨다. 온 땅 가운데서 한 곳의 땅을 그들에게 주셔서, 하나님이 온 땅을 향해 약속하신 축복을 나타내는 일종의 소우주가 되게 하셨다. 그렇다면 구약성경은 하나님과 이스라엘과 그들의 땅 사이의 세 가지 관계에 관심이 집중된 책이라 할 수 있다. 야웨는 이스라엘의 구속주 하나님이시다. 이스라엘은 야웨의 언약 백성이다. 땅이 이스라엘에게 선물로 주어졌으며, 그것은 여전히 야웨의 소유다(레 25:23). 이 관계의 삼각형은 구약 시대 내내 성경의 주된 초점이다.

하지만 단 한 순간도 바깥 삼각형이 망각된 적은 없다. 심지어 시내산에서 하나님이 이스라엘을 자신 곁으로 불러, 그들을 '특별한 소유'라고 말씀하시는 중차대한 순간에도 말이다. 하나님은 아브라함에게 주신 약속을 거듭 말씀하실 때 그들을 "모든 민족" 가운데 위치시키고, "세계가 다 내게 속하였다"고 강조하신다(출 19:4-6). 여기서 적용되고 있는 것은, 일종의 이중적 관점 혹은 초점이다. 한편으로, 이 약속은 전적으로 특별하다. 즉 하나님의 '특별한 소유'로서 한 민족이 한 장소에 있다. 다른 한편으로, 하나님이 온 땅의 모든 민족에 대한 소유권을 주장하심으로써 이 약속은 보편성을 가진다. 이 바깥 삼각형은 약속의 배경에 늘 존재하며, 때때로 이스라엘의 예배와 예언적 텍스트에 분명하게 언급된다.

우리 아이들이 어렸을 때, 아이들이 참여하는 축구 경기를 종종 보러 가곤 했다. 나는 카메라에 망원 렌즈를 장착해 한쪽 눈을 뷰파인더에 대고(그것은 디지털 카메라가 나오기 전의 구식 SLR 카메라였다!), 우리 아들을 화면 전체 크기로 클로즈업해 초점을 맞추었다. 하지만 다른 눈으로는 경기를 지켜보면서 다른 선수들과 공의 위치 등을 확인했다. 나는 아들과의 특별한 관계 때문에 그곳에 있었고, 아들을 확대해서 바라보고 있었다. 하지만 아들이 그곳에 있었던 이유는 다른 많은 선수들과 함께 뛰는 경기 때문이었다. 마찬가지로, 하나님은 파라오에게 "이스라엘은 내 아들 내 장자"라고 말씀하셨다(출 4:22). 따라서 자연히 구약성경의 클로즈업 화면은 대부분 이스라엘로 채워져 있다. **하지만 이스라엘이 그곳에 있는 유일한 이유는 온 땅과 모든 민족을 위한 하나님의 계획 때문이다.** 하나님은 경기 전체를 보고 계신다(단순히 관중이 아니라 심판 역할을 하시면서!).

하나님이 구약에서 하고 계셨던 일들은, 마치 이스라엘만이 선택받고 구원받아야 할 유일한 백성인 것처럼 오직 이스라엘과 그들의 땅을 위해서만 의도된 것이 아니었다. 바로 이것이 핵심이다. 또한 구약은 그저 예수께 도달하기 위해 어떻게든 훑고 지나가야만 하는 고대 역사의 한 부분이 아니다. 오히려 하나님은 열방과 온 땅을 **위해** 성경 이야기의 이 부분에서 일하고 계셨다. 이 안쪽 삼각형을 만드신 의도는 바깥 삼각형에 복을 주고 궁극적으로 구속하기 위해서다. 요한복음의 유명한 구절을 적용해 보자면(의심의 여지 없이 사도 요한도 이 방식을 승인할 것이다), 하나님은 **세상**을 너무도 사랑하셔서 아브라함을 선택하고 **이스라엘**을 창조하셨다. 그분이 세상을 구원하기 위해 자신의 아들 메시아를 내주신 것은 바로 이스라엘을 통해서이기 때문이다.

이것이 하나님의 약속이다. 3막이 시작되던 아주 초기부터 이 이야기에 스며든 소망이다.[11] 이것은 아브라함 때부터 줄곧 하나님의 선교를 추진하는 동력이었다. 따라서 현재와 미래를 포함한 전 역사를 통해 이루어지는 하나님의 선교란, 하나님이 아브라함에게 주신 약속을 이루어 가는 과정이라고 단순하게 말할 수 있을 것이다.

하나님은 아브라함에게 "모든 민족"이라고 말씀하셨다. 요한계시록 7:9은 "모든 민족과 족속과 백성과 언어"(새번역)에서 무리가 나아온다고 말한다. 이때 비로소 거대한 이야기가 완결되고 선교가 완수될 것이다.

기나긴 3막의 '뼈대'를 구성하는 것은 다음과 같은 핵심적인 장면과 사람들이다.

- **아브라함에게 주신 언약의 약속**: 하나님이 모든 민족에게 복을 주겠다고 약속하신다.
- **출애굽**: 하나님이 이집트에 예속되어 억압받던 이스라엘을 구출하신다. 이것은 그리스도의 십자가 이전에 있었던 가장 큰 구속의 행동이었다.
- **시내산**: 먼저 주어진 하나님의 구원하시는 은혜에 기반하여, 하나님이

---

11 사실 이 약속은, 1막에서 하나님이 여자의 후손(즉 인간)이 뱀의 머리를 짓밟을 것이라고 선언하셨던(창 3:15) 훨씬 이전 시기에 주어졌다. 때로 원복음(첫 번째 복음)이라고 불리는 이 구절은, 성경에서 메시아를 가장 처음으로 예언하는 구절로 보이며 인간 예수가 사탄을 이기고 승리하실 때 궁극적으로 성취된다.

모세를 통해 이 민족과 언약을 수립하고 율법을 주신다. 그들에게 순종이란 하나님의 구속적 주도권에 대한 반응을 의미했다(지금도 그러하다). 그들은 모세에게 주어진 설계도를 따라 시내 광야에서 성막을 지었고, 이로써 하나님이 백성 가운데 거하시게 되었다.

- **서사들**: 여호수아의 리더십 아래 땅을 정복한 이후 사사와 왕들이 다스리던 시대를 거쳐, 심판을 받고 바빌론으로 끌려가는 트라우마적 사건을 겪었다가, 다시 돌아와 포로기 이후의 작은 유다 민족 재건을 시도하는 하나님 백성의 이야기다.
- **예언서**: 하나님의 사자들은 백성에 대해 하나님이 가장 관심 갖고 계시는 부분을 강조했다. 이들은 백성의 악한 우상숭배와 사회적 불의와 정치적·경제적 권력자들의 착취를 폭로하고, 하나님의 세계적 주권을 주장했다. 기름부음 받은 종이자 왕으로 오실 분을 통해 하나님이 이스라엘과 민족들을 구원하실 미래의 비전을 보여 주었다.
- 물론 이 이야기에 더해, 이스라엘의 풍성한 예배서인 **시편**과 **지혜서**(잠언, 욥기, 전도서)도 3막에 포함된다.

실로 엄청난 책들의 목록이다![12] 하지만 이 모두가 하나님의 약속에 근거하여, 하나의 긴 여정 속에서 '앞으로 진행하고 있다'는 사실을 기억해야 한다. 하나님의 구속과 은혜와 신실하심을 강조하며, 미래의 목적지를 늘 가리키면서 말이다. 이 막을 표현하기 위해 사용한 상징은 직선으로 된 단일한 화살표인데, 사실 그것은 아마존강의 시스템에 좀

---

12 나는 이 모든 책들을 전체적으로 파악할 수 있는 간결한 방식을 *The Old Testament in Seven Sentences: A Small Introduction to a Vast Topic* (Downers Grove, IL: IVP Academic, 2019)에서 제안했다. 『일곱 문장으로 읽는 구약』(IVP).

더 가깝다. 복잡한 하천 시스템이 연결되어 있는 광대한 아마존강처럼, 구약성경도 복잡하고 광대한 책들의 모음이다. 아마존강은 무수한 지류를 내고 때로 구불구불 흐르면서도 엄연한 하나의 강으로서 한 방향을 향해, 즉 목적지인 대서양을 향해 흘러간다. 마찬가지로 다양한 서사와 율법과 노래, 예언이 담긴 구약성경도, 그리스도라는 목적지를 향해 한 방향으로 펼쳐지는 단일한 이야기다.

따라서 하나님의 약속과 이스라엘의 소망이, 성경 이야기의 구약 시대 이스라엘 역사(3막)를 추진하는 동력이 된다. 이스라엘은 하나님과 맺은 언약의 약속을 지키는 데 끊임없이 실패한다. 하지만 은혜와 회복에 이어 심판이 일어나는 수많은 에피소드를 통과하면서도, 하나님은 약속의 성취를 향한 진로를 벗어나지 않으신다. 야웨는 늘 약속을 지키시는 하나님이라는 뜻이다.

그런데 하나님은 모든 민족에게 복을 주시겠다고 아브라함에게 하신 약속을 언제 지키시는가? 이것은 3막의 긴 기간이 끝나고 성경에서 400년의 역사를 읽은 후 한 페이지를 넘겨 4막의 예수님을 마주하는 우리에게, 약속 그 자체와 더불어 우리에게 남겨진 질문(바울이 에베소서에서 말했던 '신비')이다.

4막: 그리스도

구약의 약속은 나사렛 예수의 탄생과 함께 성취된다. 따라서 성경 드라마의 중심이 되는 막은 사복음서에서 우리가 읽게 되는 모든 내용을 포함한다. 즉, 메시아 예수의 수태와 탄생, 삶, 가르침, 속죄의 죽음, 승리의 부활, 승천 등이다. 일곱 개의 상징들의 중심에 놓인 십자가는 단순

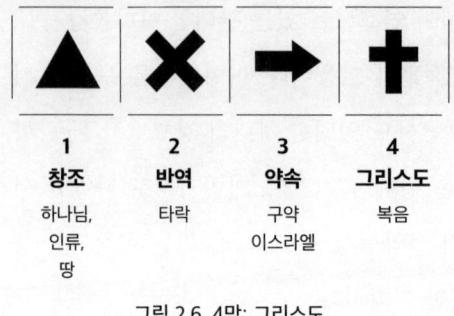

그림 2.6. 4막: 그리스도

히 십자가에 못 박히는 사건뿐 아니라, 수태에서 승천에 이르기까지 그리스도의 지상의 삶 전체를 상징한다.

이 내용은 전체 성경 드라마의 핵심부다. 1-3막은 4막에서 하나님이 성취하신 것을 가리키고, 4막에서 5-7막이 흘러나온다.

우리가 할 수 있는 일은, 중심부의 이 위대한 막이 보여 주는 핵심 요소를 요약하는 것이 전부다. 구약성경과 마찬가지로, 이 모든 요소들이 각각 한 장씩을 할애해 살펴보아야 할 만큼 중요하다. 하지만 지금 우리에게 필요한 것은 위대한 성경 이야기를 광각으로 담아 낸 전체 화면임을 기억하자.

• **성육신**: 이스라엘의 하나님이 인간이 되셔서 그분의 백성 가운데서 살고 걸어 다니셨다. "말씀이 육신이 되어 우리 가운데 '성막으로 거하셨다'"(요 1:14, 저자 사역)는 말씀은, 장막 안에서 백성 가운데 거하고자 하시는 하나님의 열망과 예수님의 성육신을 연결하는 요한의 방식이다. 우리는 시내산에 '내려오신' 하나님을 넘어, 이제 처녀의 자궁과 베들레헴의 구유로 '내려오시는' 하나님을 본다. 이 사건의 놀라운 의미는, 성경의 위대한 이야기 속에서 하나님이 더 이상 관찰자가 아니라 참여자가 되신다는 점이다. 단순히 드라마의 연출가가 아니라 직접 무대에 오르신 것이다. 직접 쓰신 이야기 '속의' 배우가 되어 '등장하신' 하나님이다! 게다가 하나님은 우리와 같은 인간으로서 이야기 '속에' 계신다. 성

경이 단순히 하나님에 **관한** 이야기가 아니라 정말로 하나님**의** 이야기라고 말하는 것이 적절한 이유는 바로 이 때문이다.

- **하나님 나라**: 예수님은 구약성경이 묘사하고 고대했던 하나님의 통치가 도래했음을 선언하신다. 구약이 기다렸던 미래의 일이 그리스도 안에서, 그리스도를 통해서 현재에 이루어졌다. 하지만 하나님의 통치는 숨겨진 방식으로 임하고 확장된다. 이 통치는 '좋은 소식'(하나님이 왕이시고, 예수가 주님이시다)으로 선포되는 사실인 동시에, 결정을 요구하는 도전(회개하고 그리스도의 주되심에 복종함으로써 하나님의 통치 안으로 들어가라)이기도 하다.

- **예수님의 삶과 가르침**: 우리는 이것을 통해 하나님 나라에서의 삶이 어떤 모습인지를 알 수 있다. 예수님이 본이 되어 가르쳐 주셨던 하나님 나라의 삶은 주변 세상의 모습과 근본적으로 다르다. 그 삶은 많은 것을 뒤집어엎고(혹은 제자리로 돌리고) 한편으로는 매일의 실제적 삶에 깊이 '자리 잡는' 삶이다.

- **십자가와 부활**: 역설적이게도, 예수님의 삶이 궁극적으로 완성된 것은 속죄의 죽음과 승리의 부활을 통해서였다. 이것이 바로 성경이 전하는 좋은 소식의 핵심이다. 하나님은 죄와 악과 죽음의 결과를 성자의 인격 안에서 스스로 감당하기로 결정하고 그것들을 처리하셨다. 그럼으로써 그것들의 힘을 제거하고 궁극적 파멸을 확실시하셨다. 그리스도 안에서 우리 대신 우리 죄를 짊어지심으로써, 재판관이신 하나님이 재판을 받기로 결정하셨다. 그 결과, 그리스도와 믿음으로 연합된 사람들은 그분과 함께 죽고 다시 살아났다. 또한 지금 여기서, 새롭게 창조된 부활의 삶을 믿음으로 살아가고 있다.

- **승천과 그리스도의 현재적 통치**: 그리스도는 '하나님 우편에 앉아 계

신다.' 이는 곧 '모든 나라와 전 역사를 다스리는 우주적 통치권을 가진다'는 뜻이다. 복음서들은 제자들이 눈으로 목격한 순간을 기록하는 것 외에는 승천의 의미를 더 이상 상세하게 설명하지 않는다. 하지만 에베소서 1장, 히브리서 1장, 요한계시록 1장과 4-7장 같은 본문들은 '예수가 주님이시다!'라는 단순한 주장이 얼마나 우주적이고 세상을 변화시킬 만큼 중요한지를 상술한다.

5막: 신약의 선교

하나님이 아브라함에게 하신 약속은 성취되어야 한다! 하나님이 그분의 아들 예수님을 통해 성취하신 일에 대한 좋은 소식이 열방에 전해져야 한다. 복음서의 결말과, 오순절에 예수님을 따르는 제자들에게 하나님의 성령이 부어진 사도행전 도입부에서 위대한 프로젝트가 착수된다. 이것은 부활하신 예수님이 승천하기 전에 주신 명령이다.

마태복음 기사의 절정은, '대위임령'(마 28:16-20)이라는 익숙한 이름이 붙은 마지막 구절에 나타난다. 물론 이것이 예수님이 제자들에게 하신 유일한 지시나 명령은 아니며, 교회가 선교를 해야 하는 유일한 성경적 근거도 아니다(마치 그런 것처럼 종종 과대평가되기는 하지만 말이다). 하지만 예수님을 다윗(나라들을 다스릴 왕)과 아브라함(열방에 복을 전할 통로)의 아들로 제시하면서 복음서를 연 마태는, 이것을 자신이 쓴 내용에 대한 자연스럽고 논리적인 귀결로 제시하고자 하는 의도를 분명히 드러낸다. 그의 전체 서사는 부활하신 나사렛 예수가 이제 모든 창조 세계에 대한 정당한 권한을 요구하시는 분, 다름 아닌 이스라엘의 하나님 야웨이심을 분명히 한다(이것은 신 4:39을 상기시키며, 이 책 4장에서도 다시 다룰 것이다). 그러므로 앞으로 남은 것은 하나다. 바로, 세상이 이 위대한 진리와 그것이 가져온 좋은 소식을 알게 되는 것이다. 열방이 제자가 되고, 세례를 받아 살아 계신 하나님과 관계를 맺어야 한다. 바울이 아브라함을 상기시키며 쓴 표현대로, 그들은 믿음의 순종을 배워야 한다(롬 1:5; 16:26).

누가는 부활하신 예수님의 두 번째 설교를 기록하면서, 세계를 향하는 선교 명령의 기반을 성경(당연히 우리가 구약성경이라 부르는 책을 말한다)의 권위에 둔다. "이에 그들의 마음을 열어 성경을 깨닫게 하시고 또 이르시되, '이같이 그리스도가 고난을 받고 제삼일에 죽은 자 가운데서 살아날 것과 또 그의 이름으로 죄 사함을 받게 하는 회개가 예루살렘에서 시작하여 모든 족속에게 전파될 것이 **기록되었으니**, 너희는 이 모든 일의 증인이라'"(눅 24:45-48; 참조. 행 1:1-11).

"기록되었으니"라는 말은 그분이 특별한 구절을 인용했다는 뜻이 아니다. 여기서 그분의 말씀은 이런 뜻이다. '성경 전체의 이야기가 지금까지 이렇게 흘러 왔다. 이제 너희는 메시아가 십자가에 못 박히고 부활함으로써 그 이야기가 완결되는 절정에 다다랐음을 알게 되었다.

그림 2.7. 5막: 선교

하지만 성경은 이야기가 그다음에 어디로 가야 하는지도 알려 준다. 이 야기는 열방을 향해 흘러가야 하며(하나님이 아브라함에게 약속하셨듯이), 너 희들이 바로 이스라엘의 하나님이 성취하신 것을 증언할 사람들이다. 너희는 증인이 될 것이다. 하나님은 증인이 되게 하고자 이스라엘을 부 르셨기 때문이다(사 43:8-10).'

성경의 위대한 이야기는 이런 식으로 진행된다!

이방인 선교의 시작과 함께, 아브라함에게 하신 하나님의 약속은 구 약에서 몇몇 '국외자'들이 이스라엘의 하나님을 믿게 된 일들(이드로, 룻, 사르밧의 과부, 나아만의 경우처럼)보다 훨씬 광범위한 차원에서 성취된다. 이제 많은 나라의 다수의 사람들이 메시아 예수 안에서 확장되고 있는 하나님 백성 안에 속하게 되었다. 유대인과 이방인이 그리스도 안에서 다국적 공동체를 이룬 신약의 교회는 구약에서 주어진 약속과 예언의 성취였다(로마서와 갈라디아서에서 바울이 명료하게 밝힌 것처럼). 구약의 이 스라엘처럼 예수님의 제자들도 민족들 **한가운데서** 하나님의 백성으 로 살아가라는 부르심을 받는다. 하지만 동시에 우리에게는 하나님이 그리스도를 통해 행하신 일에 대한 좋은 소식을 가지고 열방**으로 가 라**는 명령도 주어진다. 선교는 세상 끝 날까지 땅끝으로 나아가는 것 이다.

우리가 이야기 속에 들어가는 곳이 바로 이 지점이다. 우리는 그리 스도의 명령에 순종함으로써 성경 드라마의 이 부분에 배우로 등장한 다. 우리는 그리스도의 부활과 재림 사이의 부분인 성경 이야기의 5막 안에 살고 있다.

6막: 최종적 심판

마지막 날의 심판은 하나님이 모든 죄와 악을 심판하시는 최후의 행동이 될 것이다. 하지만 이 광대한 성경 드라마 안에서는 **끝에서 두 번째**에 해당한다. 최종적 심판 다음에 놀라운 '결말'이 있을 것이기 때문이다. 물론 어떤 의미에서 그것은 하나님이 말씀하신 대로 새로운 시작이기도 하다(계 21:5). 이렇듯 새 창조라는 최종 결말에 선행하는 최종적 심판은, 하나의 독립된 요소로서 성경의 큰 드라마의 끝에서 두 번째 위치에 놓여야 한다고 나는 생각한다. 즉 7막에 앞선 6막으로서 말이다. 이것은 위대한 회복을 준비하는 필연적인 서막이다. 하나님은 모든 것을 새롭게 하기 전에 모든 것을 바로잡으셔야 한다.

같은 이유로 이것은 복음 자체의 본질적인 부분이 된다. 심판은 너무나 끔찍한 광경을 떠올리게 하지만, 사실은 좋은 소식이다. 왜냐하면 악과 사탄이 최종적 발언권을 갖지 못한다는 사실은 우리에게 좋은 소식이기 때문이다. 그것들은 모두 하나님의 창조 세계 안에서 철저히 파멸할 것이다. 하나님이 최종적으로 정의를 시행하실 때, 악에 동조하고 고집스럽게 회개를 거부하며 하나님을 거절해 온 사람들은 자신들의 죄에 대한 영원한 결과를 맞게 될 것이다. 그 결과는 생각만으로도 끔찍한 두려움을 불러일으킨다. 이때 우리는 성경이 기록하는 심각한 경고를 넘어서서 각종 공상으로 지옥의 끔찍한 실재를 윤색해서는 안 된다. 대부분 예수님이 직접 말씀하신 성경의 경고는, 궁극적이고 영원한 위험이 인간에게 닥칠 것이고 그것을 어떤 대가를 치르고서라도(혹은 오직 **그분 자신**을 대가로 치르고) 피해야 한다는 것이다. 회개하지 않는 자의 운명에 대한 가장 간명하고 결정적인 설명을 제공하는 사람은 아마도 바울

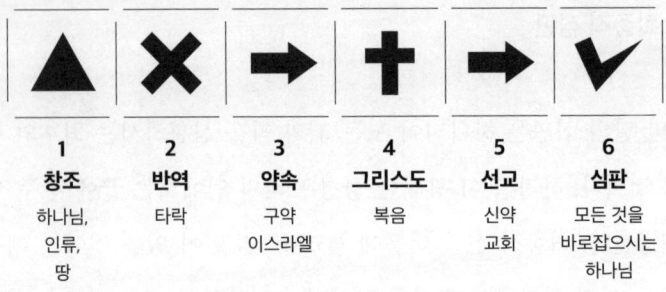

그림 2.8. 6막: 최종적 심판

일 것이다. 바울은 그것의 의미를 형벌과 멸망과 배제라는 세 요소로 설명한다. "주 예수께서 자기의 능력의 천사들과 함께 하늘로부터 불꽃 가운데 나타나실 때에, 하나님을 모르는 자들과 우리 주 예수의 복음에 복종하지 않는 자들에게 형벌을 내리시리니, 이런 자들은 주의 얼굴과 그의 힘의 영광을 떠나 영원한 멸망의 형벌을 받으리로다"(살후 1:7-9).

궁극적으로, 고질적인 악인은 반드시 벌을 받을 것이다. 잘못을 저지른 사람이 응당한 벌을 받지 않고 활보하는 이 세상의 모습은 우리에게 큰 충격을 준다. 이것은 범죄자의 잔인함에 대한 격렬한 분노를 일으키고 희생자들의 고통을 가중시킨다. 하지만 성경 이야기가 전하는 좋은 소식은, 악인들이 영원히 '처벌을 모면'하지는 못하리라는 사실이다. 정의가 승리할 것이다. 이것은 부족하고 부분적이고 일시적으로 시행되는 인간적 정의(물론 이 타락한 세상에서 그것은 매우 중요하다)가 아니라, 온 땅의 재판관이 시행하시는 완전하고 확실하고 철회 불가능한 정의다.

하나님은 궁극적으로 모든 잘못된 것을 다루고 모든 것을 바로잡으실 것이다. 이것이 바로 성경이 말하는 '심판'(judgment)의 의미다. 구약 시대 이스라엘의 재판관(judge)은 현대의 법정에서 볼 수 있는 재판관과는 달랐다. 그들은 피해를 입은 사람들을 위해 상황을 바로잡는 좀 더 적극적인 역할을 담당했다. 욥기 29장은 올곧은 재판관들이 '성문'에서 수행하는 일들을 잘 묘사하고 있다. 여기서 성문은 거래가 일어나고 사회적인 문제들을 처리하는 광장을 말한다. 그들은 깨어진 관계의 문제를 해결하고, 적절한 배상이나 처벌을 결정하고, 한쪽이 다른 쪽에 대해 제기하는 소송이나 불만을 듣고, 무죄하거나 억울하게 고소를 당한 사람의 혐의를 벗겨 주고, 누군가를 착취하거나 괴롭히는 사람을 제지하고 필요시 처벌하는 일을 했다. 잘못된 상황을 바로잡는 일. 시편이나 예언서는 그들이 이 일에 실패했다는 사실을 분명하게 보여 주지만, 어쨌든 그들에게 요구된 것은 바로 이런 일들이었다.

하지만 하나님은 실패하지 않는 분이며, 실패하지 않으실 것이다. 그러므로 하나님이 **재판관**으로서 행동하신다는 사실은 그분이 상황을 **바로잡는다**는 뜻이다. 이것이 바로 우리가 간절히 고대하고 기뻐해야 할 내용이다. 이것이 바로 시편 96:10-13에서 전 창조 세계가 하나님이 오셔서 전적인 공평과 정의로 온 땅과 만민을 심판하신다는 소식에 기쁨을 표출하는 이유다. 그분은 결국 온 땅을 위해 모든 것을 바로잡으러 오실 것이다. 왜냐하면 그분은 "세상을 심판하시는"(창 18:25) 분이기 때문이다. 6막은 잘못된 모든 것과 모든 역사를 궁극적으로 '교정'하는 이야기다.

따라서 최종적 심판은 부정적인 것이 아니다. 앞서 말했듯 그것은 복음의 필수적인 부분이다. 사실 좋은 소식이란 하나님이 모든 악을 물리치고 뿌리 뽑는다는 것이기 때문이다. 만약 그렇지 않다면 우주는 아무런 의미도, 궁극적인 도덕 '관념'도 없는 도덕적 혼돈에 지나지 않을 것이다. 이렇게 최종적으로 교정하는 심판의 확실성은, 하나님이 모든 것을 바로잡으실 것이라는 뜻이기에 우리에게 **소망**을 준다. 이것은 길을 잃고, 억압받고, 폭력을 당하고, 부당한 취급을 받고, 순교당하는 이들을 위한 소망을 의미한다. 바울이 로마서 8장에서 주장한 대로, 사실상 이 창조 세계 자체를 위한 소망을 의미한다.

7막: 새 창조

드라마의 마지막 막은 그리스도께서 그분의 나라를 세우기 위해 돌아오시는 부분이다. 죽은 자들의 부활과 최종적 심판이 있고 나면, 전 창조 세계가 정화되고 깨끗해지고 모든 죄와 악이 제거되고 새로워질 것이다. 이것이 바로, 이 막의 상징으로 다시 한번 하나님과 인류와 창조 세계를 연결하는 창조의 삼각형을 사용하는 이유다. 하지만 이것은 궁극적 구속과 회복의 영광을 띠는 삼각형이다. 그 놀라운 미래에 대한 환상을 본 요한은 이렇게 기록한다. "'처음 것들이 다 지나갔음이러라.' 보좌에 앉으신 이가 이르시되 '보라, 내가 만물을 새롭게 하노라!'"(계

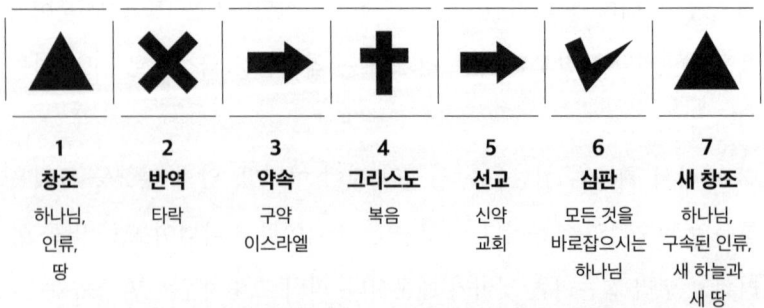

그림 2.9. 7막: 새 창조

21:4-5) 이것은 위대한 성경적 **소망**이다. 즉 이 소망이라는 단어는 충분히 성경적인 의미로 사용해야 한다. 따라서 이것은 우리에게 그저 일어날 **수도 있는** 정도의 일이 아니라, **일어난다**는 확신을 가지고 기다려야 하는 일이다. 왜냐하면 하나님의 약속과 그리스도의 부활이 우리에게 보증한 것은 확실하기 때문이다.

그리스도인들이(또한 많은 찬양과 노래들이) 아주 익숙하게 상상하는 바와 달리, 성경은 '우리가 하늘로 올라가는' 것이 아니라 하나님과 '하늘'이 땅으로 내려오는 것으로 마무리된다. 하늘과 땅이 하나가 되어, 하나님이 열방에서 나아온 구속된 백성 가운데 기하신다. 이것이 바로 요한계시록 21장의 강력한 메시지다. 우리는 하나의 구절 안에서, 하나님이 그분의 백성인 우리와 함께 거하실 것이라는 말이 세 번 등장하는 것을 볼 수 있다. "내가 들으니 보좌에서 큰 음성이 나서 이르되, '보라! 하나님의 장막이 사람들과 **함께** 있으매, 하나님이 그들과 **함께** 계시리니, 그들은 하나님의 백성이 되고 하나님은 친히 그들과 **함께** 계셔서'"(계 21:3).

이것은 '임마누엘'의 궁극적 성취다. **우리와 함께하시는 하나님**. 하나님과 함께 있기 위해 우리가 다른 어딘가로 가는 것이 아니라, 하나님이 우리와 함께하기 위해 이곳에 오신다. 영원히. 이것이 바로 위대한 성경 이야기의 '결말'이다. 그런데 이것은 동시에 '새로운 시작'이기도 하다. 왜냐하면 하나님이 모든 것을 바로잡은 후 '모든 것을 새롭게 하겠다고' 약속하시기 때문이다.

요한계시록 21-22장의 내용은 이사야 65:17-25의 예언을 바탕으로 한다. 이사야서 본문에서 하나님은 이렇게 말씀하신다.

보라, 내가
　새 하늘과 새 땅을 창조하나니
이전 것은 기억되거나
　마음에 생각나지 아니할 것이라. (사 65:17)

불의와 사고와 절도와 환경으로부터 입는 피해와 같은 저주가 사라진 세상에서 인간의 삶과 가족생활과 노동을 통해 누리는 즐거움이 계속해서 묘사되고 있다. 요한은 이것을 가져와서, 더 이상 눈물도 죽음도 고통도 없는 새로운 창조 세계 안에서의 삶을 그려 내고 있다. 그곳은 살인이나 우상숭배, 부도덕, 거짓말, 어두움이 없으며, 무엇보다 저주가 없는 곳이다.

또한 요한은 하나님의 도성에서 성전을 찾아볼 수 없다고 정확히 말함으로써 구약의 성전 전통을 언급한다(계 21:22). 전 창조 세계가 그것의 창조주이자 구속주이신 하나님이 (다시금) 거하시는 장소가 되었기 때문에, 그분의 임재를 '찾아가야' 하는 물리적 건물이 더 이상 필요하지 않은 것이다. 그분이 모든 곳에 계시고 사람들이 "그의 얼굴을 볼" 것이기 때문에, 하나님의 모든 백성이 그분을 섬길 것이다. 정말 놀라운 광경이 아닐 수 없다!(계 22:3-4)

따라서 성경 드라마의 이 절정 부분은 우주를 완전히 소거해 버리는 이야기가 아니다. 그것은 창조 세계를 하나님이 원래 의도하신 바대로 정화하고 갱신하고 회복시키는 이야기다. 땅을 다른 것으로 교체하는 것이 아니라, 땅을 새롭게 하는 것이다. 우리는 이 주제와 그에 따른 몇 가지 질문들을 8장에서 다시 다룰 것이다.[13]

성경 드라마의 이 최종적인 위대한 막에 대해 생각하면서 우리가 던져야 할 질문은 이 모든 일이 언제 일어날 것인가가 아니다. 예수님은 그 날과 시간을 헤아릴 생각은 애초부터 하지 말라고 분명히 경고하셨다(그분도 생전에 그런 것들에 대해 알지 못했고, 오직 성부 하나님께 그것을 맡기셨다). 오히려 우리가 물어야 할 질문은 이것이다. 우리는 그리스도가 언제 돌아오시더라도 그분을 맞을 준비가 되어 있는가? 우리는 **지금** 어떤 종류의 삶을 살고 있어야 하는가? 지금도 계속되고 있는 5막의 이야기에 참여하면서, 6막과 7막이 생생하게 그려 주는 것들을 내다보고 준비하면서 말이다.

사실 연대순의 '지구 시간'으로 볼 때, 우리는 말하자면 여전히 5막에 있다. 하지만 성경은 우리가 영적이고 신학적인 의미에서 이미 7막에 와 있다고 가르친다. 이것이 신약 시대 이후로부터, 좀 더 정확히 말하자면 예수 그리스도의 십자가와 부활 이후로부터 우리가 견뎌 왔던 긴장이다. 예수님이 십자가에서 세상의 죄를 지심으로써 어떤 면에서는 6막의 내용을 앞서 성취하셨기 때문이다. 그래서 그분은 돌아가시기 전에 성령이 세상에 심판을 선고할 것이라고 말씀하실 수 있었던 것이다. "이 세상 임금이 심판을 받았음이라"(요 16:11). 사탄은 십자가에서 결정적으로 격퇴되었지만 최종적 멸망은 요한계시록 20장까지 유예된다. 그리스도는 새 창조의 첫 열매(고전 15:20) 혹은 먼저 나신 자(계 1:5)로서, 그분의 몸의 부활은 새 창조의 시작이었다. 또한 바울의 말처럼, 우리는

---

13 '마지막 때'라는 주제에 관해 넘쳐나는 수상쩍고 모호한 이론들 사이에서 분명한 성경적 시각을 확보하기 위해, 나는 다음 책에서 이 주제를 좀 더 상세하게 다루었다. *The God I Don't Understand*, part 4, "What about the End of the World?" 창조 세계의 미래에 관해 성경이 가르치는 바를 유익하고 상세하게 설명해 주는 다음의 책들도 참조하라. N. T. Wright, *Surprised by Hope: Rethinking Heaven, the Resurrection, and the Mission of the Church* (New York: HarperOne, 2008), 『마침내 드러난 하나님 나라』(IVP); and J. Richard Middleton, *A New Heaven and a New Earth: Reclaiming Biblical Eschatology* (Grand Rapids: Baker Academic, 2014), 『새 하늘과 새 땅』(새물결플러스).

그리스도와 연합함으로써 그리스도와 함께 죽었고 그분과 함께 살아났다. 그리고 하늘에서 다스리는 일에 참여한다(엡 2:4-6; 골 2:20-3:4). 사도는 다른 본문에서 생생한 목소리로 다음과 같이 외친다.

그리스도의 사랑이 우리를 강권하시는도다. 우리가 생각하건대 한 사람이 모든 사람을 대신하여 죽었은즉 모든 사람이 죽은 것이라. 그가 모든 사람을 대신하여 죽으심은 살아 있는 자들로 하여금 다시는 그들 자신을 위하여 살지 않고 오직 그들을 대신하여 죽었다가 다시 살아나신 이를 위하여 살게 하려 함이라. 그러므로 우리가 이제부터는 어떤 사람도 육신을 따라 알지 아니하노라. 비록 우리가 그리스도도 육신을 따라 알았으나 이제부터는 그같이 알지 아니하노라. 그런즉 누구든지 그리스도 안에 있으면 **새로운 피조물이라. 이전 것은 지나갔으니, 보라, 새 것이 되었도다!** (고후 5:14-17)[14]

따라서 우리는 성경의 서사 안에서 이같이 '중첩되는' 시기를 살아가고 있다. 이 시기는 그 유명한 '이미 이루어졌지만 아직 이루어지지 않은'(already but not yet) 그리스도인의 삶을 살아가게 한다.

- **이미**: 하나님의 영원한 계획과 그리스도를 통해 성취된 것들의 관점에서 볼 때, 하나님이 죽은 자들 가운데서 그리스도를 살리셨을 때 새 창조는 시작되었다. 우리는 그분과 함께 다시 살아났고 새 창조 세계 속에서의 삶을 위해 새로워진 존재로서 믿음으로 살아가고 있다. 우리는

---

14 이 구절들이 요한계시록 21장에서 어떻게 반복되고 있는지 보라.

이미 새로운 시대를 살고 있다.

- **아직**: 하지만 이 타락한 세상과 거기서 일어나는 현세적 이야기의 관점에서 볼 때, 우리는 아직 5막에 살고 있다. 우리 주님이 돌아오시기를 고대하고 소망하며, 그날까지 하나님의 선교를 수행하면서 말이다. 우리는 아직 이 옛 시대를 살아가고 있다. 이에 대해서는 다음 장에서 자세히 다룰 것이다.

* * *

지금까지 다룬 내용이 바로 성경이 들려주는 하나의 전체적이고 거대한 이야기다. 이것은 분량이나 종류 면에서 너무나 다양한 정경들 전체를 아우르는 거대 서사다. 여러 개의 막으로 이루어진 이 거대한 드라마에는 수천 개의 배역이 등장하며, 우리도 각자의 배역을 맡고 있다.

바로 이것이 바울이 말한 "하나님의 모든 경륜"(행 20:27, 새번역) 혹은 "하늘과 땅에 있는 모든 것"에 대한 하나님의 "뜻"(엡 1:9-10, 새번역)의 의미라고 나는 믿는다. 물론 바울이 7막으로 구성된 그리스 희곡을 염두에 두고 있었다는 말은 아니다! 하지만 바울은 분명 구약 이스라엘의 전체 이야기(행 13:17-22에서 그가 몇 문장으로 요약했던)를 생각하고 있었을 것이다. 이 이야기는 메시아의 죽음과 부활에서 절정에 이르고, 이 사건을 통해 하나님은 신음하는 옛 창조 세계의 자궁 속에 새 창조 세계를 잉태시켜 놓으셨다. 이것이 바로 이스라엘의 하나님께 근거를 둔, 과거의 기억과 미래의 소망이 담긴 성경 전체의 이야기다.

이것은 또한 1장에서 보았듯이, '하나님의 선교'를 전해 주는 이야기다. 이것은 성경의 전체 드라마를 영광스러운 궁극적 목표를 향해 추진시키는 하나님의 위대하고 영원한 목적이다.

3장
위대한 이야기의 역할

우리는 1장에서 선교적 성경 해석학의 의미를 탐구해 보았다. 이 용어를 사용하는 한 가지 방법은 하나님의 선교와 관련해서 성경의 전체적인 서사 구조에 주의를 기울이는 것이었다. 성경은 하나님이 구속이라는 목적을 위해 자기 백성을 통해 역사에 개입하시는 이야기다.

하지만 성경은 하나님의 선교의 **기록**일 뿐 아니라 그 **산물**이기도 하다. 우리가 성경을 가질 수 있는 것은, 하나님이 계획하고 약속하신 것들을 성경에 따라 실제로 **행하셨기** 때문이다. 하나님은 수 세기의 구약 역사와 이후 몇 십 년의 신약 시대에 이르기까지 다양한 방식으로 말씀하시고 행동하셨다. 사람들이 그분의 계획과 목적과 성취를 기록하게 함으로써 이후의 모든 세대가 그것을 기억하고 알고 배우고 가르칠 수 있도록 하셨다. 당연히 구약성경 자체가 '하나님이 행하신 놀라운 일'을 기록하고 선포함으로써 믿음과 순종을 불러일으켜야 할 필요성 때문에 쓰인 책이며, 누가와 요한, 바울과 베드로 역시 자신들의 복음서와 서신을 쓰면서 이러한 필요성을 강조한다.

따라서 우리가 가진 놀라운 형태의 성경이 **존재한다**는 것 자체가 역사를 통해 영원까지 이어지고 있는 하나님의 선교를 보여 주는 증거다. 우리는 하나님이 과거에 하신 일의 확실성에 믿음의 기반을 두기 위해, 하나님의 미래에 대한 소망을 굳건히 붙잡기 위해, 성경을 읽는다. 이것이 성경을 **전체적으로**, 특히 하나의 전체적이고 거대한 이야기로 읽는 것이 그토록 중요한 이유다.

우리는 2장에서 그 전체적인 하나의 이야기를 '그리스도 사건'을 다루는 4막을 중심으로 일관되게 펼쳐지는 위대한 7막의 드라마라고 상상하면서 개요를 살펴보았다. 우리는 이 이야기의 전 범위를 따라가면서, 성경에 포함된 모든 책과 구절들을 창조에서 재창조에 이르는 하나님의 지배적인 서사 내의 적절한 위치 안에서 읽을 수 있다. 성경의 어떤 구절을 읽든 우리는 이런 질문들을 던질 수 있다. 이것은 이야기의 어떤 대목에 들어가는 것이 적합한가? 이야기 전체에 비추어 볼 때 이 구절의 전후에 나올 내용은 무엇인가? 드라마의 이 대목에 등장하는 '배우들'은 하나님이 이미 하신 일이나 말씀을 통해 무엇을 알고 있었나? 아직 일어나지 않았기 때문에 모르고 있었던 내용은 무엇인가?

이런 식으로 성경을 읽게 되면 무슨 일이 일어날까? 이것이 바로 이 장에서 우리가 다룰 질문이다. 이같이 성경을 하나님의 선교에 대한 하나의 전체적이고 일관된 이야기로 읽는 서사적-선교적 해석학은 우리에게 어떤 영향을 미칠까? 이런 접근법이 우리에게 영향을 끼치는 다섯 가지 방식은 다음과 같다.

선교적 해석학은 전체 성경 이야기 안에 '거주'하도록 도전한다

내 친구 크리스 곤잘레스는 플립차트나 스크린에 '진짜 이야기'를 표현하는 상징들을 그리며 성경의 전체 이야기를 들려주고 나서 이런 질문으로 결론을 맺는다. "그렇다면 **여러분**은 이 이야기 속의 어느 부분에 있습니까?" 그러면 매우 재미있는 답들이 나온다. 그중 어떤 사람들은 즉각적으로 "5막"이라고 답한다. 그것이 그리스도의 부활과 재림 사이의 역사적 기간이라고 한다면, 결국 이때가 자신의 가장 명백한 위치를 발견할 수 있는 시기일 것이다. 당신과 나도 그 안의 어딘가에 있다.

하지만 앞부분의 상징들에서 자신의 위치를 찾는 사람들도 있다. 결국 우리는 하나님의 창조 세계의 한 부분이고(1막), 타락의 실재를 영속시키고 있는 의심의 여지 없는 죄인이기 때문이다(2막). 이것은 매우 타당한 직관이며, 우리는 이런 생각을 더 확장해야 한다. 육안으로는 5막이라는 매우 직접적이고 협소한 부분만을 볼 수밖에 없지만, 그럼에도 우리는 다른 방식으로, 즉 믿음의 눈으로 드라마의 **모든** 막 안에 있는 자신을 바라봐야 하기 때문이다. 따라서 신학적이고 영적인 의미에서 **우리는 전체 이야기 안에 거주하고 있다**. 비록 시간상으로는 5막 안에서 살아가며 섬기고 있지만 말이다. 이 위대한 이야기는 하나님의 이야기일 뿐 아니라 **우리**의 이야기다.

그렇다면 이야기의 모든 부분에서 자신을 발견한다는 것은 어떤 의미일까? **1막**과 **2막**의 경우는 쉽다. 우리는 창세기 1장을 읽으며 자신이 하나님의 형상으로 창조된 인류에 속해 있음을 알 수 있다. 창세기 3장의 아담과 하와처럼 자신도 하나님의 영광에 미치지 못하고 하나님과 사람들과 멀어져 버린 죄인, 그리고 하나님의 저주를 받아 신음하는 땅과도 멀어져 버린 죄인임을 알 수 있다.

성경 이야기 초반의 두 개의 막 안에 거주한다는 것은, 확신과 현실주의를 모두 끌어안고 일상을 살아간다는 뜻이다. 우리는 하나님의 형상으로 창조된 인간으로서, 창조 세계를 향한 하나님의 목적 안에서 자기 역할을 감당해야 할 중요한 책임을 진다고 **확신**한다. 그래서 우리는 그분이 우리 삶에 부어 주신 모든 은사와 자원들을 관리하면서 사람들을 섬기고, 공익과 하나님의 모든 영광을 위해 일한다. 한편으로 우리는 이 세상이 죄와 반역과 온갖 종류의 깨어짐과 고통으로 가득 찬 타락한 곳일 뿐 아니라 자신 역시 여러 면에서 결함을 가진 죄인이라는 사실을 인정하는 **현실주의**를 가지고 있다. 그래서 나는 "지고하신 분께 내 최선의 것을"(my utmost for his highest)[1] 기꺼이 드리고자 하면서도, 완벽에 이르지 못한 채 늘 부분적이고 일시적인 상태에 머무르는 자신에게 놀라거나 낙담하지 않는다. 나는 비관주의나 절망에 빠져 포기하기보다 믿음과 소망으로 살아갈 것이다. 왜냐하면 이것은 그저 1막과 2막일 뿐이고, 이후의 이야기가 어떻게 진행되어 어떻게 끝나게 될지를 나는 알고 있기 때문이다.

그렇다면 **3막**은 어떨까? 어떤 의미에서 우리가 구약 이스라엘의 이야기 안에 있다고 볼 수 있는가? 첫째, 애초에 구약 이스라엘이 형성된 이유를 기억해야 한다. 그들의 존재 이유는 땅의 모든 민족(당연히 당신과 나를 포함하는)을 위해서였다. "거기 너 있었는가? (그들이 주님을 십자가에 못 박을 때)"라는 옛 찬송가의 제목을 변형해서 이렇게 질문해 보겠다. 하

---

1 내가 그리스도인으로서 여정을 시작하던 초기에 중요한 영향을 끼쳤던 Oswald Chambers의 책 제목을 빌려 왔다. (국내에서는 『주님은 나의 최고봉』이라는 제목으로 번역 출간되었다. ─편집자)

나님이 아브라함을 부르시고 그와 자손들에게 어마어마한 약속을 하실 때 당신은 거기 있었는가? 대답은 "그렇다"이다. 하나님이 "아브라함에게 '모든 민족이 너로 말미암아 복을 받을 것이다' 하는 기쁜 소식을 미리 전하[셨을]"(갈 3:8, 새번역) 때, 당신과 내가 이방인이든 유대인이든 상관없이 우리는 하나님의 마음속에서 "모든 민족" 안에 포함되어 있었다. 왜냐하면 그리스도 안에서 "모든 민족"은 믿는 유대인과 이방인을 함께 포함하기 때문이다. 바로 이와 같은 기초 위에서 바울은 계속해서 갈라디아의 이방인들에게, 메시아 예수에 대한 믿음을 통해 그들이 이제 아브라함의 백성이 되었다고 확언한다. "너희가 그리스도의 것이면 곧 아브라함의 자손이요 약속대로 유업을 이을 자니라"(갈 3:29). 우리는 아브라함의 하나님의 아들에 대한 믿음을 통해 아브라함의 백성 신분을 나눠 갖는다. 이렇게 해서 3막도 우리 이야기의 일부가 된다.

바울은 그리스도 안에서 유대인과 이방인 신자들이 이루는 이러한 연합을 에베소서 2-3장('공동 상속자', '동료 시민', 하나님이 이루시는 가정의 '식구' 같은 용어를 사용해서)과 로마서 4장(아브라함이 우리 모두의 조상임을 단언하면서)과 9-11장(이방인들이 한 그루의 감람나무에 접붙여졌음을 주장하면서)에서 더 깊이 있게 다룬다. 그리스도인 신자들을 훈계하고 가르치고 형성하고 격려하는 데 직접적으로 도움이 되는 이스라엘에 관한 성경의 서사도 사용한다(예를 들어, 롬 15:4; 고전 10장; 딤후 3:15-17). 베드로도 베드로전서 2:9-12에서 정확히 같은 방식을 사용해서, 이스라엘의 정체성을 규정하는 핵심 본문(출 19:3-6)을 필시 이방인과 유대인으로 이루어졌을 그의 독자들에게 적용한다. 그는 강하게 주장한다. '**여러분은** 하나님이 선택하셨고, 제사장이 되었고 거룩해진, 하나님의 특별한 소유입니다. 당신들은 출애굽을 경험했습니다(어둠으로부터 놀라운 빛으로 나아왔습니다). 이제 하나님의 백성이 **되었으니**, 여러분도 이스라엘이 부름받았던 삶을 민족들 가운데서 **살아가십시오**.'²

여기서 이스라엘처럼 살아가라는 말은 그들이 구약 이스라엘과 같은 의미에서 '율법 아래 있다'는 뜻이 아니다. 그것의 진정한 의미는, 바울이 주장한 대로 토라 전체를 뜻하는 구약 율법이 다른 책들만큼이나 "모든 성경"("하나님의 감동으로 된 것으로 교훈과 책망과 바르게 함과 의로 교육하기에 유익하며…하나님의 사람으로 온전하게 하며 모든 선한 일을 행할 능력을 갖추게 하는", 딤후 3:16-17)의 한 부분을 차지한다는 것이다. 슬프게도 오늘날에는 기독교 안에서 구약이 너무나 소홀히 여겨져서 그것이 우리를 가르치고 책망하고 바르게 하고 훈련할 수 있는 여지가 전혀 없다. 그래서 구원의 은혜와 선교적 목적에 응답하는 과정에서 구약이 그와 같은 기능을 **발휘할 수 있는** 방법이 오랫동안 나의 연구와 저술의 주제가 되어 왔다.³

우리가 시편을 읽고 시편으로 노래하고 기도하는 것이 자연스러운 이유는 구약 이스라엘과 연속선 상에서 그리스도 안에서의 영적 정체성을 공유하기 때문이다. 우리는 이 찬양의 노래들이 비록 예수님이 이 땅을 밟으시기 수 세기 전에 살았던 이들의 것임에도 불구하고 본능적

---

2   중요한 것은 이것이 이른바 대체 신학, 혹은 더 오래된 용어로 폐기설을 주장하는 내용이 아니라는 점이다. 대체 신학이란 하나님이 이스라엘을 '포기하고' 그들 대신 기독 교회를 선택하셨다는 개념이다. 신약이 분명하게 가르치는 바는 그리스도인이 유대인을 대체했다는 것이 아니라, 이스라엘이 확장되어 이방인을 포함함으로써 이스라엘의 성경에 일관되게 기록되어 있는 하나님의 약속이 성취되었다는 것이다. 메시아 예수를 믿는 모든 나라의 이방인 신자들은 그 누구도 '대체하지' 않는다. 오히려 그들은 하나님의 백성 이스라엘의 정회원 자격을 얻었고, 그리스도의 십자가를 통해 창조된 새로운 인류, "메시아 예수 안에서 모두 하나가 된" 유대인과 이방인 신자들의 무리 안으로 접붙여졌다.
3   *Old Testament Ethics for the People of God* (Downers Grove, IL: IVP Academic, 2004)과 최근작인 *How to Preach and Teach the Old Testament for All Its Worth* (Grand Rapids: Zondervan, 2015)를 보라. 『구약을 어떻게 설교할 것인가』(성서유니온).

으로 낯설게 느끼지 않는다. 그들의 하나님은 우리의 하나님이다. 그들의 고통과 비탄도, 찬양과 감사와 기쁨도 우리의 것이다. 그들의 믿음과 소망과 신뢰도 우리의 것이다. 그들의 이야기는 우리의 이야기다. 이것은 또한 믿음과 증언의 위대한 계보를 기록한 히브리서 11장에서 울려 퍼지는 메시지이기도 하다. 우리는 '주전'의 역사와 구약의 신학적 현실 속에서 살지 않지만,[4] 그럼에도 이 백성에게 속해 있고 위대한 성경 이야기의 이 부분에서 우리의 위치를 확인한다.

이제 중심부에 놓인 **4막**으로 넘어가 보자. 바울이 우리를 믿음을 통해 그리스도께 연합시키고 그럼으로써 우리가 그리스도와 **함께** 죽고, 다시 살아나고, 하늘로 올려졌다고 즉각적으로 선언하는 것을 우리는 앞에서 확인했다. 그리스도와의 영적 연합이라는 상상을 초월하는 이 진리는 믿음의 삶과, 우리의 확신 및 소망과, 앞으로 계속될 이생에서의 영적 전투에 막대한 함의를 가진다. 여기서 그 모든 차원을 상세하게 다룰 수는 없으며, 다만 그 모든 것이 성경 이야기 안에 '거주'하는 것에서 흘러나온다는 정도로 말해 두어야 할 것 같다. **그곳에**, 즉 하나님이 강력한 구속의 권능을 발휘하시는 정중앙의 절정부에 자신을 위치시킴으로써 말이다.

하지만 앞서 말했듯이 4막에는 예수 그리스도의 십자가와 부활과 승천뿐 아니라 그분의 삶과 가르침도 포함되어 있다. 그래서 우리는 그 절정부 직전의 예수님의 이야기들 안에도 존재한다. 물론 우리는 훗날

---

[4] 나는 여기서 옛 언약과 모세 율법의 시대에서 메시아 예수 안에서 성령으로 살아가는 새 언약의 삶으로의 변화(바울이 갈라디아서에서 강조했던 변화)가 가지는 또 다른 의미의 결정적 중요성을 인정한다. 유대인이든 이방인이든 예수님과 십자가의 성취를 믿는 사람은, 결코 그리스도가 오셔서 죽고 다시 살아나시기 전에 하나님이 제정하신 방식으로 '돌아갈' 수 없다. 히브리서는 이 같은 요지를 유대인 신자들을 위해 독특한 방식으로 전달하고 있다.

교회의 사도적 기초가 될 초기의 열두 제자들은 분명 아니다. 하지만 우리는 예수님의 가르침이 우리를 향한 것이기도 하다는 사실을 알고 있다. 우리 역시 그분의 메시지를 통해 그리스도를 믿게 된(요 17:20) 이들이기 때문이다. 우리는 군중과 함께 산상수훈을 듣고, 마리아와 함께 예수님의 발치에 앉는다. 그분이 도전하시는 비유를 듣고 당혹감을 느끼고, 그분이 가르치신 기도로 기도한다. 그분의 경고에 귀를 기울이고 그분의 약속을 신뢰한다. 그분이 발을 씻겨 주시면서 우리도 그 본을 따라야 한다고 말씀하실 때 마음이 겸허해진다. 그렇다. 우리는 복음서 '안에' 있고, **거기서** 만나는 예수께 응답하면서 우리의 기독교 신앙이 태어나고 삶이 결정된다. 지금으로부터 영원히. 주님이신 예수께 복종하면서, 5막에서 살아갈 우리 삶은 4막에서 그분이 가르치고 본으로 보여 주신 모든 것에 대한 순종에 좌우된다.

곧 5막으로 넘어가겠지만, 우선 생각해 볼 문제는 심판의 날이 아직 오지 않았는데 어떻게 우리가 **6막** 안에 있다고 생각할 수 있는가 하는 것이다. 이 지점에서는 그리스도에 대한 믿음이 **과거**를 현재로 가져오는(그럼으로써 현재 삶에서 역사적 과거에 일어난 그리스도의 죽음과 부활에 동참하는) 방식뿐 아니라 **미래**를 현재로 가져오는 방식을 이해하는 것이 매우 중요하다. 심판의 날(성경에서 주의 날, 그리스도의 날 등 다양한 용어로 불리고 있는)은 지구 시간의 측면에서 미래에 놓여 있다. 하지만 그리스도 안에 있는 우리는 그 심판을 감당하신 그리스도의 의 안에서 심판을 견뎌 낼 것임을 알고 있다. 하나님이 이미 판결을 내리셨기에 우리는 믿음으로 하나님의 은혜에 의해 의로워졌음을 **지금 여기서** 알 수 있다. 하나님의 자비와 은혜에 대한 믿음과 그리스도께서 십자가에서 행하신 속죄를 통해, 우리는 심판의 날에 내려질 판결을 예상할 수 있다. 우리는 '그곳에' 있는 우리 자신을 본다. 바울의 말처럼 "율법에서 난 것이 아니요 오직 그리스도를 믿음으로 말미암은…의"로 "그[그리스도] 안에서 발견될" 것을(빌 3:9) 알기 때문이다. 우리는 요한이 보았던 셀 수 없이 많은 무리들 '속에' 있는 자신을 볼 수 있다. 그들은 하나님의 진노가 지나간 후에 인 치심을 받고 구속되고 깨끗해지고 안전한 상태로 어린양 앞에 서 있었다. 하나님의 진노 앞에서 이런 질문이 울려 퍼졌다. "누가 능히 서리요?"(계 6:17; 6:12-7:17도 전체적으로 보라). 답은, **우리가** 할 수 있다는 것이다. 그리스도 안에 있다면, 우리가 능히 설 수 있다.

그렇다면 새 창조의 이야기인 **7막**은 어떠한가? 당연히 우리는 '그곳에' 아직 도달하지 않았다! 그렇지만 지구 시간의 측면이 아닌 다른 두 가지 의미에서 우리는 그곳에 **있다**. 먼저, 이번에도 우리는 그리스도와의 믿음의 연합을 통해 '그곳에' 있다. 왜냐하면 그분이 부활과 승천을 하시고 이미 '그곳에' 확실히 계시기 때문이다. 따라서 히브리서가 말하듯 "믿음은 바라는 것들의 실상이요 보이지 않는 것들의 증거"다(히 11:1). 믿음은 성령의 인 치심과 장차 받을 상속에 대한 보증에 의해 강화된다(엡 1:13-14).

하지만 두 번째로, 우리는 그리스도의 부활이 정말로 세상을 바꾸어 놓았다는 사실을 인정해야 한다. 그 "안식 후 첫날"은 새 창조의 첫날이었다. 그날은 하나님이 자신의 아들의 인격 안에서, 그분이 몸소 십자가에서 죄와 악에 대한 심판을 온전히 감당했음을 선언하신 날이다. 또한 그분은 사탄이 패배하여 궁극적으로 파멸했고, 예수님이 죽음에서 부활하심으로써 죽음 자체가 힘을 잃었음을 선언하셨다. 새 시대의 태양이 떠오른 부활의 아침, 아들이 일어나셨다. 다가올 시대가 악한 현 시대를 침공했다. 우리는 이미 '마지막 때'를 살아가고 있으며 예수님이 부활하신 이후로 줄곧 그렇게 살아왔다.

사실 구약의 신자들도 미래가 현재에 이미 와 있는 것처럼, 하나님의 통치가 이미 세상을 신뢰할 수 있고 의로운 곳으로 만들어서 온 창조 세계가 기뻐하고 있는 것처럼 여기며 살아갈 수 있다고 생각했다. 예를 들어 시편 96, 98편은 하나님의 백성에게 그들이 **미래**의 일이라고 여기던 것들을 **지금** 경축하자고 요청한다. 그 미래는 그들의 예배 안에서 현재를 이미 변화시켜 놓고 있었다. 그들은 끊임없이 대강절을 지키고 있었다. 왜냐하면 야웨는 '오시는' 하나님이기 때문이다. 그분은 과거에 수없이 그들에게 오셨던 하나님, 현재 이스라엘이 드리는 모든 예배 가운데 오셔서 찬양을 받고 왕위에 앉으시는 하나님, 장차 온 창조 세계와 열방 가운데서 모든 것을 바로잡기 위해 오실 하나님이다.

이 내용을 머릿속에 그려 보기 위해서는 도표를 조금 수정할 필요가 있다. 신학적으로 표현할 때 새 창조의 삼각형은 그리스도의 부활에서부터, 그분이 다시 오셔서 죄와 악의 이 옛 시대를 끝내고 모든 것을 바로잡아 새롭게 하시는 그날에 이르는 모든 것을 포함한다.

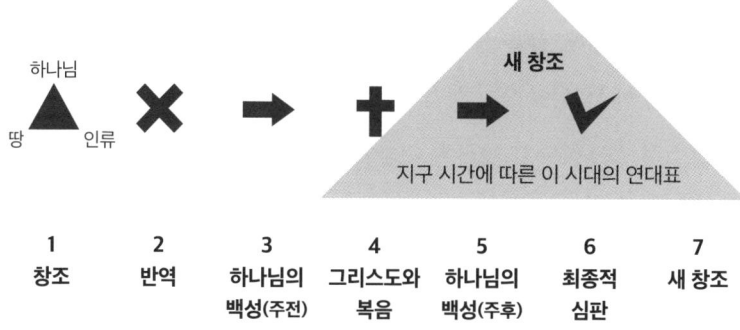

그림 3.1. 하나님의 미래에 비추어 현재를 살아가기

하지만 이것은 현재 우리가 있는 곳에 영향을 미친다. 왜냐하면 우리는 바울처럼 다음과 같이 고백하도록 부름받았기 때문이다. "내가 그리스도와 함께 십자가에 못 박혔나니, 그런즉 이제는 내가 사는 것이 아니요 오직 내 안에 그리스도께서 사시는 것이라. 이제 내가 육체 가운데 사는 것은 나를 사랑하사 나를 위하여 자기 자신을 버리신 하나님의 아들을 믿는 믿음 안에서 사는 것이라"(갈 2:20). 우리는 자신을 그분과 함께 다시 살아나 완전히 새로운 삶을 사는 존재로 '보아야' 한다. 우리는 이 시대에 살고 있음에도 불구하고 새로운 창조 세계 안에서 살아가고 있는 존재다. "그러므로 너희가 그리스도와 함께 다시 살리심을 받았으면 위의 것을 찾으라. 거기는 그리스도께서 하나님 우편에 앉아 계시느니라. 위의 것을 생각하고 땅의 것을 생각하지 말라. 이는 너희가 죽었고 너희 생명이 그리스도와 함께 하나님 안에 감추어졌음이라. 우리 생명이신 그리스도께서 나타나실 그때에 너희도 그와 함께 영광 중에 나타나리라"(골 3:1-4).

본문에서 바울이 과거와 현재와 미래를 연결하는 방식에 주목해 보라. 우리는 **과거**의 성취, **현재**의 영적 실재, 영광으로 가득한 **미래**에 대한 기대에 비추어 **현재**를 살고 있다. "위의 것"을 생각하라는 바울의 말은 천국에 대해 꿈을 꾸며 지내라는 뜻이 아니다. 그 말의 뜻은, 이 시대 이 땅에서 살아가는 삶을 규율하는 것이 그리스도와 함께 '위에서' 다스리시는 하나님 나라의 기준이어야 한다는 것이다. 이것은 명성이 높은 로마 식민지에 살며 로마 시민권이 부과하는 법과 특권을 갖고 있던 빌립보인들에게 바울이 했던 말의 의미이기도 하다. "그러나 우리의 시민권은 하늘에 있는지라"(빌 3:20). 이 말이 로마 시민권을 가진 빌립보 거주자들이 모두 로마에 갈 것이라는 뜻이 아니라는 사실이 명백한 만큼이나, '우리는 모두 하늘로 갈 것입니다'라는 뜻과도 거리가 멀다. 그 말의 의미는, 그들이 여전히 부득이하게 빌립보 시민으로 살고 있지만 그럼에도 지금 하늘의 시민으로 살아가야 한다는 뜻이다. 다시 말해, 그들은 로마 황제를 예배하는 것이 아니라 살아 계신 하늘의 하나님의 기준을 따라야 한다.

물론 이것은 우리가 중첩의 기간을 살면서 계속해서 맞닥뜨리는 갈등이다. 여전히 악한 시대에 타락한 세상 속을 살아가면서도 새 창조 세계에서 하나님 나라의 시민으로 살아야 하는 것이다. "그런즉 누구든지 그리스도 안에 있으면 새로운 피조물이라. 이전 것은 지나갔으니 보라 새 것이 되었도다"(고후 5:17). 우리는 이미 새로운 피조물이다! 쉽게 설명하면, 새 창조 세계 안에서 완전히 실현될 이상에 대해 들을 때 (부패, 살인, 성적 부도덕, 거짓말, 주술, 우상숭배 등이 없는 세상, 계 21:8; 22:15), 우리는 그러한 미래에 비추어 지금 여기서 자신의 행동을 평가하고 변화시켜야 한다. 만약 **그때** 그런 일이 일어나지 않는다면, **지금** 일어나지도 않을 것이다.

이것이 우리를 **5막**으로 데리고 간다. 5막은 성경의 위대한 드라마 속에서 우리에게 주어진 역할을 하도록 부름받은 곳이다. 다시 말해, 성경 전체를 하나의 이야기로 읽으면 **우리가 실제로 그 이야기의 구성원이 되어 하나님의 이야기 속으로 들어가게 된다**. 우리는 단순히 성경이라는 연극의 관객, 관람자가 아니다. 우리는 이야기의 한 부분, 무대에서 자기 역할을 연기하는 배우가 된다. 우리는 정말로 하나님의 드라마 속 출연자가 되도록 부름받아 우리가 속한 세대에 우리에게 주어진 배역을 연기하는 임무를 맡았다. 우리는 성경 드라마의 5막에 출연하는 '배우'다.

예수님의 초림과 재림 사이 어딘가에 있는 우리는 역사와 성경의 줄거리 속에서 우리의 자리를 발견한다. 우리가 속한 세대의 그 자리에서 우리의 역할, 연기해야 할 배역이 있다. 우리는 하나님과 함께, 하나님을 위해 완수해야 할 사명이 있다. 바울의 놀라운 표현대로, 우리는 하나님과 "함께 일하는 자"(고후 6:1), 우리와 함께 그 이야기 안에 '거주'하시는 하나님의 동역자다.

성경 이야기는 우리의 이야기다. 우리는 '성경 안에' 있다!

이것은 성경에 대해 생각하는 방식에 중요한 영향을 미친다. 2장 도입부에서 내 개인적 경험을 고백하며 설명했듯이, 성경은 단순히 '연구의 대상'도, '특정 종교를 믿는 사람들을 위한 고대의 신성한 책'도 아니다. 즐거움을 주는 많은 지식이 담긴 '위대한 작품 전집'도 아니다. **성경은 우리가 속해 있는 이야기다.** 성경은 우리가 배우로 출연하는 드라마이고, 우리가 들어가 있는 플롯이다. 사실상 그것은 우리가 거주하는 '진짜 세계'다.

우리가 끊임없이 물어야 할 질문은 이런 것이다. 나는 어떤 이야기 안에서 살고 있는가? 나는 세상의 이야기 속에서 살고 있는가, 아니면 하나님의 이야기 속에서 살고 있는가? 물론 우리는 '세상 속에서' 살아야 한다. 하지만 세상이 즐겨 들려주는 이야기에 따라 살지는 않는다. 우리는 하나님이 우리에게 주신 이야기에 따라 살아가며, 그곳이 우리가 속한 곳이다. 우리는 세상 속에 있지만 세상이 우리를 소유할 수는 없다. 우리는 하나님의 이야기에 따라 살아간다. 예수님의 기도를 빌려 이를 다시 표현하자면, 우리는 '세상**으로**'(into the world) 보냄받았지만 '세상에 **속하지**'(of the world) 않는다(요 17:13-18).

그렇다면 우리는 믿음으로 전체 성경 이야기의 모든 막에 거주하는 셈이다. 그리고 하나님이 우리를 보내신 5막 안에서 믿음을 실제로 살아낸다. 그렇다면 우리는 어떻게 살아야 하는가? 우리는 이 질문을 다음 부분에서 다룰 것이다. 하나님의 큰 이야기에 참여하며 성경을 읽는 우리는 그 이야기와 일치하는 방식으로 살아가야 한다. 성경 드라마에서 배역을 연기한다는 말은 대본과 연출가의 지시에 따라 행동한다는 뜻이다.

선교적 해석학은 우리가 속한 이야기를 살아 내도록 도전한다

사도 바울은 화려한 제국 이데올로기와 신들로 가득 찬 거대하고 압도적인 로마제국 한가운데 교회를, 즉 예수님을 믿는 신자들의 공동체를 세웠다. 예수님을 메시아와 주님으로, 세상의 진정한 왕으로 믿게 된 그들은 자신들의 참 **정체성**을 알아야 했다. 그들은 (바울이 흔히 쓰는 표현대로) 더 이상 '이방인'이 아니었다. 즉 우상을 숭배하고 부도덕한 로마제국의 주변 시민들처럼 살지 않는다는 의미다. 하지만 그들 대부분은 종교적 양심을 지키도록 로마가 베풀어 준 법적 관용을 반기던 유대인도 아니었다. 그렇다면 이 새롭게 부상한 '크리스티아노이'(Christianoi, '그리스도에게 열광하는 사람'이라는 뜻으로 붙여진 별칭)는 누구이고 어떤 사람인가?

바울은 그들이 그리스도에 대한 믿음을 통해 하나님의 백성, 하나님 나라의 시민, 하나님의 가족 구성원, 하나님이 거하시는 처소가 되었다고 말한다(엡 2:19-22). 따라서 그들은 예수님에 대한 믿음을 통해 자신들이 접붙여진 **이야기**도 알아야 했다. 즉 참되신 한 분 하나님에 대한 성경의 이야기 말이다. 그분은 하늘과 땅의 창조주, 이스라엘의 하나님, 아브라함의 하나님, 열방에 복을 주기 위해 그에게 위대한 약속을 주신 하나님이다. 다윗의 자손이 궁극적으로 나라들을 다스릴 것이라고 그에게 약속하신 하나님, 나사렛 예수의 인격 안에서 육신을 입고 오신 하나님, 메시아 예수의 십자가와 부활 안에서 옛 세계의 질서를 끝내고 새 창조를 시작하신 하나님이다. 그분은 주권자, 재판관, 구주로서 온 우주에 구원과 정의와 평화와 연합을 가져오실 하나님이며, 그분의 방식은 로마가 이미 이루었다고 주장하는 일들을 행한 저속한 방식을 훨씬 뛰어넘는다.

한마디로 그들은 "하나님의 모든 경륜[계획과 목적]"(행 20:27, 새번역)을 알아야 했고, 바울은 지체하지 않고 그것을 그들에게 가르쳐 주었다. 살아 계신 하나님께 돌아온(행 26:17-18; 살전 1:9-10) 그들은 그분을 알기 위해, 이 하나님이 무엇을 계획하고 약속하셨고 막 성취하셨는지를 알기 위해 성경 이야기를 알아야 했다. 그러고 나서, **그들은 그 이야기 안에서 살아야 했다**. 혹은 다른 의미로, 그 이야기를 살아 내야 했다.

황제 숭배를 포함해 온갖 신들과 신전으로 가득한 로마의 도시 골로새에 살았던 새 신자들을 위해 바울은 어떻게 기도했을까? 골로새서 1:9-11이 기록하는 바울의 기도는, 바울이 복음을 믿게 된 사람들에게서 보기 원했던 성숙의 모습이 어떤 것이었는지를 보여 준다.

- **바울은 그들이 하나님의 이야기를 알기를 기도한다.** "우리도 듣던 날부터 너희를 위하여 기도하기를 그치지 아니하고 구하노니, 너희로 하여금 모든 신령한 지혜와 총명에 **하나님의 뜻을 아는 것**으로 채우게 하시고"(9절). 여기서 바울이 말하는 '하나님의 뜻'의 의미는 독자들의 개인적 삶에 대한 하나님의 인도가 아니다. 그 의미는 에베소 교인들에게 보낸 유사한 편지에서 탁월한 설명을 제시하는 본문에 나오는 것과

동일하다. "그[하나님] 뜻의 비밀을 우리에게 알리신 것이요…**하늘에 있는 것이나 땅에 있는 것이 다 그리스도 안에서 통일되게** 하려 하심이라"(엡 1:9-10). 보다시피 이것이 하나님의 전체적 사명, 전체 성경 이야기의 궁극적 목표다. 이것은 창조에서 새 창조에 이르는, 2장에서 간략히 살펴보았던 모든 단계를 통해 펼쳐지는 이야기다. 바울은 그들이 성경을 읽으며, 성령의 도우심으로(또한 행 20:27에서 보듯, 바울 자신의 가르침을 받아) 하나님의 이 의미심장한 계획을 철저하고 깊이 있게 **알기** 원한다.

- **바울은 그들이 하나님의 기준에 따라 살기를 기도한다.** 10절은 9절에서 기도한 내용의 목적 혹은 그 결과다. "주께 합당하게 행하여 범사에 기쁘시게 하고 **모든 선한 일에 열매를 맺게 하시며** 하나님을 아는 것에 자라게 하시고." 이러한 실제적 결과는 바울이 성경에서 계속해서 강조하는 특징적인 내용이다. 믿어야 할 진리와 이해해야 할 가르침이 있을 뿐 아니라 살아 내야 할 삶도 있다. 그들은 그리스도 사건에서 절정에 이르고 새 창조로 완결되는 성경의 전체 서사에 대한 바울의 가르침을 통해 '하나님의 뜻'을 이해하게 되었다. 그렇다면 이제 그 하나님의 뜻은 그들의 사고와 선택, 관계, 말과 태도, 행동, 습관, 가족, 가정생활과 일 등을, 한마디로 모든 삶을 형성해야 한다. 그들은 하나님이 행하시고 말씀하시고 성경적 복음을 통해 계획하신 모든 것에 '합당한 삶'을 살아야 한다. 이것은 또한 우리 자신이 성경 이야기 안에 '거주'한다는 말의 의미이기도 하다. 우리는 우리가 속한 이야기의 저자, 제작자, 연출가인 하나님을 기쁘시게 하면서 이 성경 이야기와 일치하는 삶을 살도록 부름받았다. 위대한 성경 드라마의 배역을 맡은 우리는 무대에서 훌륭한 연기를 펼쳐야 한다.

- **바울은 그들이 하나님의 힘을 드러내기를 기도한다.** "그의 영광의 힘을 따라 모든 능력으로 능하게 하시며 기쁨으로 **모든 견딤과 오래 참음**에 이르게 하시고"(11절). 바울은 자신의 경험을 통해 그들에게 필요한 것이 정확히 무엇인지를 알고 있었다. 그들을 둘러싸고 있던 문화는, 이미 황제 숭배가 대중화되기 시작하고 대부분의 사업상 거래와 여타 사회적 관계가 수많은 신들의 신전에서 드려지는 희생 제의와 연관되는 로마의 압도적인 제국 문화였다. 그런 문화 속에서 그 같은 관행에 동참하지 않기로 결정한 그리스도인 신자들은, 적어도 오해받기를 감수해야 했고 심각한 경우 배척과 증오, 법적·사회적 배제, 투옥, 최악의 경우 죽음까지 당할 가능성이 있었다. 십자가에 못 박힌 나사렛 예수를 메시아로 따르기로(그럼으로써 그들은 유일 신앙을 고수하던 유대인들이 오랫동안 누려 왔던 법적 보호를 상실했다) 결정하고, 부활하고 승천하신 예수가 주님이심을 단언하기로(따라서 그들은 "가이사가 주다"라는 보편적으로 통용되던 인사말을 쓰지 않았다) 결정한다는 것은, 심각한 결과를 가져올 수 있는 너무나 해괴하고 이상하고 전복적인 선택이었다. 그들에게 '그리스도인이 된다는 것'은, 서구 사회의 무기력한 신앙의 모습처럼 공적 삶에 어떤 물리적 변화도 주지 않고 그저 사적이고 주관적으로 신앙을 고백하는 문제가 아니었다. 그것은 이생에서의 고통과 박해와 불확실한 미래를 받아들이기로 동의하는 서명과 같았다. 오늘날도 많은 국가에서 다수의 그리스도의 제자들이 이와 같은 상황에 놓여 있다. 힘, 능력, 견딤, 오래 참음. 그렇다. 이 모든 것이 필요하다.

따라서 우리는 성경 이야기 안에서, 그 이야기의 주인이신 '주께 합당한' 삶을 살도록 부름받았다.

하지만 문제는 우리가 이미 다른 이야기, 우리를 둘러싼 문화의 이야기 속에 살고 있고 그것이 우리의 세계관을 형성하고 있다는 점이다. 따라서 성경 이야기를 따라 살기 위해서는 세계관이 어느 정도(때에 따라 근본적인 수준으로) 재형성되어야 한다. 성경을 세상에 대한 하나의 전체적이고 참된 이야기, 그러므로 그리스도인 신자로서의 삶을 지배해야 하는 이야기로 받아들이게 되면, "삶과 우주와 모든 것"[5]에 대해 생각하는 방식에 필연적으로 변화가 일어난다.

선교적 해석학은 세계관을 재형성한다

모든 인간은 세계관이라는 렌즈를 통해 자신을 둘러싼 세계를 보고, 이해하고, 삶을 그에 맞춰 조정한다. 모든 종교, 철학, 문화, 사회, 공동체는 이런저런 세계관을 공유하고 있으며, 그 세계관은 다른 이들의 세계관과 양립 가능할 수도 있고 그렇지 않을 수도 있다. 세계관은 일반적으로 사람들이 들려주는 이야기, 혹은 특정 문화가 규범으로 만든 지배적인 이야기에 의해 표현되고 유지된다.[6]

오랜 시간 선교적 성경 해석학을 연구하면서 『하나님의 선교』라는

5　Douglas Adams, *The Hitchhiker's Guide to the Galaxy*, 25th anniv. ed. (New York: Harmony Books, 2004), p. 227.『은하수를 여행하는 히치하이커를 위한 안내서』(책세상).
6　세계관의 의미와 성경적 기독교 세계관을 기르는 것의 의미를 다루는 수많은 책들이 나와 있다. 참고할 만한 좋은 자료들이 무척 많기 때문에 나의 개인적인 성찰만 다루는 방식으로 이 부분을 간략히 정리하겠다. 이 주제에 대해 가장 이해하기 쉽게 쓰인 책들은 다음과 같다. James W. Sire, *The Universe Next Door: A Basic Worldview Catalog*, 6th ed. (Downers Grove, IL: IVP Academic, 2020),『기독교 세계관과 현대사상』(IVP); Brian J. Walsh and J. Richard Middleton, *The Transforming Vision: Shaping a Christian World View* (Downers Grove, IL: InterVarsity, 1984),『그리스도인의 비전』(IVP); Michael W. Goheen and Craig G. Bartholomew, *Living at the Crossroads: An Introduction to Christian Worldview* (Grand Rapids: Baker Academic, 2008),『세계관은 이야기다』(IVP).

제목의 책까지 저술하게 되었는데, 이것은 내가 기꺼이 노력을 들인 사랑의 수고였다. 이런 장기적인 작업을 하면서 알아차리게 된 것은, (특히 성경 이야기 안에 '거주하는' 것의 의미와 관련해서) 내 세계관에 어떤 깊이 있고 전복적인 조정이 이루어지고 있다는 점이었다. 앞서 말했듯이 나는 방대한 성경 지식을 머리에 주입하며 어린 시절을 보냈고 '성경을 삶에 적용'할 수 있기를 간절히 바랐다. 다른 사람들도 그렇게 하도록 돕고 싶었다. 그랬던 내가, 그동안 배운 것들의 가치를 훼손하지 않으면서도 그런 접근 방식을 대대적으로 바꾸어야 한다는 사실을 깨닫기 시작했다. 이제 그에 대해 좀 더 상세히 설명해 보겠다.

나는 『하나님의 선교』의 끝맺는 말에서, 내가 어떻게 그 여정을 마무리했는지 설명했다.

성경 전체가 하나님의 선교에 대한 일관된 계시를 이룬다는 점을 파악하고, 이것이 거대 서사 전체를 추진하는 목적을 이해하는 열쇠라고 생각할 때…우리의 세계관 전체가 이 비전의 영향을 받는다. 많은 기록이 입증하듯이 모든 인간의 세계관은 **어떤** 서사의 결과물이다. 우리는 진실이라고 믿는 이야기나 이야기들을 가지고 살아가며, 우리는 그것이 '있는 그대로의 사실을 말해 주는' 이야기라고 생각한다. 그렇다면 **이** 이야기를 가지고 살아간다는 것은 어떤 의미일까? **그 이야기**, 창조에서 새 창조로 진행해 가면서 그 사이의 모든 것을 설명해 주는 거대하고 보편적인 서사가 있다. 이것은 우리가 어디서 왔고, 어떻게 여기까지 왔으며, 우리가 누구이고, 세상이 왜 이렇게 엉망진창이 되었고, 어떻게 변화될 수 있고(또한 이미 변화되었고), 궁극적으로 어디로 갈 것인지를 말해 주는 이야기다. 이야기는 전체적으로 이 하나님의 실재와 이 하나님의 선교에 근거를 두고 있다. 그분은 이야기의 창작자이시며 이야기를 들려주시는 분, 주요 배역을 맡은 배우, 플롯의 설계자이자 안내자, 이야기의 의미이자 궁극적 성취다. 그분이 이야기의 시작과 끝과 중심이 되신다. 이것은 하나님의 선교에 관한 이야기이며, 이 하나님 외에 다른 누구의 이야기도 아니다.

이처럼 하나님의 선교를 모든 실재와 온 창조 세계와 모든 역사와 앞으로 다가올 모든 것의 핵심으로 이해하게 되면, 하나님 중심적인 근본적이고 변혁적인 독특한 세계관이 도출된다. 이렇게 성경으로 형성되고, 하나님 중심적이며, 선교가 주도하는 실재에 대한 비전을 나타내는 거대한 윤곽을 다루면서 내가 경험한 사실은, 그것이 그리스도인 삶에 대한 익숙한 생각과 습관적으로 묻게 되는 질문들을 완전히 뒤바꾸어 놓는다는 것이었다. 하나님의 선교를 모든 실재의 중심에 두는 이러한 세계관은 충격적일 만큼 전복적이고, 우리의 자리를 만물에 대한 위대한 계획 안에 위치시키고 상대화함으로써 우리를 불편하게 만든다. 이것은 (슬프게도 서구의 기독교 문화를 포함하여) 여러 서구 문화에 내포된 자아 중심적 강박을 교정하는 건강한 구제책이다. 그것은 자기만의 작은 세계에서 안락한 자기도취에 빠진 우리가 눈을 열어 큰 그림을 볼 것을 끊임없이 촉구한다.

- 던져야 할 진정한 질문은 자신의 작은 삶이 하나님의 선교의 위대한 이야기 안에 어떻게 맞아 들어갈 수 있는가 하는 것임에도, 우리는 이렇게 묻는다. '하나님이 어떻게 내 삶의 이야기 속으로 맞아 들어갈 수 있을까?'
- 우리는 온 창조 세계를 향하는 하나님의 위대한 선교에 포함된 모든 삶

(우리 삶을 포함해서)을 향한 목적을 보아야 한다. 하지만 우리는 오직 자신의 개인적 삶에 맞추어진 목적을 따라 살고 싶어 한다.

- 우리는 '성경을 자기 삶에 적용하는' 문제에 대해 이야기하며, 이는 종종 성경을 부수적인 부분에서 수정하여 우리가 살고 있는 '진짜 세계'의 '실재'로 상정하는 것에 맞추는 작업을 의미한다. 그렇다면 성경을 따르도록 부름받은 **우리**가, **성경**을 실재(진짜 이야기)로 상정하여 우리 삶을 그것에 적용하는 것은 어떤 의미일까?

- 우리는 어떻게 '복음이 세상에 적실성을 가지게 할 수 있는가'의 문제로 고심한다(물론 복음을 세상과 무관하게 보는 것보다는 바람직한 태도다). 하지만 **이** 이야기 속에서 하나님의 관심은 세상을 변혁하여 복음의 형태에 들어맞도록 하는 데 있다.

- 우리는 예를 들어 창조 세계를 돌보는 일 같은 것이 과연 우리가 가진 선교 개념과 실천에 적합한지, 그리고 어떻게 그러한지 궁금하게 여긴다. 하지만 **이** 이야기는 하나님이 창조하신 땅에서 하나님의 주시를 받으며 사는 우리의 삶이, 창조에서 우주적 변혁을 거쳐 새 하늘과 새 땅에 이르는 하나님의 선교와 일치되고 있는지, 아니면 끔찍한 불일치를 이루는지 질문하도록 도전한다.

- 우리는 하나님이 교회에 기대하시는 선교에 어떤 것들이 적법하게 포함되는지를 두고 논쟁을 벌인다. 하지만 우리가 물어야 할 질문은, 모든 것을 포괄하는 그분의 충만한 선교를 위해 하나님이 어떤 교회를 기대하시는가 하는 것이다.

- 나는 하나님이 **내가** 어떤 종류의 선교를 하기 원하시는지 궁금해한다. 하지만 나는 하나님이 **그분의** 선교를 위해 내가 어떤 사람이 되기를 바라시는지 물어야 한다.

하나님께 적합한 유일한 선교 개념은, (언젠가 레슬리 뉴비긴이 부활에 대해 한 말을 다르게 표현하자면) 오직 하나님이 그 시작과 중심과 끝이 되시는 선교다.[7] 그런 하나님의 선교에 접근할 유일한 방법은 성경에 주어져 있다. 이것은 하나님의 선교에 비추어 성경 전체를 읽는 해석학적 열쇠를 돌릴 때 비로소 풀려 나오는 거대 서사다.[8]

선교적 해석학은 우리의 교리 신학을 좌우한다

4세기에 처음으로 교회의 초교파적 공의회가 열린 이후로, 그리스도인들은 신앙의 본질을 조직적이고 구조적인 방식으로 제시하기 위해 큰 노력을 기울였다. 그 결과물은 신조나 신앙고백의 형태, 방대하고 긴 기독교 조직 신학과 같은 형태로 도출되었다. 그런데 어떤 진리를 담고 어떤 유용성을 지니든 상관없이, 이 모든 것은 본질적으로 **파생적인** 것이다. 즉 하나님으로부터 온 유일한 권위를 가진 하나님의 계시인 성경에서 설명과 개념과 논거를 끌어내어 조합한 내용들이라는 말이다. 조직 신학 연구에 구조와 내용을 부여하는 것은 바로 성경 자체의 위대한 이야기다.[9] 몇 가지 예시는 다음과 같다.

---

[7] "참으로 단순한 진리는, 부활은 그것을 시작점으로 세상을 이해하는 방식 외에 어떤 방식으로도 받아들여질 수 없다는 것이다." Lesslie Newbigin, *Truth to Tell: The Gospel as Public Truth* (London: SPCK, 1991), p. 11. 『복음, 공공의 진리를 말하다』(SFC).

[8] Christopher J. H. Wright, *The Mission of God: Unlocking the Bible's Grand Narrative* (Downers Grove, IL: IVP Academic, 2006), pp. 533-534. Copyright © 2006 by Christopher J. H. Wright. InterVarsity Press, P.O. Box 1400, Downers Grove, IL 60515, USA. www.ivpress.com. 허락을 받고 사용.

[9] Bruce Riley Ashford는 조직 신학의 핵심 교리가 선교와 연결되는 방식을 다음 책에서 잘 개관해 주고 있다. "A Theologically Driven Missiology", in *Theology and Practice of Mission: God, the Church, and the Nations*, ed. Bruce Riley Ashford (Nashville: B&H, 2011), pp. 294-318.

- **신론**은 성경의 극적 서사 안에서 주역을 맡은 하나님에 대해 성경이 알려 주는 내용을 요약해서 기술한다. 살아 계신 하나님은 서사를 이끌어 가시며 행동하고 말씀하심으로써 자신과 자신의 '속성들'을 계시하신다.
- **인간론**은 1막에서 시작되다가 급격하게 2막으로 전환된다. 이후 3막의 서사가 나타내는 인간의 본성과 이스라엘의 예배 및 지혜를 바탕으로 인간을 설명한다.
- **기독론**은 4막의 복음서 내용을 기술할 뿐 아니라, 그리스도의 탄생을 위해 구약에서 미리 준비되었던 모든 내용을 다룬다. 그래서 사실상 기독론이 다루는 내용은, 나사렛 예수를 그분을 통해 그리고 그분을 위해 만물이 창조된 하나님의 영원하신 아들로, 현재 "땅의 임금들의 머리"(계 1:5)가 되신 분으로, 새 창조 때 보좌에 앉으시는 십자가에 못 박히고 부활하신 어린양으로 인정하는 것이 어떤 의미인가 하는 것이다.
- **은혜와 구원**에 관한 교리는, 죄에 대한 근본적 진단과 구원하시는 은혜의 하나님 야웨의 약속이 담긴 이야기 전체를 끌어온다. 구약 전체에 걸쳐 있고 신약에서 완성되는 이 이야기는, 죄인이 영원한 생명을 얻기 위해 어떻게 은혜에 의하여 믿음으로 하나님이 그리스도 안에서 성취하신 일, 즉 복음을 받아들일 수 있는지 설명한다.
- **교회론**은 하나님 백성의 정체성과 그들의 선교에 관해 성경이 확언하는 내용들을 결합한다. 이 내용들은 3막의 아브라함에서부터 4, 5막의 그리스도와 오순절, 새 창조 때 그리스도의 신부이자 주님이 거하시는 장소가 될 교회의 영원한 미래를 다루는 7막에 이르는 전체 이야기에 담겨 있다.
- **선교학과 윤리학**은 5막에서의 삶과, 믿음의 순종 가운데 예수님을 따르고 증언하며 사는 삶의 의미를 다룬다.

- **종말론**은 심각한 경고와 영광의 소망으로 가득 찬 6, 7막이 다루는 이야기의 '결말'을 내다본다. 물론 여기서 다루는 내용은 우리의 제한적 이해력으로 간신히 파악할 수 있는 정도에 지나지 않을 것이다.

어떻게 성경의 전체 이야기가 우리가 가진 교리의 구조를 형성하고 영향을 미치는지 보이는가? 전반적 기독교 신앙과 모든 핵심 교리는 성경의 거대 서사에서 흘러나오고 오직 그 안에서만, 그리고 그 진리에 비추어서만 타당성을 가진다. 이 **신앙의 진술들이 참인** 것은(신조와 교리), **이런 일들이 일어났기** 때문이다(하나님의 행위와 말씀).

물론, 성경과 그 거대 서사가 우리의 조직 신학과 교리 체계를 좌우해야 한다고 해서 현실 속에서 항상 그렇게 되었던 것은 아니다. 교회의 가르침과 실천은 때로 성경의 가르침과 심각하게 괴리되어 성경적 뿌리를 급진적으로 재발견해야 할 필요가 주기적으로 발생했다(예를 들어 종교개혁 같은 경우). 또한 성경의 전체 서사(구약성경을 포함하는)에 주의를 기울이지 않은 교리가 공포되어 교리적 논쟁이 일어나고 그 논쟁이 영속화되기도 했다. 그런 교리는 주로 플라톤적 이원론이나 아리스토텔레스의 존재론적 범주, 그리스 철학, 명예와 만족을 중시하는 중세 유럽 문화 같은 먼 역사적 시대와 문화와 세계관에서 가져온 개념, 질문, 유추 등에 의존했다.

아마도 이것을 가장 분명하게 보여 주는 교리는, 전체 성경과 기독교 신앙의 핵심을 차지하는 속죄 교리일 것이다. 숱한 시대를 거쳐 오늘날까지 이른바 속죄 이론이라 불리는 이론들이 생성되어 논란과 논쟁을 불러일으켰다. 이 이론들은 신약성경이 전반적인 성경적 서사 안에서 그리스도의 죽음과 부활의 의미를 설명하는 방식과 거의 상관이 없는 모형과 설명으로 이루어져 있었다. 앞서 보았듯이 이 지배적인 서사는 이스라엘 하나님의 언약의 약속을 다룬다. 또 아브라함 안에서 이스라엘을 선택하고 출애굽을 통해 구속하시는 이야기와, 실패한 이스라엘이 포로 생활과 귀환을 통해 '죽고 부활하는' 이야기를 포함한다. 이 서사는 온 열방과 창조 세계에 복을 주기 위해 이스라엘의 다윗 계열 메시아를 통해 약속된 하나님 통치의 함의를 다룬다. 한마디로, 신약성경 기자들은 단지 2막에서 말하는 인류의 타락뿐만 아니라, (눅 24:44-48에서처럼 예수님 그분에게서 실마리를 찾으면서) 3막의 하나님의 약속과 행동을 끊임없이 참조하며 4막에서 하나님이 성취하신 것이 무엇인지를 거듭 설명한다.[10] 우리는 복음의 선언에 대해 바울이 주장한 바를 쉽게 간과하는 경향이 있다. 그는 그리스도가 우리 죄를 위해 돌아가셨고 "**성경대로**"(고전 15:3-4) 다시 살아나셨다고 주장했다. 물론 여기서 성경은 구약성경을 말한다. 그럼에도 속죄를 다루는 수많은 책들이, 희생제사 제도와 속죄일에 대한 예표론적 해석을 제외하고는 구약성경에 아무런 관심을 기울이지 않는다.

내가 기쁜 마음으로 지지하는 복음주의는 그동안 매우 열심히 교리적 진술을 정리하는 데 헌신해 왔다. 보통 이 진술들은, 복음주의자들이 성경적이고 기독교적인 신앙에 있어 근본적이라고 믿는 핵심 신념을 요약한 짧은 '신앙 진술'의 형태를 띠었다. 이렇게 짧은 진술로 표현된

---

10 일부 복음주의 전통에서 이 영역에 대한 성경적 이해가 결핍되어 있다는 사실은(속죄 신학에서든 복음주의적 실천에서든), 창세기 3장(타락, 2막)에서 곧장 예수님과 십자가(4막의 절정)로 '뛰어넘는' 것에서 명백히 드러난다. 마치 3막(성경에서 가장 방대한 양을 차지하는 부분)은 '복음'을 이해하거나 설명하는 일과 아무런 관계가 없다는 듯이 말이다. 예수님이나 바울이 현재 우리가 구약성경이라고 부르는 성경을 참조하지 않고 '복음'의 의미를 설명하는 것은 상상하기 힘든 일이다. 성경의 4분의 3 정도의 내용을 누락한 채 제시되는 복음을 정말 '성경적'이라고 간주할 수 있을까?

다는 특성 때문에 이것들은 추상 명사를 이용해 교리를 명제로 축약하는 경향이 있었다(예를 들어, **영감**, **칭의**, **화해**, **성화**, **심판** 등). 대부분은 우리가 인지적으로 동의하거나 하지 않아야 하는 긍정적이거나 부정적인 단언이 제시되는 식이었다. '이것이 **우리가 믿는** 내용이다.' 그리고 인용하거나 언급하는 성경 본문은 대부분 신약성경이 지배적이었다.

2010년 남아프리카공화국 케이프타운에서 열릴 제3차 로잔대회 준비가 한창이던 2009년에, 나는 기독교 신앙을 표현할 새로운 진술문 작성을 위해 전 대륙에서 모인 일단의 신학자들 모임에 참여해 달라는 초청을 받았다. 그래서 나는 초안 작성과, 논의 이후 최종 편집 작업을 맡았다. 그 결과물이 바로 케이프타운 서약 제1부, "우리가 사랑하는 주님을 위하여: 케이프타운 신앙고백"[11]이다.

이 과정을 진행하던 내게는 세 가지 중요한 의도가 있었다. 첫째, 단순히 여러 추상 명사들과 교리적 개념을 조합하기보다, 성경이 보여 주는 주된 방식을 따라 서사적으로 글을 쓰고자 했다. 물론 진리에 대한 간명한 명제적 단언은 필요하며, 성경이 그것을 분명히 보여 준다. 하지만 이러한 단언은 그저 '이것이 **우리가 믿는** 내용이다'뿐만 아니라 '이것이 **하나님이 하신** 일이다'라는 언어의 틀 안에서 제시될 필요가 있다. 나는 우리의 기독교 신앙, 특별히 복음 자체가 전체 성경 이야기의 일관성 안에서 어떻게 이해될 수 있는지를 최대한 보여 주고 싶었다.

둘째, 이 때문에 나는 과거의 복음주의적 진술들과 비교할 때 훨씬

---

11   이 문서는 로잔 운동 홈페이지의 "Cape Town Commitment" 웹페이지에서 확인할 수 있다. https://lausanne.org/content/ctc/ctcommitment#capetown. 『케이프타운 서약』(IVP).

많은 분량의 구약성경 본문을 글에 반영하고자 했다. 만약 우리가 예수님과 그분의 사도들과 일치된 방식으로 신앙을 표현하고자 한다면, 그분들의 신앙이 당시 '**성경**'이라고 불린 책에 철저히 뿌리내리고 있었던 것처럼 우리 역시 그래야 한다. 그분들은 우리가 구약성경이라고 부르는 책에 대해 아무런 혼란을 느끼지 않았다! 아이러니한 것은(그리고 많은 오해를 불러일으켰다는 점에서 슬픈 일은), 우리가 던지고 있는 "구약성경은 정말 **기독교적인가**?"라는 혼란스러운 질문이, 신약성경이 쓰이기 전 초기 그리스도인들이 만족스러운 답을 구하며 던졌던 것과 정반대되는 질문이라는 점이다. **그들의** 질문은 "기독 교회는 **성경적인가**?"였다. 즉, 권위를 가진 (구약)성경을 통해 우리의 교회론과 선교 신학과 실천을 정당화할 수 있는가? 서신의 많은 분량을 할애하여 이 질문에 대해 "그렇다!"는 명확한 대답을 제공하는 것이 바울에게 주어진 과제였고, 복음서 저자들이 복음서와 사도행전을 통해 한 일도 바로 이것이었다. 그래서 나는 우리 신앙의 틀을 만들면서, 구약과 신약성경 사이에 존재하는 유기적 연속성의 영역을 보여 주고 싶었다. 물론 성육신 및 4막의 전체 내용이 시작되면서 독특한 절정부를 이룬 '새로운 것'을 분명하게 드러내면서 말이다.

셋째, **복음주의적 신앙 진술**은 그동안 우리가 머리로 믿는 내용, 즉 단언이나 거부의 형태로 신앙의 인지적·고백적 차원의 내용을 열거하는 데 집중해 왔다. 비록 복음주의가 하나의 **운동과 문화**로서 회심, 윤리적으로 변화된 삶, 선교에서의 행동주의 등을 특징적으로 강조하는 데 기여했음에도 불구하고 말이다. 사실상 성경적 믿음은 단순히 우리의 **머리**뿐 아니라 **가슴**(의지의 헌신)과 **손**(신앙의 증거이자 열매로서 실천적 선행)도 요구한다. 야보고는 행위 없는 믿음은 죽은 것이라고 말했다. 또한 지식, 신뢰하는 헌신, 실천적 순종이라는 세 요소의 조합은 근본적으로 언약적인 동시에 근본적으로 성경적(구약성경과 관계된)이다.

선교계의 많은 논의와 논쟁들은 주로 무엇이 우선되어야 하는지, 혹은 무엇이 '가장 중요한지'의 문제를 두고 일어난다. 그런데 예수님은 신명기 말씀을 통해 무엇이 가장 **우선적**이고 가장 위대한 계명인지를 알려 주셨다.

> 이스라엘아, 들으라. 우리 하나님 여호와는 오직 유일한 여호와이시니 너는 마음을 다하고 뜻을 다하고 힘을 다하여 네 하나님 여호와를 사랑하라. 오늘 내가 네게 명하는 이 말씀을 너는 마음에 새기고, 네 자녀에게 부지런히 가르치며, 집에 앉았을 때에든지 길을 갈 때에든지 누워 있을 때에든지 일어날 때에든지 이 말씀을 강론할 것이며, 너는 또 그것을 네 손목에 매어 기호를 삼으며, 네 미간에 붙여 표로 삼고 또 네 집 문설주와 바깥 문에 기록할지니라. (신 6:4-9)

이 기초적인 말씀 안에 들어 있는 머리, 가슴, 손을 발견할 수 있겠는가? 당신이 찾을 수 있는 **명제**는 말씀이 시작되는 4절에 있는, 이스라엘의 언약의 하나님 야웨의 유일성과 독특성을 알리는 위대한 직설적 단언이 전부일 것이다. 이것은 이스라엘이 **알아야** 하는 진리다(이것을 강화하는 신 4:32-39의 권고를 보라). 하지만 이 뒤에는 가정과 공적 영역(바깥 문) 등 삶의 모든 부분에서의 순종을 암시하는 사랑의 **명령**이 곧바로 따라온다. 우리의 **머리**를 채우고 있는 것은 **가슴**을 움직이고 **손**을 지배해야 한다. 신앙은 하나님에 대한 진리를 아는 것과, 하나님을 사랑하는 일에 애정과 의지를 향하게 하는 것과, 일상에서 하나님께 순종하며 사는 것을 포괄해야 한다.

예수님은 정확한 신명기의 용어를 가지고 말씀하셨다. "너희가 나를 사랑하면 나의 계명을 지키리라"(요 14:15; 참조. 21, 23절). 바울의 목표도 같았다. 그의 평생의 사명은 "모든 민족이 **믿음의 순종**을 하도록"(롬 1:5, ESV; 참조. 16:26) 하는 것이었다. 그 순종이 명백하게 사랑의 수고로 드러나는 모습을 보며 기뻐했다(살전 1:2-3).

그래서 나는 기독교 신앙의 주요 교리를 개관하는 케이프타운 서약 1부의 모든 단락을 **언약적 사랑의 언어의 틀**에 담기로 결정했다. 이는 신명기와 요한복음의 역동을 충실하게 담아 내면서, 단순히 각각의 경우에 **우리가 믿는** 내용이 아니라 각각의 신념이 **우리가 살아가는** 방식에 함의하는 바를 기술한다는 의미였다. 내가 원한 것은 '윤리'와 '교리'를 분리해 내는 구조가 아니라, 교리라고 불리는 모든 것(즉 성경을 읽으며 이해하게 되는 가르침)이 성경의 요구 및 동기 부여와 완전하게 불가분의 관계로 연결되어 있음을 보여 주는 구조였다.

왜냐하면 그것이 하나의 전체 이야기로서 성경이 작동하는 방식이기 때문이다. 성경은 하나님이 무엇을 하셨고('성경은 무엇을 가르치는가'), 백성을 부르셔서 어떻게 응답하게 하셨는지('성경은 우리를 불러 어떤 삶을 살도록 하는가')를 기록한 하나님의 자기 계시다. 그래서 그 백성이 올바른 응답을 할 때 경축하고, 백성이 실패하면 애도한다. 위대한 이야기는 우리의 교리와 윤리를 **모두** 지배하며, 나는 이러한 역동을 케이프타운 서약에서 모형으로 만들고 싶었다. 나는 바울이 말한 '믿음의 순종'으로 표현되는 기독교 신앙을 개관하고자 하는 이 시도(너무나 짧고 불충분하겠지만)가 **성경 전체**의 지배 아래 놓이기를 바랐다. 선교적 해석학은 조직 신학을 세우는(또한 살아 내는) 방식에 영향을 미친다.

이제 마지막 내용을 살펴볼 때가 되었는데, 이 장에서는 간략히 다루기로 하겠다.

선교적 해석학은 하나님의 선교 안에서 자신의 역할을 하도록 우리를 내보낸다

성경 전체를 이런 방식으로 읽으면 우리의 개인적이고 집단적인 **목적**이 영향을 받는다. 개별적 그리스도인으로서 그리고 교회로서, **우리는 왜 여기 있는가?** 왜냐하면 우리는 단순히 성경 이야기 '안에서' 살 뿐 아니라 성경 이야기를 **위해** 살도록 부름받았기 때문이다. 그 이야기의 목표가 우리 삶의 목표를 지배한다.

일단 성경이 하나님의 계획과 목적을 따라 진행되는 **목적을 가진** 이야기라는 사실을 이해하고 나면, 우리의 삶이 하나님이 그 계획을 완수하기 위해 선택하신 방식의 일부가 된다는 사실 또한 이해할 수 있다. 성경의 전체 이야기는 그리스도 안에서, 그리스도를 통해 이루어지는(엡 1:9-10) 놀랍고 광대하고 포괄적인 하나님의 선교(모든 시대, 모든 민족, 모든 창조 세계를 끌어안는)를 다룬다. 참으로 놀랍게도 하나님은 이토록 막중한 의제로 우리를 부르셔서 역할을 담당하게 하신다.

개인과 교회로서 참여하는 우리의 선교는 '하나님의 동역자'로서 하나님의 선교에 동참하는 일이다. 이러한 선교적 **이야기**는 선교적 **백성**을 필요로 하며, 이것의 의미를 다음 장에서 다룰 것이다.

4장
위대한 임무와 선교의 다섯 가지 표지

이 장에서 우리는 이 책 제목(The Great Story and the Great Commission)의 앞부분에서 뒷부분으로, 즉 위대한 이야기에서 위대한 임무로 관심의 초점을 옮기게 된다. 사실 이 두 번째 용어는 두 번의 천 년을 지나온 기독교 역사 내에서 비교적 최근에 만들어진 것이다. 물론 성경에서는 찾아볼 수 없는 용어다(NIV와 ESV 성경에서는 부제로, NRSV에서는 페이지 표제로 등장하기는 하지만 말이다). 이 말은 개신교 선교 역사의 초기에 만들어진 듯하다. "이교도의 회심을 위한"[1] 해외 선교를 강력하게 주장했던 윌리엄 캐리(William Carey, 1761-1834)는, 마태복음 28:18-20을 근거로 내세워 이 본문이 "우리 주님이 주신 임무"라고 설명했다. 하지만 이 본문에 대위임령이라는 이름을 붙이지는 않았다. 이 용어가 대중화된 것은 19세기 후반 허드슨 테일러(Hudson Taylor)에 의해

---

[1] William Carey, *An Enquiry into the Obligations of Christians to Use Means for the Conversion of the Heathens* (Leicester, 1792). 『이교도 선교방법론』(아스미디어).

서였고, 이후로 전반적인 선교 운동과 기관들 사이에서 상투어로 자리 잡게 되었다. 그러므로 아마도 이 책을 읽고 있는 모든 독자들의 마음 속에는 지난 한 세기 반가량 회자되어 온 대위임령이라는 말이 각인되어 있을 것이다.

대위임령

> 예수께서 나아와 말씀하여 이르시되, "하늘과 땅의 모든 권세를 내게 주셨으니 그러므로 너희는 가서 모든 민족을 제자로 삼아 아버지와 아들과 성령의 이름으로 세례를 베풀고 내가 너희에게 분부한 모든 것을 가르쳐 지키게 하라. 볼지어다. 내가 세상 끝 날까지 너희와 항상 함께 있으리라" 하시니라. (마 28:18-20)

이 본문에서 가장 먼저 눈여겨볼 것은, 지금까지 살펴본 모든 내용에 비추어 볼 때 이 본문이 성경의 거대 서사를 아주 잘 따라가고 있다는 점이다. 우선 이 본문은 창조로 시작된다. 왜냐하면 "하늘과 땅"은 유대인들이 온 창조 세계를 언급하는 표준적 방식이었기 때문이다(창 1:1; 계 21:1; 또한, 엡 1:10; 골 1:15-20과 같은 바울의 본문). 예수님에게 주어진 온 창조 세계를 다스릴 권세는 타락의 끔찍한 영향력에 대한 최종적 승리도 포함하기에, 우리는 여기서 1막과 2막의 내용을 확인할 수 있다. 또한 3막에서 하나님이 이스라엘에게 하신 말씀을 상기시키는 전반적인 언어는 신명기의 강력한 목소리를 전달해 준다. 성부, 성자, 성령 하나님과의 관계 안으로 들어가라는 복음적 제안은 4막에서 그리스도께서 주신 계시적 가르침과 속죄의 성취에 기반한 것이다. 모든 민족을 제자로 삼는 과업과 그 가운데 예수님이 함께하시겠다는 약속은 5막의 내용이다. 마지막 부분의 약속은 "세상 끝 날"을 내다보면서 우리를 6막과 7막으로 데려간다.

성경 전체가 대위임령에 암시되어 있다! 마태는 실로 포괄적인 진술과 광대한 전망으로 자신의 복음서를 끝맺는다. 하지만 이것이 이렇듯 풍부하고 치밀하게 기록된 본문임을 인정하되 두 가지 주의 사항을 덧붙이고자 한다.

먼저, 우리는 대위임령이 우리의 선교 신학과 실천을 뒷받침하는 유일하거나 가장 중요한 성경 본문이라고 주장하지 않을 것이다. 그런데 정관사가 붙은 이름(the Great Commission) 때문에, 그리고 이 이름을 분류의 용도로 사용하는 관행[2]과 전체 본문 안에서 몇 개의 짧은 구절만 강조하는 관행[3] 때문에 이것이 너무나 오랫동안 지배적인 본문이 되어 왔다. 하지만 『하나님의 선교』와 『하나님 백성의 선교』(The Mission of God's People, IVP)를 조금이라도 읽어 본 사람이라면(혹은 적어도 이 책에서 지금까지 말해 온 내용을 숙지한 사람이라면), **선교**라는 단어의 의미를 온전히 이해하기 위해서는 성경 전체가 필요하다('하나님의 모든 경륜'이나 '하나님의 복음 전체'를 이해하기 위해 성경 전체가 필요한 것과 마찬가지로)는 나의 확신을 잘 알고 있을 것이다.

혹은 더 정확히 말하자면(그리고 훨씬 중요한 것은), 제자들에게 어떤 존재가 되고 어디로 가고 무엇을 하라고 **예수님이 말씀하신** 의미에 대

---

[2] 세계 기독교에 대한 설문 조사에서 '대위임령을 따르는 교회', '대위임령을 따르는 그리스도인' 같은 통계적 범주들이 많이 사용된다.
[3] 몇 년 전 설교를 하러 갔던 어느 대형 선교회 건물의 벽과 연단에 걸려 있던 문구가 기억난다. 그것은 "그냥 가라!"는 촉구였다. 그것을 보면서 나는 이렇게 생각했다. '그냥 좀 있어 보세요! 예수님은 그런 뜻으로 말씀하신 것이 아닙니다.'

해 충분히 이해하기 위해서는 구약성경이 필요하다. 왜냐하면 누가는 (눅 24:44-49에서 그리스도가 제자들에게 최종적으로 임무를 맡기는 장면을 설명하면서) 예수님이 그들의 마음을 열어 정경의 모든 부분(우리가 구약이라 부르는 성경을 이루는 굵직한 세 부분인 율법, 예언서, 성문서)을 이해하게 하셨다고 분명히 말하고 있기 때문이다. 그렇게 하신 이유는 **그분**께 막 일어난 일을 설명할 뿐 아니라 **그들** 앞에 놓인 과업을 설정하기 위해서였다. 교회의 선교(이것을 예수님이 눅 24:48에서 "너희는 이 모든 일의 증인이라"고 하신 말씀의 의미를 설명하는 용어로 사용한다면)는 **"이렇게 기록되어 있다"**(눅 24:46, 새번역)라는 분명한 단언을 기초로 한다. 즉 선교의 기초는 복음서 말미의 한 본문이 아니라 성경의 전체 메시지다.

하지만 이 점을 분명히 한 후에는, 선교 신학의 무게를 전적으로 마태복음 끝부분의 위대한 본문에 두고 있는 이들을 위해서도 논의를 진행할 것이다. 나는 선교에 대한 성경적 포괄성과 총체성을 갖춘 이해가, 얼마나 세심하고 신학적인 방식으로 대위임령과 구약적 의미로 가득한 각 구절들에 대한 온전한 이해와 연결될 수 있는지를 보여 주고자 한다.

두 번째 주의 사항은, 대위임령이 갖는 철저한 **하나님** 중심성과 **그리스도** 중심성을 주시함으로써, 그것의 초점을 **우리**와 **우리의** 선교적 열망, 의제, 긴급성, 시간표에 두려는 경향을 자제해야 한다는 점이다. 이 본문은 명백히 그리스도 중심적이다. 왜냐하면 여기서 말씀하고 계시는 분은 그리스도이고, 그분의 말씀이 자신의 주되심에 대한 단언으로 시작되고 자신의 임재에 대한 약속으로 끝나기 때문이다. 하지만 다음의 요소들을 고려하면 이것은 또한 하나님 중심적인 본문이다. (1) 도입부의 주장은 **이스라엘의 하나님 야웨**에 대한 설명을 분명하게 상기시킨다(예를 들어, 신 4:39). (2) 결론부의 약속은 구약의 야웨께서 그분의 종과 백성에게 하셨던 가장 소중하고 두드러지는 약속 중 하나를 상기시킨다. "내가 너와 함께하겠다." 예수님은 다름 아닌 성육신하시고 못 박히시고 부활하신 이스라엘의 주 하나님으로서 말씀하고 계시는 것이다.

더 나아가 이것이 마태가 자신의 복음서를 마무리하기 위해 선택한 방식이라고 할 때, 우리는 예수님이 가이사랴 빌립보에서 베드로에게 말씀하시던 중요한 계시적 순간을 떠올리게 된다. 그때 예수님은 이렇게 말씀하셨다. "내가 이 반석 위에 내 교회를 세우리니 음부의 권세가 이기지 못하리라"(마 16:18). 예수님은 이 결론부에서 이렇게 말씀하시는 듯하다. '그렇다. **나는 정말로** 내 교회를 세울 것이고, 다음과 같은 방식으로 그 일을 행할 것이다. **너희가** 가서 모든 민족을 제자로 만들고, 그들에게 세례를 주어 성부와 성자와 성령과 관계 맺도록 할 것이다. 그들을 가르쳐 나에게 신실하게 순종하는 공동체, 내가 너희에게 명령한 것들을 지키는 참된 제자들이 되게 할 것이다.'

다시 말해, 이것은 교회의 구성원을 위한 선교적 의제(그들이 가서 해야 하는 일)인 만큼이나 교회의 주님이 제시하시는 교회에 관한 선언문(그분이 하고자 하시는 것)이기도 하다. 사실 그것은 완전하고 동시적으로 두 의미를 모두 담고 있다.

그런데 이 본문은 주로 **우리가** 어떻게든 다루고 성취해야 하는 프로젝트로 표현되고,[4] 더 심각한 경우 **우리가** 오직 이 과업을 끝낼 때 '완결되는' 시간표를 따라 재깍거리며 돌아가는 시계 같은 것으로 여겨진다. 마치 자신의 교회를 세우고 계시는 주님이 자신이 돌아오기 전까

---

4 "이 일을 하려면 무엇이 필요할까?"는 여러 세계 복음화 대회에서 흔히 하는 질문이다.

지 우리가 '일을 끝마치기를' 기다리고 계신다는 듯이 말이다. 그럴 때 이 위대한 기독론적이고 하나님 중심적인 본문의 윤곽은 너무나 쉽게 축소되어 버린다. 물론 나는 여기서 (반대로) 그리스도의 말씀에 내포된 의심의 여지 없는 명령과 의무의 성격을 축소하고자 하는 것이 아니다. 이곳에 있는 우리에게 맡겨진 과업, 모든 제자들이 소환되어 헌신해야 할 과업이 **있다**. 문제는 어떤 식으로든 하나님을 우리의 응답에 의존하시는 분으로, 세상과 동떨어져 소극적으로 계시는 분으로 상상할 때 발생한다.

나는 『하나님의 선교』에서 대위임령을 이런 식으로 사용(오용?)하는 것에 문제를 제기했다.

이 본문이 그리스도의 재림에 대한 일종의 시간표를 제공한다는 일반적인 가정, 즉 우리가 모든 민족을 제자로 삼는 일을 끝내는 동시에 그분이 오실 것이라는 가정에 의문을 가진다면 무슨 일이 벌어질까? 과연 제자화의 과업을 완수하는 것이 가능한가?(본문은 단순히 복음을 전도하는 것이 아니라 "제자"로 만든다고 표현하고 있으니 말이다.) **오래전부터 복음화된 나라에서 새로 태어나는 세대는 새로운 제자 훈련이 필요하지 않은가?** 대위임령은 끝 날을 향해 재깍거리며 돌아가는 시계가 아니라, 계속해서 확장되는 자기 복제적 과업이다.[5]

---

5   Christopher J. H. Wright, *The Mission of God: Unlocking the Bible's Grand Narrative* (Downers Grove, IL: IVP Academic, 2006), p. 35(강조는 저자의 것). 최근 출간된 "friendly critique" in Stefan Paas, *Pilgrims and Priests: Christian Mission in Post-Christian Society* (London: SCM, 2019), pp 68-74도 보라.

누구의 선교인가?

대위임령이나 일반적 선교를 기본적으로 **우리** 것이라 여기는 이런 경향은, **선교**라는 말을 두고 숱한 의견 충돌이 벌어지는 이유 중 하나다. 이 책 "들어가며"에서 언급했듯이, 선교의 실제적 의미, 선교를 수행하는 옳고 틀린 방식, '실제적 선교'와 '실제적이지 않은 선교' 등을 두고 논쟁하고, 심지어 선교라는 말 자체를 써야 하는지에 대해서도 의견이 분분하다. 많은 이들이 알듯이 나 역시 그런 논쟁에 참여하고 있다.[6]

숱한 논쟁의 원인은, 대위임령을 단순히 우리가 수행하는 관리 프로젝트로 바꾸어 이해하는 사례가 보여 주는 인간 중심적 선교 개념에 있다. 이런 인간 중심주의는 우리가 찾아가야 할 선교의 수혜자(구원이 필요한 죄인)를 생각하든 그들을 찾아갈 선교의 행위자(목적이 필요한 성인)를 생각하든 늘 나타난다. 우리는 인간의 상대적인 필요와 우선순위라는 동일한 문제를 두고 끊임없이 논쟁한다. 대중적으로 유행하는 용어들도 이런 문제를 해결하지 못한다.

예를 들어, **통전적 선교**(holistic mission)는 사람의 영적·물질적·사회적·환경적 실존과 필요에 반응하는 선교라는 뜻이다. 동의한다. 그런데 사람에게 가장 필요한 것은 무엇인가? 사람의 가장 중대한 필요, 짐작하기로는 영적 차원의 필요에 우선순위를 두어야 하지 않을까? 그런데 하나님은 오직 '영혼'에만 관심이 있으실까? 이런 식으로 논의가 끝없이 순환된다.

---

6   예를 들어 Jason S. Sexton, ed., *Four Views on the Church's Mission*, Counterpoints: Bible and Theology (Grand Rapids: Zondervan, 2017)를 보라.『교회의 선교에 대한 네 가지 견해』(IVP 근간).

선교적 교회 역시 그 명칭과 주장이 매우 대중화된 개념이다. 그런데 여기서도 이런 질문이 제기된다. '선교적 교회'가 정말로 선교적이려면 무엇을 해야 하는가? 교회가 하는 **모든 것**이 선교로 간주될 수 있는가? 그런 태도가 선교의 개념 전체를 희석시키지 않을까? 다른 것보다 더 '선교적인' 어떤 것이 있지 않을까? 이렇게 인간의 필요와 교회의 우선순위에 대한 분류 체계들이 경합을 벌이면서 논쟁이 돌고 돈다. 다소 우울한 결과는, 나의 성경적 이해에 따르면 하나님이 하나로 결합해 두신 것들을 결국 분리시켜 버리고 나서야 논쟁이 끝난다는 것이다.

하지만 내가 강조해 온 대로, 선교를 **성경적으로** 이해하는 타당한 출발점은 **하나님의 선교**, 즉 성경 전체 서사의 지배적 주제인 신적이고 주권적인 목적이어야 한다. 하나님이 온 창조 세계와 인류를 향해 갖고 계시는 지배적인 계획과 목적에 대해 성경은 무엇이라고 말하는가? 바로 이 문제를 이해하고 나서야 우리는 이어지는 다음 질문들로 넘어갈 수 있을 것이다. 하나님 그분의 선교에 참여하는 이들로서 하나님 백성의 선교는 무엇인가? 우리는 누구이고, 왜 여기 있는가?

첫 번째 질문에 대한 가장 간결한 대답은 에베소서 1:9-10의 바울의 대답이다. "[하나님이] 그 뜻의 비밀을 우리에게 알리신 것이요, 그의 기뻐하심을 따라 그리스도 안에서 때가 찬 경륜을 위하여 예정하신 것이니, 하늘에 있는 것이나 땅에 있는 것이 다 그리스도 안에서 통일되게 하려 하심이라."

3장에서 말한 대로, 이 본문을 비롯해 이것과 연관된 본문인 골로새서 1:9에서 바울이 언급하는 하나님의 "뜻"은, 개인의 삶에 대한 하나님의 인도가 아니라 모든 시간과 공간을 통해 하나님이 품고 계시는 위대한 우주적 목적을 말한다. 아마도 이것이 그가 말한 "하나님의 모든 경륜"(행 20:27, 새번역)의 의미일 것이다. 그것은 그리스도가 중심이 되고 그리스도가 붙잡고 계시는, 창세기에서 요한계시록까지 이어지는 하나님의 계획이다. 바울은 하나님의 선교가 치유와 화해를 가져오고, 그리스도 안에서 그분을 통해 온 창조 세계를 통일시킬 것이라고 말한다. 그것은 우주와 이 행성에 살고 있는 인간의 전 역사를 위한 하나님의 위대한 의제다. 이것은 우리의 상상을 넘어선 곳을 보게 한다. 또한 우리의 모든 선교적 노력이 주권자 하나님 안에서 타당한 그리스도 중심적 관점으로 이루어지게 한다.

그래서 케이프타운 서약에서 우리가 헌신해야 하는 선교를 정의하는 부분에 이르면, 하나님 그분의 선교를 요약하는 것으로 논조가 급격히 바뀐다. 다음 단락을 읽으면서 창세기와 요한계시록을 포함하는 성경의 목소리를 확인해 보라.

우리는 세계 선교에 헌신한다. 세계 선교가 하나님과 성경, 교회와 인류 역사, 그리고 궁극적인 미래를 이해하는 데 핵심이기 때문이다. 성경 전체가, 십자가의 보혈을 통해 화해를 이루시는 그리스도 아래 하늘과 땅의 모든 것을 하나 되게 하는, 하나님의 선교를 드러낸다. 하나님은 죄와 악으로 깨어진 창조 세계를 더이상 죄나 저주가 없는 새로운 창조 세계로 변화시키심으로써 자신의 선교를 성취하실 것이다. 하나님은 아브라함의 후손이자 메시아이신 예수님의 복음을 통해, 이 땅의 모든 나라들에게 복을 베푸시겠다는 아브라함에게 하신 약속을 성취하실 것이다. 하나님은 심판으로 흩어진 나라들의 분열된 세계를 변화시키셔서, 모든 종족, 나라, 민족, 그리고 언어로부터 불러낸 그리스도의 피로 구속받은 새로운 인류를 만드시고, 그들이 함께 모여 우리 하나님과 구원자를 예배하게 하실 것이다. 그리스도께서 생명과 정의와 평화의 영원한 통치를 세우시기 위해 다시 오실 때, 하나님은 죽음과 부패와 폭력의 통치를 무너뜨리실 것이다. 그리고 임마누엘 하나님은 우리와 함께 거하실 것이며, 세상 왕국은 우리 주님과 그리스도의 왕국이 될 것이고, 그분은 영원히 세세토록 다스리실 것이다.[7]

아멘! 위대한 전망이 우리를 예배와 감사로 충만하게 한다. **하나님이 몸소** 위대한 선교를 반드시 완수하실 것이므로 하나님을 찬양하자! 그런데 여전히 의문은 남는다. 그래서 **우리**는 어떻게 하라는 말인가? 하나님의 백성으로서 **우리**는 누구이고, 왜 여기 있는가? **우리의** 선교는 무엇인가?

하나님의 선교를 성경 전체에 대한 조망을 가지고 바라볼 수 있어야 상대적으로 폭넓은 답을 찾아갈 수 있을 것이다. **우리의** 선교는 반드시 **하나님이** 하시는 선교에 동참하는 것이어야 한다. 바울이 말한 대로 "하나님과 함께 일하는" "하나님의 동역자"(고후 6:1; 고전 3:9)로서 말이다. 이 말은 하나님이 우리를 참으로 원대하고 광범위한 의제로 부르신다는 의미다. 물론 이것이 우리가 '하나님이 하시는 모든 것'을 할 수 있다는 의미는 아니다. 만약 그것을 시도하려고 한다면 터무니없이 교만한 태도일 것이다. 하나님은 우리가 순종하는 영역을(혹은 순종하지 않더라도) 훨씬 뛰어넘은 곳에서 주권적이고 활동적으로 일하신다. 바울의 말의 의미는, 우리가 주 예수 그리스도께 순종하며 행하는 모든 일이

---

[7] Third Lausanne Congress, "The Cape Town Commitment: A Confession of Faith and a Call to Action" (Lausanne Movement, 2011), 1.10, https://lausanne.org/content /ctc /ctcommitment #capetown.

어떤 식으로든 하나님이 그분의 백성을 통해 이루고자 계획하고 뜻하신 것들의 범위를 반영하고 응답하는 것이어야 한다는 사실이다.

이것을 염두에 두고, 이제 교회의 선교를 정의하는 문제로 넘어가 보자.[8]

선교의 다섯 가지 표지

수년간 교회의 선교를 정의하고 기술하는 여러 방식들이 제시되어 왔다. 그중에서 내가 발견한 유용한 방식 하나는 1984년 세계 성공회 협의회에서 도출된 내용이었다. 이것은 전 세계 성공회의 사명 선언문이 되었고, 1988년 람베스 주교회의에서 '선교의 다섯 가지 표지'로 채택되었다. 이것이 그리스도인의 선교의 핵심 요소를 요약한 최고의 혹은 유일한 문서라는 말은 아니다. 하지만 그 가치가 충분히 입증되었고, 어떤 교회들은(내가 소속된 런던 랭엄 플레이스의 올 소울스 교회를 포함해서) 이것을 일종의 '선교 활동 점검표'로 사용하기도 한다. 신자들의 공동체로서 어떤 식으로든 파송하고 지지하고 기도하고 기부함으로써 선교적 활동의 다섯 가지 영역에 참여하고 있는지를 살펴보는 것이다. 이 '다

---

[8] 이어지는 내용은 주로 오순절 이후 시대 기독 교회의 선교를 다룬다. 하지만 그 내용을 다루면서 구약성경을 참조하지 않을 수는 없다. 나사렛 예수에 대한 분명한 믿음에 의해 연합된 다국적 공동체가 오순절에 탄생한 것은 사실이지만, 하나님의 백성은 아브라함부터 이어져 오는 영적 연속성을 가지고 있기 때문이다. 그래서 하나님이 어떤 백성을 선택하고 부르셔서 세상 속에서 그분의 선교를 수행하게 하셨는지 규명하기 위해서는, 하나님이 이스라엘에게 무엇을 요구하셨는지 상세한 주의를 기울일 필요가 있다. 이런 태도가 특별히 필요한 이유는, 앞으로 살펴보겠지만 예수님과 사도들이 교회의 삶과 증언에 대해 주장했던 수많은 내용이 이스라엘의 거룩하신 분의 성경에 깊이 뿌리박고 있기 때문이다. 나는 The Mission of God's People: A Biblical Theology of the Church's Mission, Biblical Theology for Life (Grand Rapids: Zondervan, 2010)에서 '하나님은 자신의 선교를 위해 어떤 백성을 원하시는가?'라는 질문에 대해 구약성경이 제시하는 광범위한 응답을 다루었다. 『하나님 백성의 선교』(IVP).

섯 가지 표지'에 관한 더 깊이 있는 연구 자료들도 나와 있다.⁹
선언문의 내용은 다음과 같다.

교회의 선교는 그리스도의 선교이며, 다음과 같은 내용을 목표로 한다.
1. 하나님 나라의 복음을 선포한다.
2. 가르치고, 세례를 주고, 새 신자를 양육한다.
3. 사랑의 수고를 통해 인간의 필요에 응답한다.
4. 불의한 사회 구조를 변혁하고, 모든 종류의 폭력에 도전하고, 평화와 화해를 추구한다.
5. 창조 세계를 온전하게 보호하고 땅의 생명체들을 지속시키고 새롭게 하기 위해 분투한다.¹⁰

이 내용은 다음과 같은 몇 개의 단어로 요약할 수 있을 것이다. 바로 **복음 전도, 가르침, 긍휼, 정의, 창조 세계를 책임 있게 사용하고 돌보**

---

9   예를 들어 Andrew Walls and Cathy Ross, eds., *Mission in the Twenty-First Century: Exploring the Five Marks of Mission* (Maryknoll, NY: Orbis Books, 2008) 같은 책을 보라.
10 "Marks of Mission", Anglican Communion, Anglican Communion Office, 2022년 1월 28일에 접속, https://www.anglicancommunion.org/mission/marks-of-mission.aspx. 1984년 이후로 '선교의 표지'와 관련해 지속적인 논의가 이루어지면서 용어들이 수정되어 왔다. 하지만 표현의 차이에도 불구하고 근본적 취지는 여전히 동일하다. 예를 들어, 오스트레일리아의 Anglican Board of Mission은 최근 다음과 같이 수정된 문구를 내놓았다.

   1. 모든 사람을 위해 구원하고 용서하고 화해시키는 그리스도의 사랑을 증언한다.
   2. 환대하고 변혁하는 믿음의 공동체를 세운다.
   3. 가난하고 궁핍한 이들과 연대한다.
   4. 폭력과 불의와 억압에 도전하고, 평화와 화해를 위해 일한다.
   5. 지구의 생명체들을 지키고, 돌보고, 새롭게 한다.

"ABM Welcomes Change to the Marks of Mission", Anglican Communion News Service, Anglican Communion Office, 2013년 1월 24일, http://www.anglicannews.org/news/2013/01/abm-welcomes-change-to-the-marks-of-mission.aspx.

는 행동이다. 이것은 대단히 포괄적이고 총체적인 목록으로, 다섯 개의 각 항목이 성경에 깊이 뿌리를 내리고 있음을 우리는 알 수 있다. 이후 장들에서 각 항목을 살펴볼 때마다 나는 두 개의 중대한 전제를 강조할 것이다. (1) 이 다섯 개의 표지는 하나님 자신이 이 세상에서 하고 계신 일들에 근거한 것이다(우리의 선교는 하나님의 선교에 참여하는 것이다). (2) 다섯 개의 표지는 모두 대위임령의 여러 차원과 관련이 있다. 이제 각 내용을 살펴보자.

먼저, 다섯 개의 표지는 모두 우리가 하나님의 선교에 실제적으로 참여하는 방식으로 간주할 수 있다. **우리**가 이 일들을 할 때 **하나님**이 우리와 함께 활동적으로 일하시고, 우리 역시 그분과 활동적으로 일한다. 왜냐하면 이 모든 것이 성경이 분명하게 명시하는 하나님의 열렬한 관심사이기 때문이다. 이 모든 것이 하나님과 관계된 일들이다. 만약 이것들이 **우리의** 선교의 표지가 된다면, 그 이유는 그것들이 하나님의 성품과 행동과 선교로부터 흘러나오기 때문이다.

1. 하나님은 복음 전도자이시며, 좋은 소식을 약속하고 성취하고 선포하신 분, 즉 좋은 소식의 기원이시다.
2. 하나님은 우리의 선생이시고, 그리스도는 머리가 되셔서 우리가 그 머리로부터 성숙하게 자라난다.
3. 구약성경에서 하나님은 자신의 정체성을 긍휼과 자비와 사랑의 하나님으로 규정하신다.
4. 구약성경은 또한 정의가 하나님 보좌의 기초라고 단언한다.
5. 하나님은 그분의 창조 세계 전체를 다스리고, 사랑하고, 필요를 채우고, 돌보신다.

성경은 이 각각의 진술들에 대한 명확한 증거들을 풍성하게 제공해 준다.

따라서 자신만의 선교 신학과 전략과 실천을 돌아보고 계획하고자 하는(그것이 모든 교회에 주어진 **당위**라는 신념을 가지고) 교회가 이 다섯 개의 표지를 이해하고 실천하려는 의도를 가진다면, 그 교회는 하나님과 그분의 선교에 적극적으로 참여하고 있는 것이다. 그런 교회는 자신의 모든 노력이 그에 우선하는 하나님의 선교로부터 흘러나오고 그 안에서 결실을 맺는다는 사실을 이해하는 적절한 시각을 가질 수 있다. 하나님은 이미 이 모든 방식대로 일하고 계시며, 우리는 그분과 함께 일하는 동역자일 뿐이다.

그렇다면 우리의 임무는 '**하나님을 위해** 일을 완수하는 것'이 아니라 '**하나님의** 선교 사역에 합류하는 것'이다. 미묘한 차이를 드러내는 이 관점은 두 가지 효과가 있다. 먼저, 우리를 **겸손하게** 한다. **우리**는 세상을 구원할 선교의 슈퍼히어로가 아니다. 하나님을 하나님 되시게 하자. 두 번째 효과는, 궁극적 **성공**을 보증함으로써 우리에게 **소망**을 준다는 것이다. 왜냐하면 우리의 선교적 노력이 아무리 불충분하고 힘겹고 시간적 제약에 갇히더라도, 하나님이 일하시고 그분의 약속과 종말론적 목적을 놓지 않으실 것이기 때문이다. 하나님이 승리하신다! 선교는 하나님의 것이고, 우리에게 필요한 것은 겸손과 소망이다.

둘째로, 나는 또한 다섯 개의 표지 모두가 (직접적 혹은 간접적으로) 대위임령과 연결되어 있다고 믿는다. 다시 말하지만, 내가 대위임령을 다루는 이유는 그것이 성경에 나오는 유일하거나 가장 중요한 선교 본문이기 때문이 아니라, (나처럼) 그 본문이 부여하는 의무와 동기에 큰 무게를 두는 경향이 있는 사람들을 위해서다. 나는 우리 같은 사람들이 **대위임령 자체가** 지금껏 상상해 온 것보다 훨씬 크고 총체적인 포괄성을 지닌다는 사실을 보게 되기를 소망한다.

다섯 개의 표지는 대위임령을 중심으로 통합되며, 그 **조건**은(정말 중요한 **조건**이다) 그

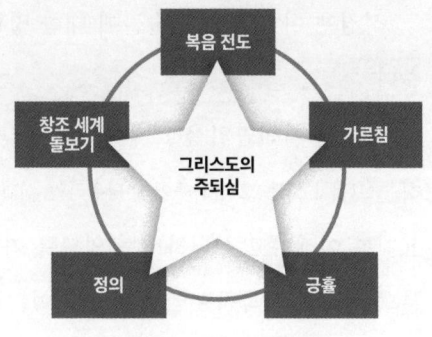

그림 4.1 선교의 다섯 가지 표지

리스도께서 말씀의 서두에서 하신 선언, 즉 창조 세계 전체에 대한 그리스도의 주되심을 모든 표지들의 중심에 두는 것이다. 이것은 전적으로 필수 불가결한 조건이다. 선교의 다섯 가지 차원 모두는 그리스도의 주되심에 **의존**한다. 이것이 바로 그림 4.1에서 그 우주적 진리가 중심에 있고 각 표지들이 그것을 둘러싸고 연결되어 있는 이유다.

- 우리는 복음 전도를 하면서, 예수님이 주님이요 왕이요 구주가 되신다는 좋은 소식을 선포한다.
- 가르치고 제자 삼는 일을 하면서, 우리는 사람들의 믿음이 성숙하고, 주님이신 예수 그리스도를 이해하고 날로 깊어지는 순종으로 나아가도록 돕는다.
- 우리는 애정 어린 긍휼을 베풀면서 주 예수님의 본을 따른다. 그는 이스라엘의 주 하나님의 성품(출 34:6-8)을 몸소 구현하신 분, 때로 물의를 빚을 정도의 친절함을 나타내며 "두루 다니시며 선한 일을 행하[신]"(행 10:38) 분이다.
- 우리는 정의를 추구하면서, 십자가에 못 박히고 부활하신 주 예수 그리

스도가 하나님 보좌의 중심에 계시다는 것(계 5:6)과, "의와 공평이 그의 [하나님의] 보좌의 기초"(시 97:2)임을 기억한다.
- 하나님의 창조 세계를 다스리고 돌보는 것은, 주 예수 그리스도께서 창조하고 구속하고 상속하심으로써(골 1:15-20) 그분의 소유가 된(고전 10:26) 것들을 다루는 일이다.

이처럼 독특하게 구분되면서도 통합되어 우리의 선교적 의도와 활동을 구성하는 여러 차원의 일을 수행하는 전적인 **이유**는, 예수님이 하늘과 땅의 주인이시기 때문이다. **우리의 행동**에 일시적이고 지엽적인 충분한 권위를 부여해 주는 것은 **그분의** 영원하고 우주적인 권위다.

그림 4.1은 다섯 개의 표지가 서로 연결되고, 통합되고, 예수님이 주님이시라는 복음의 진리를 중심으로 결합된 모습을 보여 준다. 그리스도의 주되심은 하나님 나라를 표현하는 또 다른 방식(바울이 사용했던 주된 방식)이다. 왜냐하면 예수님이 하나님의 통치를 선언하고 구체화하고 개시하셨기 때문이다. '예수님이 주님이시다'라고 선포하는 행위는 "주님[야웨]이 통치하신다"는 이스라엘 시편 기자들의 선포에 상응하는 행위다. 시편 기자들이 먼저 경축했던 그 선포된 사실은 복음, 즉 땅끝까지 이르러 모든 열방 가운데 선언되어야 할 **좋은 소식**이다(특히, 시 96-99편을 보라).[11]

---

[11] 예수님의 삶과 가르침 속에서 하나님 나라의 중심성, 그에 따른 결과로서 복음과 교회의 선교에 대한 성경적 이해에서 하나님 나라가 차지하는 중심성을 확인하려면, Ed Stetzer, "An Evangelical Kingdom Community Approach", in *The Mission of the Church: Five Views in Conversation*, ed. Craig Ott (Grand Rapids: Baker Academic, 2016), pp. 91-116; and Scot McKnight, *Kingdom Conspiracy: Returning to the Radical Mission of the Local Church* (Grand Rapids: Brazos, 2016)를 보라. 『하나님 나라의 비밀』(새물결플러스).

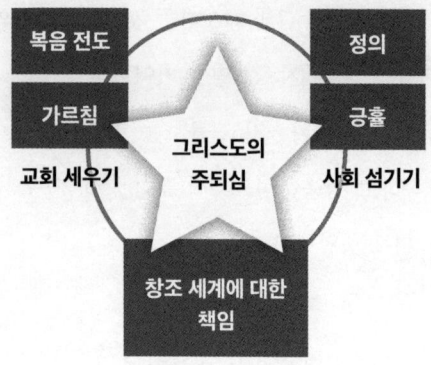

그림 4.2. 교회, 사회, 창조 세계

선교의 세 가지 초점

다섯 개의 표지들은 각각 분명한 영역을 가지고 있는데, 여기서 네 개의 표지를 두 쌍으로 나누어 도표를 단순화할 수 있을 것이다(그림 4.2를 보라). 복음 전도와 가르침을 하나로 묶을 수 있고, 마찬가지로 긍휼과 정의도 긴밀하게 연관되어 있다. 그렇게 되면 우리의 선교적 참여는 **세 가지** 주요한 선교 과업, 혹은 세 가지 초점으로 정리된다. 그것들은 바로 **교회**, **사회**, **창조 세계**다. 이 관점에 따르면, 선교는 다음의 내용을 수반한다.

1. 복음 전도와 가르침을 통해 **교회 세우기**.[12] 각각의 죄인들이 예수 그리

---

12 어떤 사람들은, 교회를 세우는 것이 그리스도의 일이기 때문에 '**우리**가 교회를 세우는 것이 아니라는 점'을 근거로 이 구절에 반대 입장을 취할 수도 있다. 그렇다면 내가 '교회 성장'이라는 말을 할 때도, 어떤 것을 성장시키는 분은 하나님이시라는 점을 근거로 유사한 주장이 제기될 것이다. 하지만 하나

스도의 제자가 되게 하여 회개와 믿음과 세례와 순종으로 이끌기. 하나님의 거룩한 백성의 교제 안에서 함께 성장하도록 돕기.

2. 긍휼을 베풀고 정의를 추구하는(회해와 중재를 포함하여) 활동적인 일을 통해 **사회 섬기기**.[13] 소금과 빛이 되라고 우리를 세상으로 보내시는 예수께 응답하기(마 5:13-16). 바울이 주장한 대로(엡 2:10; 딛 2:14; 3:1, 8, 14), 우리가 지음받은 목적이자 우리가 헌신해야 할 '선한 일'(공적 선을 의미하는)을 행하는 사람이 되기. 예레미야가 바빌론의 이스라엘 백성에게 말했듯이(렘 29:7) 주변 이웃들의 복지를 구하기.

3. 생태에 대한 관심을 갖고 행동하며, 매일의 삶에서 창조 세계의 자원을 현명하고 경제적으로 사용함으로써 **창조 세계 돌보기**. 그렇게 함으로써 창세기 1, 2장에서 하나님이 인류에게 주신 '위대한 명령'을 이행하기.

님이 인간적 수단과 **함께** 혹은 그것을 **통해** 행하시는 일의 놀라운 **협력적** 특성을 기억한다면 어떤 의미의 자만심도 끼어들 여지가 없다. 누가 이스라엘을 이집트에서 구출해 냈는가? 당연히, 하나님이시다. 하지만 하나님은 "**내가** 내려가서 그들을…그 땅에서 인도하여"라고 말씀하시는 바로 그 순간에 모세에게 이렇게 말씀하신다. "이제 가라…내가 **너를** 바로에게 보내어 너에게 내 백성 이스라엘 자손을 애굽에서 인도하여 내게 하리라"(출 3:8-10). 교회를 세우는 일이 그리스도의 것임을 알았던 바울은, 그럼에도 자신을 교회의 기초를 놓는 지혜로운 건축자로, 다른 이들을 그 위에 교회를 세우는 자로 여겼다(고전 3:10). 앞서 이야기한 대로, 우리는 대위임령 자체를 예수님이 다음과 같이 말씀하신 것으로 읽을 수 있다. '하늘과 땅의 주인인 내가 내 교회를 세우겠다. 그 방법은 다음과 같다. 너희들이 가서 제자를 삼고, 나는 모세와 함께했듯이 너희와 함께할 것이다.'

13 나는 이곳을 포함한 이후의 장들에서 **변화**나 **변혁** 대신 **섬김**이라는 단어를 의도적으로 선택했다. 앞으로 드러나겠지만, 나는 신실하게 증언하고 행동하는 그리스도인들의 공동체가 하나님 아래서 그들의 주변 환경을(사회적·경제적·환경적 영역 등) 변화시킬 수 있다고 확신한다. 있다. 이것이 바로 세상에서 '소금과 빛'이 된다는 말의 함의일 것이다. 하지만 **우리의** 선교 목표(하나님 선교의 종말론적 목표와 별개로)가 '세상의 변혁'이라고 주장하거나 그런 야심을 가지게 되면, 오만에 빠지고 환멸로 귀결되기 쉽다. 그래서 그런 사고에 대한 비판을 다룬 Paas, *Pilgrims and Priests*, pp. 74-86에 주의를 기울이고자 한다. 하지만 이것은 복음 중심적인 통전적 선교 혹은 총체적 선교를 지칭하기 위해 '변혁'이라는 단어를 사용한 초기 관행을 비판하고 최근 용어를 사용하고자 하는 의도는 아니다. Ruth Padilla DeBorst in "An Integral Transformation Approach: Being, Doing and Saying", in Ott, *The Mission of the Church*, pp. 41-67이 제공하는 탁월한 설명과 조사 및 참고 문헌과, INFEMIT, the International Fellowship for Mission as Transformation, https://infemit.org의 자료들을 보라.

예수님의 일차적 선언이 이 모든 것의 중심에 있다. "하늘과 땅의 모든 권세를 내게 주셨으니." 우리의 모든 선교 활동이, 이 세 영역과 관련된 모든 것이 예수 그리스도의 우주적 주되심에서 흘러나온다.

- 예수님이 교회의 주인이시기 때문에, 우리는 구원받고 화해한 죄인들의 공동체인 **교회**를 세운다.
- ('가이사'나 그 어떤 계승자도 아닌) 예수님이 모든 나라와 정부와 문화의 주인이시기에(인정하든 하지 않든), 우리는 **사회**를 섬긴다. 그분은 "땅의 임금들의 머리"(계 1:5)가 되신다. 우리는 인간 정부의 합법적 권위 아래 가능한 모든 곳에서 사회를 섬길 뿐 아니라, 주님이신 그리스도, 왕이신 예수의 궁극적 권위 아래서 사회를 섬긴다.
- 예수님이 하늘**과 땅**의 주인이시기에 우리는 **창조 세계**를 돌본다. "땅과 거기에 충만한 것…은 다 여호와[LORD]의 것이로다"(시 24:1). 바울은 시편 기자가 야웨를 언급하고 있는 이 절을 인용하지만, 그의 맥락에서 '주'(Lord)는 분명히 예수님을 의미한다(고전 10:26; 골 1:15-23에서 이를 자세히 상술하고 있다).

이렇듯 우리 선교의 **모든** 차원은 그리스도의 주되심으로부터 흘러나온다. 또한 그것은 온 세상과 온 창조 세계가 예수님이 주님이심을 인정하게 되고, 그러면서 우리의 창조주이자 구속주 하나님을 알고, 사랑하고, 찬양하고, 예배하게 하려는 하나님의 꺾이지 않는 의도에서 흘러나온다. 그리스도의 주되심을 중심에 놓을 때, 복음을 중심으로 우리의 모든 선교적 참여를 통합하는(하나로 연결하는) 일이 가능해진다. 이 복음은, 예수님(그리스도 안에 계신 하나님이 왕이시다)과 바울(하나님이 그리스도 안에서 세상을 자신과 화해하게 하셨다)이 선포했던 좋은 소식이다.

나는 선교의 다섯 표지와 함께 이 세 개의 초점과 영역(교회, 사회, 창조 세계) 역시 충분히 성경적이라고 믿는다. 선교에 대한 총체적이고 통합된 이해를 추구하는 케이프타운 서약은 이와 유사한 **세 개의 초점**을 인식하고 있다. "총체적인 선교란, 복음이 예수 그리스도의 십자가와 부활을 통해 성취된 하나님의 구원의 좋은 소식이며, 그 구원은 개인**과** 사회**와** 창조 세계를 위한 것이라는 성경적 진리를 분별하고 선포하고 살아내는 것이다. 개인과 사회와 창조 세계는 모두 죄로 인해 깨어지고 고통당하고 있으며, 또한 하나님의 구속적 사랑과 선교에 포함되므로, 이 셋은 모두 하나님 백성의 포괄적인 선교의 대상이 되어야만 한다."[14]

이어지는 장들에서는 도표에 나오는 세 가지 주요 초점을 다루고자 한다. 총체적 선교에 대한 이해 안에서 복음을 중심으로 그것들을 하나로 연결하고, 각각이 대위임령과 어떻게 연결되는지 살펴볼 것이다. 5장에서는 첫 번째 주제인 교회 세우기를, 6장에서는 사회 섬기기를, 7-8장에서는 창조 세계를 다룬다.

---

[14] Third Lausanne Congress, "The Cape Town Commitment", 1.7a(강조는 원문의 것), https://lausanne.org/content/ctc/ctcommitment#p1-7.

5장
복음 전도와 가르침을 통해 교회 세우기

예수님은 말씀하셨다. "제자로 삼아…세례를 베풀고…가르쳐 지키게 하라."

새 신자에게 세례를 준다는 것은 당연히 '선교의 표지들' 중 첫 번째인 복음 전도를 전제로 한다. 이것은 예수님의 선언에서 가장 먼저, 가장 명백하게 도출되는 함의다. 만약 나사렛 예수가 진정으로 모든 창조 세계의 주인이시고(진정으로 그러하다) 하늘과 땅을 만드신(정말로 그렇게 하셨다) 이스라엘의 주 하나님으로서 우리에게 말씀하고 계시다면, 그 말씀을 듣는 우리는 우선적으로 옛적의 이스라엘처럼 감사하며 신뢰와 순종의 태도로 나아가 그분의 주되심에 복종해야 한다. 그분이 선언하고 개시하신 하나님 나라의 영역 안에서 **그분의 제자가 되고 제자로 살아야** 한다. 그러고 나서, 우리는 그분의 명령을 따라 사람들을 **제자로 삼아야** 한다. 그 방법은 예수님의 좋은 소식과 그분 안에서 하나님이 이루신 것들에 대해 듣고, 그분이 이 땅에서 사역할 때 요청하신 회개와 믿음과 순종으로 반응하도록 사람들을 초대하는 것이다.

복음 전도

복음(gospel)과 **복음 전도**(evangelism)를 뜻하는 영어 단어가 서로 분리되어 버린 것은 참 애석한 일이다. 왜냐하면 헬라어에서는 같은 단어군에 속한 단어들이기 때문이다. 본래 헬라어 '유앙겔리온'(euangelion, 좋은 소식 혹은 복음; 라틴어로는 evangelium)은 기독교적 뜻을 지닌 단어가 전혀 아니었다. 로마제국의 길거리에서 흔히 사용되던 이 단어는, 어떤 사건이 발생할 때 그것이 모든 사람이 알아야 할 좋은 소식으로 여겨져 공적으로 알려야 하는 상황에 쓰이던 단어다(종종 '소식들', '새로운 것들'처럼 복수형 euangelia의 형태로). 예를 들어 전쟁에서 승리했을 때(당신이 그 승자를 지지했다면 이것은 당연히 좋은 소식이다), 새 황제가 등극했을 때, 가령 온 세상에 평화를 가져오는(아우구스투스 황제는 그렇게 주장했다) 식으로 제국이 위대한 성취를 이루었을 때(실제로든 그렇게 주장되었든), 그것은 선포되어야 했다.

또한 이것은 (좋은 소식을 알린다는 뜻의 동사 형태로) 이미 그리스도가 오시기 수 세기 전부터 구약 히브리 성경을 헬라어로 번역하던 사람들이 쓰고 있던 단어였다. 이것은 시편 기자들이 야웨의 이름과 구원을 열방 가운데 좋은 소식으로 선포하기를 원하는 대목에서, 번역자들이 히브리어 동사 '바사르'(basar)에 해당하는 번역어로 선택한 헬라어 단어 (euangelizomai)다. 그 의미는 '좋은 소식을 가져다주다'(예를 들어, 시 96:1-3을 보라)라는 뜻이다. 이사야는 유배 생활이 끝나고 구속주 하나님이 백성들과 함께 돌아갈 것이라는 좋은 소식을 안고 예루살렘으로 달려가는 사자의 모습을 그리면서 이 단어를 사용한다(사 52:7).

따라서 마가가 그의 '복음서'를 '유앙겔리온'이라는 단어로 열었을 때("하나님의 아들 예수 그리스도의 **복음**의 시작이라", 막 1:1), 그 단어는 유대인들에게 이스라엘의 하나님에 대한 좋은 소식을 상기시키고, 동시에 제국의 화려한 선전과 관련한 '좋은 소식'만을 알고 있던 이방인들에게도 친숙하게 다가갔을 것이다.

물론 사도들이 가진 '유앙겔리온'은 로마제국이 공표하는 그 모든 소식을 능가하는 것이었다. 그들의 복음은 단순히 황제가 주장하는 어떤 성취에 관한 것이 아니었다. 그것은 실제 역사 안에서 눈으로 목격한 공적 사건을 통해 한 분 참되고 살아 계신 하나님이 행하신 일에 관한 것이었다. 여기서, 우리가 '복음'으로 번역하는 그 단어가 가지는 일차적인 의미를 이해하는 것이 중요하다. 그것은 **이미 일어난 어떤 일**, 사람들이 알아야 하고 그에 적절하게 반응한다면 유익을 얻게 될 어떤 일을 좋은 소식으로 알리는 것을 말한다.

따라서 **복음 전도**는 하나님이 그리스도를 통해 약속하고 성취하신 일들에 대한 좋은 소식을 '알리기'(gospeling)라는 단순한 뜻을 가진다고 할 수 있다. 우리는 **복음**이라는 단어를 천국으로 가는 방법 혹은 '죄인의 기도'라는 말의 약칭, 머리로 믿도록 요구되는 단순한 개념(혹은 당신이 인정하는 사람이나 활동이나 교회에 이모티콘처럼 편리하게 붙이는 형용사) 정도로 사용하지 않도록 주의해야 한다.

우리는 앞서 **선교**와 관련한 인간 중심주의를 살펴보았는데, 그것은 **복음** 자체에 대해 생각하고 말하는 방식에도 너무나 쉽게 스며든다. 사실상 복음이란 일차적으로 **하나님에 대한, 그리고 그분이 하신 일에 대한** 좋은 소식임에도, 우리는 마치 그것이 전적으로 우리에 대한 것인 양 그 단어를 사용한다. 그런 이유로 바울은 그것을 "하나님의 복음"(롬 1:1)이라고 단호히 표현한다. 이 표현은 '하나님**으로부터의** 좋은 소식'과 '하나님**에 대한** 좋은 소식'이라는 두 가지 의미를 결합한 것처럼 보이는데, 어떤 경우든 그것은 하나님의 좋은 소식이다! 바로 이런 점으로 인해, 우리가 복음을 **하나님이** 하신 어떤 일로 듣고 감사와 기쁨과 믿음과 사랑으로 그것을 **받아들일** 때 그것이 우리를 위한 좋은 소식이 될 수 있는 것이다. 또한 당연히 그것은 일차적으로 하나님이 나사렛 예수를 둘러싼 역사적 사건을 통해 성취하신 내용에 관한 좋은 소식이다. 케이프타운 서약은 그것을 이렇게 설명하고 있다.

우리는 복음이 들려주는 이야기를 사랑한다. 복음은 나사렛 예수의 삶과 죽음, 그리고 부활이라는 역사적 사건을 좋은 소식으로 선포한다. 예수님은 다윗의 자손이요 약속된 메시아이자 왕이시므로, 하나님은 오직 예수님을 통해서만 자신의 나라를 세우시고 이 세상의 구원을 위해 행동하셨으며 그 결과 아브라함에게 약속하신 것처럼 온 땅의 모든 나라들이 복을 받을 수 있게 되었다. 바울은 "성경대로 그리스도께서 우리 죄를 위하여 죽으시고, 장사 지낸 바 되셨다가, 성경대로 사흘 만에 다시 살아나사 게바에게 보이시고 후에 열두 제자에게 나타나셨다"라는 진술로 복음을 정의한다. 복음은 하나님이 그리스도의 십자가 위에서 아들의 모습으로 우리를 대신하여 우리의 죄로 인한 심판을 몸소 짊어지셨다고 선포한다. 부활을 통해 완성되고, 입증되고, 선포된 이 위대한 구원의 역사 가운데서, 하나님은 사탄과 죽음과 모든 악의 권세에 대한 결정적인 승리를 이루셨으며, 우리를 사탄의 권세와 두려움에서 해방시키셨고, 이들의 궁극적 파멸을 확증하셨다. 하나님은 모든 장벽과 대립을 넘어 하나님과 믿는 자들 간의 화해와 사람들 간의 화해를 이루셨다. 또한 하나님은 모든 피조물의 궁극적인 화해를 이루셨고, 예수님의 육체적 부활 가운데 새 창조의 첫 열매를 우리에게 주셨다. "하나님께서 그리스도 안에 계시

사 세상을 자기와 화목하게 하셨다." 우리는 이 복음의 이야기를 몹시도 사랑한다.[1]

그러므로 복음 전도란 (신약과 구약성경 모두를 가지고) **하나님이 하신 일**에 대한 전체 이야기를 들려주는 것을 뜻한다. 그것은 세상을 **창조하신** 하나님이 이 세상을 인간의 죄와 끔찍한 악의 결과로부터 **구원하기** 위해 행동하셨다는 좋은 소식을 선언하는 것이다. 하나님은 자신의 아들 나사렛 예수를 통해 이 일을 하셨는데, 예수님은 하나님이 이스라엘에게 하신 약속을 성취하며 이 땅에 오셔서 하나님이 지명하신 메시아로서 우리 죄를 위해 죽고 하나님의 능력으로 살아나셨다. 현재 이 예수님은 승천하신 주님이며, 새 창조 때 구속된 인류와 함께 만물을 상속받고자 심판자이자 왕으로 다시 오실 것이다. 복음 전도는 **우리** 선교의 근본적 차원에 속한다. 그 이유는 그리스도께 순종하며 행하는 다른 모든 일들과 마찬가지로 이 역시 **하나님의** 선교에 기반을 둔 좋은 소식으로부터 흘러나오고 그 좋은 소식을 증언하는 일이기 때문이다. **우리가** 이 일을 **하는** 이유는, 이것이 **하나님이 하신** 일이기 때문이다.

복음 전도는 하나님이 그리스도를 통해 하신 일에 대한 좋은 소식이 선언될 때 그에 **반응**하도록 사람들을 초대하는 데까지 나아간다. 반응의 방식은, 회개하며 그들이 살고 있던 모든 거짓된 이야기로부터 돌이켜 구원을 주시는 예수님을 믿는 것이다. 우리는 하나님의 이름으로,

---

[1] Third Lausanne Congress, "The Cape Town Commitment: A Confession of Faith and a Call to Action" (Lausanne Movement, 2011), 1.8 b, https://lausanne.org/content/ctc/ctcommitment#capetown. 참고할 성경 구절은 다음과 같다. 막 1:1, 14-15; 롬 1:1-4; 4:1-25; 고전 15:3-5; 벧전 2:24; 골 2:15; 히 2:14-15; 엡 2:14-18; 골 1:20; 고후 5:19.

그들이 이제 하나님이 세상을 위해 계획해 두신 미래에 대한 위대한 성경 이야기의 한 부분으로 참여하게 되었음을 확신시켜 줄 수 있다. 그들의 죄가 용서받았으며, 지금부터 영원히 하나님과 바른 관계를 맺고 영생의 선물을 누릴 수 있다는 확신을 줄 수 있다.

세례는 바로 이러한 하나님과의 새로운 관계를 설명해 준다. "…의 이름**으로**[into the name of] 세례를 베풀고"라는 구절의 의미는, 좋은 소식을 받아들이고 회개하고 믿고 주 예수 그리스도의 제자 공동체에 들어가기로 결단하는 모든 사람은 그들을 사랑하시는 성부 하나님과의 관계 안으로[into] 들어간다는 것이다. 동시에 그들을 위해 돌아가신 성자 하나님, 그들 안에 거주하시며 그들이 그리스도를 닮은 모습으로 변화되게 하심으로써 삶 속에 열매를 맺으시는 성령 하나님과의 관계 안으로 들어간다.

그렇다면 세례는 하나님의 교회 안으로 들어가는 입구, 그리스도의 십자가를 통해 창조된 '새 인류'에 속하는 것으로 간주되는 사람들을 규정하는 표지라 할 수 있다. 신학적으로, 그것은 그리스도의 죽음과 부활 안에서 그분과 동일시됨을 의미한다(예를 들어, 골 2:11-12). 교회론적으로 볼 때, 그것은 하나님의 자녀라는 새 정체성을 받아들이고 그리스도 몸의 구성원으로 받아들여짐을 나타낸다. 사도행전에서 주목할 만한 내용은, 새 신자들의 세례가 그들의 믿음의 고백에 이어 흔히, **즉각적으로** 일어난다는 점이다. 나아가 그것은 성령의 해방하는 능력과 열매 안에서 살아가야 할 새로운 삶의 기초로 여겨질 정도였다(롬 6:3-4; 갈 3:26-29).

따라서 우리가 만약 대위임령을 엄격하고 정확하게 따르고자 한다면, 이 **세례**야말로 예수님이 언급하신 제자 삼기의 첫 번째 도구로서 우리의 '선교의 첫 번째 표지'가 된다고 말할 수 있을 것이다. 너무나 유감스러운 것은 단순히 세례가 여러 선교 신학과 실천 속에서 자주 간과되고 있다는 사실만이 아니다.[2] 더 비극적인 것은, (그리스도 안에서 하나님의 새 인류가 된 교회의 **연합**을 나타내는 근본적 표지가 되어야 할) 세례 그 자체가 교회사 속에서 신랄한 공격과 **불화**를 일으킨 원인이 되어 왔다는 점이다. 하지만 세례가 (좋은 소식을 나누고 그리스도께 반응하도록 초대하는) 복음 전도를 전제로 한다는 점을 고려할 때, 복음 전도(적절하고 당연히 따라야 할 반응인 세례를 포함해)를 우리 선교의 다섯 가지 표지 중 첫 번째에 두는 것은 적절해 보인다. 그것은 그리스도의 주되심으로부터 불가피하게 흘러나오고, 그리스도의 주되심이 수반하는 것을 선포한다.

이 점은 일단의 사람들이 **통전적 선교**라는 말을 그리스도인이 **복음 전도를 제외하고** 행하는 모든 일(의료나 교육 서비스, 사회 참여, 개발 및 구빈 활동, 정의의 옹호와 행동, 창조 세계 돌보기 등)을 설명하는 용어로 사용하는 것이 얼마나 잘못된 것인지를 보여 준다.[3] 정의상 복음 전도가 배제된 사회 참여는, 사회 참여가 배제된 복음 전도가 그러하듯 더 이상 '총체적'일 수 없다. 1974년 첫 로잔대회가 열리고 곧이어 십여 년 동안 신학적으로 명료화하는 작업을 하면서, 이런 기본적인 이해에 대한 동의가 이루

---

2   이 부분에서는 나 역시 초기에 그런 실수를 저질렀다는 사실을 고백해야겠다. Peter Leithart, "Sacramental Mission: Ecumenical and Political Missiology", in *Four Views on the Church's Mission*, ed. Jason S. Sexton, Counterpoints: Bible and Theology (Grand Rapids: Zondervan, 2017), pp. 152-176은 매우 정당한 지적을 해 주고 있다. 특히 "The Forgotten Sacraments"(pp. 153-156)라는 제목의 장은 선교에 대한 내 초기 저서에 나타난 결함을 언급하고 있으며, 나는 그 비판을 기쁘게 받아들인다.

3   예를 들어, 2004년 로잔대회에 참석했을 때 나는 '특별한 관심사'를 가진 30여 개의 그룹 중 하나에 '통전적 선교'라는 이름이 붙어 있고, 그것이 다양한 종류의 사회 참여를 뜻한다는 것을 확인하고 깜짝 놀란 적이 있다. 나는 '통전적'이라는 단어는 '전체적인 것'을 의미해야 한다고 강하게 문제 제기를 했다. 이후로 이 대회에서는 이런 식의 명명을 자제하고 있다.

어져 왔다.[4] 최근 용어인 **총체적 선교**(integral mission)는, **복음 전도를 포함해** 우리가 행하는 모든 선교 활동이 복음, 즉 하나님의 복음을 중심으로 통합되어야 함을 강조함으로써 이런 이분법을 극복하려는 시도를 보여 준다.[5]

이것이 내가 '복음 전도의 우위성'이라는 말보다 '복음의 중심성'을 더 선호하는 이유다. 많은 복음주의자들이 복음 전도가 인간의 가장 큰 필요에 다가간다는 이유로 이것을 더 강조해 왔다. 나 역시 그런 생각에 반대하지 않는다(여기서 '가장 큰'이라는 말이 너무나 쉽게 '사실상 유일하게 중요한' 혹은 '하나님이 정말로 유일하게 관심을 가지시는'이라는 말로 변질될 수 있지만 말이다). 하지만 이런 식으로 말을 하는 순간 우리는 인간 중심적 선교 개념으로 빠져들게 된다. 즉, 복음 전도란 **그들에게** 필요하기 때문에 **우리가** 하는 일이다. 하지만 복음이란 하나님이 하신 일에 관한 것이다. 신약성경이 사용하는 복음이라는 용어는, **하나님이** 세상을 구원하기 위해 객관적인 역사적 사건을 통해 **행동하셨다**는 근본적인 좋은 소식을 말한다. 복음 전도는 **그** 이야기, 즉 하나님의 이야기를 들려주는 것이

---

[4] 나는 다음 책에서 1974년 이후 몇 십 년간 로잔 운동 내에서 이루어진 핵심적인 신학적 발전을 간단히 요약하고 참고 문헌을 제공하고 있다. John Stott and Christopher J. H. Wright, *Christian Mission in the Modern World*, 2nd ed. (Downers Grove, IL: IVP Books, 2015), pp. 34-57. 『선교란 무엇인가』 (IVP).

[5] Kirsteen Kim은 복음 중심적 선교의 언어적이고 사회적인 차원을 모두 끌어안을 수 있는 evangelization(복음화)이라는 더 긴 용어를 다시 가져와야 한다고 주장한다. "'복음화'라는 말이 바르게 이해될 수 있다면, 그것은 하나님 나라의 좋은 소식을 전하는 모든 일을 전체적으로 아우를 수 있다. 다시 말해 그것은 '선교'의 동의어가 될 수 있다. 하지만 그 말은 ('선교'라는 단어만으로는 불가능한 방식으로) 예수 그리스도의 길을 따르는 일이라는 기독교적 선교의 뚜렷한 핵심에 집중하게 만든다. 그분이 전하신 좋은 소식은 지적 영역과 총체적 영역 모두에서 변혁을 일으켰다. 또한 개인뿐 아니라 가정과 공동체와 사회와 전 창조 세계까지 변화시켰다. 복음화로서의 선교는 이 사람과 그와 관계된 사건을 알리는 증언인 동시에, 동일한 성령 안에서 그리스도의 일을 지속하는 것이다." "Mission as Evangelization", in *Evangelism and Diakonia in Context*, ed. Rose Dowsett et al., Regnum Edinburgh Centenary Series 32 (Oxford: Regnum, 2015), pp. 81-96을 보라.

다. 복음 전도가 아닌 복음 그 자체가 바로 구원에 이르게 하는 하나님의 능력이다.

우리는 여러 선교적 부르심의 넓은 범위(다른 '선교의 표지들'이 시사하듯이) 안에서 정말 많은 일들을 할 수 있고 그것은 매우 타당한 일이다. 하지만 그 모든 것을 통합하는 중심은 하나님 중심적이고, 하나님으로부터 시작되고, 하나님의 뜻에 근거한 복음의 실재여야 한다. 그것은 다름 아닌 온 창조 세계를 향한 하나님의 구속적 목적에 대한 **우주적인** 이야기다. 이 이야기는 구약에서 **약속**되었고, 예수 그리스도의 죽음과 부활을 통해 **성취**되었고, 그리스도의 주권 아래 있는 하나님 나라의 좋은 소식으로 **구체화**되었고, 그분이 영광으로 재림하실 때 **완성**될 것이다. 우리는 복음 전도를 하면서 바로 이 이야기를 전한다. 오직 이 이야기로부터만 우리의 모든 선교가 흘러나온다. 가능한 모든 방식으로 좋은 소식을 나누며 그것을 알리는 것이 우리에게 타협 불가능한 당위적 명령인 이유는, 복음이 있는 그대로의 사실(역사적 사실)이기 때문이다. 거듭 말하지만, 복음 전도가 온전히 성경적인 선교를 구성하는 유일한 요소는 아니다. 하지만 어떤 선교 신학이나 실천도, 세상을 자신과 화해시킨 그리스도 안에 나타난 성경적인 하나님의 복음에 뿌리박고 그것의 지배를 받지 않는다면, 그리고 그것을 나누고자 하는 동기를 가지고 구비되지 않는다면, 충분히 성경적이라고 말할 수 없다.

내가 말하는 복음의 중심성은, 그 중심이 다른 모든 것을 주변적으로 만든다는 의미가 아니다. 즉 다른 것들은 (**우위성**이라는 단어가 함의하는 듯 보이는) 미미하거나 중요하지 않고 중심으로부터 멀리 떨어져 있다는, 그저 부차적인 중요성만을 지닌다는 뜻이 아니다. 내가 말하고자 하는 것은 **다른 모든 것을 하나로 묶어 주는** 중심이다.

복음은 마치 바퀴의 중심축처럼 모든 것의 중심이 된다. 바퀴는 통합된 상태로 작용하는 사물로서, 그 테와 타이어는 길과 접촉한다. 하지만 테 둘레는 전체적으로 중심과 연결되어 있어야 한다. 그런 의미에서 바퀴의 **중심축**은 바퀴의 존재와 그것이 수행하는 모든 것을 **통합시키는 중심**이다. 바퀴 중심축은 엔진과 연결되어, '고무 타이어가 길과 닿는 곳에' 힘을 전달하는 역할을 한다. 차가 움직이기 위해서는 엔진(동력의 원천)에 연결된 중심축과, 길(상황)에 닿는 타이어 사이에 통합이 이루어져야 한다. 따라서 중심축과 타이어 중에 무엇이 더 중요하거나 더 큰 우선성을 가지는지 묻는 것은 큰 의미가 없다. 둘을 모두 갖추지 않으면 당신은 결코 운전을 할 수 없을 것이다! 총체적 선교에 참여하기 위해서는 두 요소의 통합이 필요하다. 하나는 복음 전도를 통해 역사적 사실에 대한 좋은 소식과 복음의 진리를 말로 나누는 것이다. 다른 하나는 사회와 창조 세계 속에서 사회적이고 상황에 적합한 참여를 함으로써 그러한 복음 전달을 구체화하는 것이다.

다시 케이프타운 서약으로 돌아가, 그것이 추구하는 선교에 대한 총체적 이해를 살펴보자.

우리의 선교가 지녀야 할 총체성. 우리의 모든 선교의 **근원**은, 성경에 계시된 것처럼, 하나님이 온 세상의 구속을 위해 그리스도 안에서 행하신 일이다. 우리의 복음 전도의 과제는 그 좋은 소식을 모든 나라들에 알리는 것이다. 우리의 모든 선교가 이루어지는 **장소**는 우리가 살아가는 세상, 곧 죄와 고통과 불의와 창조 질서의 왜곡으로 가득한 세상이며, 이런 세상으로 하나님은 그리스도를 대신해 사랑하고 섬기도록 우리를 보내신다. 그러므로 우리의 모든 선교에서 복음 전도와 세상에서의 헌신적인 참여가 통합되어야 하며, 이 둘은 모두 하나님의 복음에 관한 성경 전체의 계시가 명령하고 주도하는 일이다.[6]

이것은 우리를 선교의 두 번째 표지로 안내하는데, 이 표지 역시 교회를 세우는 일에서 본질적인 부분이다.

가르침과 제자 훈련

예수님의 우선적인 명령은 '제자로 삼으라'는 것이었다. 그런데 사람들을 어떻게 제자로 삼을 수 있는가? 그분이 알려 주신 첫 번째 수단은 (복음 전도를 전제로 하는) '세례'이고, 곧이어 두 번째 수단이 등장한다. 바로 "너희에게 분부한 모든 것을 **가르쳐** 지키게 하라"(마 28:19-20)는 것이다. 다시 말해서, 예수님은 자신이 제자들에게 사용하신 방식으로 제자 훈련을 하라고 그들에게 말씀하고 계신다. 사람들을 회심으로 이끌어 놓고 그대로 내버려 두는 것은 별 효과가 없는 일이다. 씨앗이 열매를 맺기 위해서는 땅속 깊이 건강한 뿌리를 내려야 한다. 교회는 복음 전도를 통해 땅에 심긴 후에 가르침을 통해 물을 공급받아야 한다. 복음 전도와 가르침은 **모두** 대위임령이 지시하는 명령들이다.

앞 장에서 다루었듯이, **우리**의 선교의 한 요소가 되는 가르치는 일에 참여함으로써 **하나님**의 선교의 한 요소에 참여하게 된다. 왜냐하면 **하나님 그분**이 사람들을 그리스도에 대한 믿음으로 이끌 뿐 아니라, 그리스도 안에서 성숙하게 하시는 분이기 때문이다. 하나님은 그들 안에

---

6 Third Lausanne Congress, "Cape Town Commitment", 1.10b.

계신 성령의 사역을 통해 성령의 은사와 능력으로 삶의 열매를 맺게 하신다. 예수님은 성령의 가르치는 사역을 강조하셨고(요 14:25-26; 16:12-15), 바울(예를 들어, 골 1:9)과 요한(요일 2:20-27)도 마찬가지였다. 따라서 교회 내에서 가르치는 일은, 하나님이 그분의 백성을 온전히 성숙하여 그리스도를 닮는 데까지 나아가게 하시는 과정에 참여하는 것이다. 이것은 우리가 하나님의 선교에 참여하는 또 하나의 방법이다.

가르침은 성경에 깊이 뿌리를 박고 있다. 그것은 구약에서 하나님이 그분의 백성 이스라엘을 부르고 형성하고 '교육하기' 위해 사용하신 본질적인 방식이었다. 앤드루 월스(Andrew Walls) 교수는 구약성경을 "가장 오래되고 가장 긴 신학 교육 프로그램"[7]이라고 말했다. 하나님은 여러 세대에 걸쳐 자신의 백성을 가르치셨다. 그분은 제사장과 예언자들을 통해,[8] 토라와 시편과 지혜서 등의 책을 통해 그들을 가르치셨다. 하나님, 창조, 인류, 죄, 구속, 예배 등에 대해 가르치시고, 민족들에게 궁극적으로 복을 주기 위해 언약 백성으로 어떻게 살아야 하는지도 가르치셨다. 시편 기자들은 하나님이 최고의 교사이심을 인정했다(예를 들어, 시 25:4-5, 8-9; 119:99). 성경은 부모들에게, 자녀들이 하나님의 구속의 은혜와 세계적인 목적과 언약의 명령에 나타난 그분의 성품을 배우도록 그들이 믿는 위대한 역사적 사실들을 가르치라고 명령한다(예를 들어, 신 4:1-14; 6:1-9, 20-25). 가르침은 구약 이스라엘 백성의 삶에 필수적인 부분이었다.

---

7   2012년 4월 27일, Overseas Ministries Study Center, New Haven, CT에서 열린 선교 지도자 포럼에서 한 강연(이 기관은 현재 프린스턴 대학교 안에 있다).
8   예언자들은 때로 잘못을 교정하기 위해 가르치기도 했다. 사실상 백성의 교사로 임명된 제사장들이 그 직무에서 실패하여 처참한 영적·사회적 결과가 나타나는 상황을 두고 애도함으로써 그들을 가르쳤다. 레위기 10:10-11; 신명기 33:10(레위 지파에 대한 말씀); 호세아 4:1-6; 말라기 2:1-9을 보라.

그러므로 예수님이 교사로서 우리에게 오셨다는 사실은 결코 놀라운 일이 아니다. 그들은 예수님을 "랍비"라고 불렀다. 제자들을 부르고 함께 있도록 하신 순간부터, 그분은 끝없이 가르치고, 가르치고, 또 가르치신다. 제자도는 하룻밤에 만들어지는 것이 아니다. 그분은 어떤 면에서는 자신이 줄 수 있는 모든 것, 즉 아버지가 자신에게 주신 모든 것을 그들에게 가르쳤다고 아버지께 기도한다(요 17:6-8). 죽음 직전에 그들에게 마지막으로 말씀하시면서도, 성령이 자신과 마찬가지로 계속해서 그들을 가르쳐 주시리라고 약속하신다(요 16:12-15).

그렇다면 사도 바울은 어떨까? 그는 위대한 선교사-복음 전도자, 교회 개척자로 알려져 있고, 이것은 그에 대한 매우 적절한 이해다. 하지만 성경을 체계적으로 가르치는 일은 바울의 선교적 실천에서 필수적인 부분이었다. 그는 가능한 모든 곳에서 성경을 가르쳤다. 때로 위협을 받는 상황에서는(빌립보와 데살로니가 같은 곳에서) 새로운 교회를 세우고도 급히 떠나야 하는 경우도 있었다. 하지만 그때도 바울은 편지를 쓰거나 동역자 한 사람을 보내 앞서 가르친 것들을 상기시키고, 더 깊이 이해하도록 도움으로써 그들을 격려했다. 상황이 허락한다면 최대한 오래 머물렀다. 그는 고린도에서는 18개월, 에베소에서는 거의 3년을 머물러 있었다. 에베소에서 머물던 시간 동안, 그는 그곳에서 처음 만난 열두 제자들의 작은 공동체(행 19:1-7)를, 여러 가정과 성실한 장로들로 구성된 중요한 도시 교회로 변모시켰다. 그가 이 일을 이룬 방식은 공식적 설교나 가정집에서의 모임을 통해 체계적이고 성실하게 가르치는 것이었다. 그렇게 해서 그는 다음과 같은 두 가지 주장을 할 수 있었다. "**유익한 것은 무엇이든지** 공중 앞에서나 각 집에서나 거리낌이 없이 여러분에게 전하여 가르치고" "꺼리지 않고 **하나님의 뜻을 다** 여러분에게 전하였음이라"(행 20:20, 27).

이 두 구절은 설교하고 가르치는 바울의 사역에 대한 중요한 통찰을 제공해 준다. 한편으로, 그는 '무엇이든 사람들에게 유익한 것'을 가르쳤다. 이것을 '시사적' 설교와 가르침이라고 불러도 좋을 것이다. 고린도 교회에 보낸 편지에서 보듯, 그는 어린 신자들이 그에게 제기하는 어떤 쟁점도 다룰 준비가 되어 있었다. 다른 한편으로, 그는 '하나님의 모든 뜻(혹은 계획)'을 선포했다. 즉 창조 이후로 펼쳐진 하나님의 계획, 구약성경에 기반하고 그리스도와 새 창조를 통한 하나님의 우주적인 구속의 뜻에서 절정에 이르는 계획을 체계적으로 설명했다. 한마디로 그것은 성경 해설이었다.

당연히 그는 혼자서 그 모든 교회를 가르치지 않았다. 그는 디모데(딤후 1:13-14; 2:1-2)나 디도(딛 2:1-15)나 아볼로처럼 자신의 선교팀에 속한 동료들과 반드시 함께 일했다.

아볼로는 다양한 문화를 넘나드는 진정으로 국제적인 선교사-교사였다. **아프리카**의 위대한 도시 알렉산드리아 출신인 그는 유대인으로서 성경(구약)에 조예가 깊었고, 예수님에 대한 신앙을 갖게 되었다. 후에 그는 **아시아**(에베소는 로마 속주 아시아의 주도였다)로 와서, 브리스길라와 아굴라의 집에서 심화된 신학 교육을 받았다. 그러고 나서 **유럽**으로 건너갔고, 그리스의 도시 고린도에서 체계적인 교육 프로그램을 시작했다. 누가는 아볼로의 활동을 이렇게 설명한다. "그가 [아가야로] 가매 은혜로 말미암아 믿은 자들에게 많은 유익을 주니 이는 성경으로써 예수는 그리스도라고 증언하여 공중 앞에서 힘있게 유대인의 말을 이김이러라"(행 18:27-28). 우리가 오늘날 사용하는 학문적 용어로 표현해 보자면, 아볼로는 기독교 변증, 구약 해석학, 기독론을 다루고 있었다!

이 내용에서 선교와 관련이 있는 부분은 이런 것이다. 이후 고린도 교회가 바울을 지지하는 쪽과 아볼로를 지지하는 쪽으로 나뉘어 분열되었을 때, 바울은 그 상황을 결코 묵인하지 않았다. 물론 그들은 각각 다른 은사를 가지고 다른 사역을 하고 있었다. 바울은 복음을 전하고 교회를 개척하는 사람이었고, 아볼로는 교회의 신학 교사였다. 하지만 그들에게는 공동의 목적이 있었다. 바울은 복음 전도자(심는 자)와 교사(물을 주는 자)가 **하나의 선교**를 하고 있으며 동시에 그 선교는 하나님과 함께하는 선교라고 강력히 주장한다! "나는 심었고[**복음 전도를 통해**] 아볼로는 물을 주었으되[**가르침을 통해**] 오직 하나님께서 자라나게 하셨나니 그런즉 심는 이나 물 주는 이는 아무것도 아니로되 오직 자라게 하시는 이는 하나님뿐이니라. 심는 이와 물 주는 이는 한 가지이나[헬라어로, '그들은 하나다'] 각각 자기가 일한 대로 자기의 상을 받으리라. 우리는 하나님의 동역자들이요, 너희는 하나님의 밭이요 하나님의 집이니라"(고전 3:6-9).

따라서 교회 내에서 가르치는 일은 어떤 형태로 이루어지든 선교의 **본질적인** 부분이다. 여기에는 매주 철저하고도 실제적인 설교를 통해 하나님 백성에게 성경을 가르치는 교회 목사의 일과, 강좌를 개설하고 강의하고 질문에 답하고 평가하고 학점을 주는 신학 교수의 일이 포함된다. 공식적이든 비공식적이든 신학 교육을 위한 모든 종류의 수고가 가르치는 일에 포함되며, **모두** 대위임령("모든 것을 가르쳐…")에 순종하는 것이다.

두 가지 부르심을 따라온(서품받은 사제로서 교회에서 설교하고, 신학 교수로서 구약을 가르치며) 나는, 두 가지 부르심과 사역이 모두 선교적 본질을 가지고 있음을 강조할 필요를 느낀다. 목사는 대위임령이 자신의 교회가 후원하는 해외 선교사들뿐 아니라, 성경을 가르치는 사역을 하는 자신에게도 적용된다는 사실을 이해해야 한다. 마찬가지로, 신학을 교육하는(고국에서든 타문화적 상황에서든) 사람들 역시 선교의 동역자로 여기고 지지해 주어야 한다. 신학 교육은 교회를 개척하는 '진짜 선교'가 이루어진 후 부수적으로 따라오는 일이 아니다. 예수님의 말씀을 진지하게 받아들인다면, 가르침이 어떤 형태로 이루어지고 또 세상의 어느 곳에서 행해지든 그것을 대위임령에 대한 순종의 일부로 여겨야 한다. 인도의 신학교를 그만두고 가족들과 함께 영국으로 돌아와 계속 가르치는 일을 해 온 나는 단 한 순간도 대위임령을 따르는 '선교사'가 아닌 적이 없었다. 오직 지리적 환경만 바뀌었을 뿐이며, 나의 선교 과업은 여전히 동일하다.

얼마 전에 한 교회에서 랭엄 파트너십의 비전과 사역을 설명하고 나서 어떤 여성과 대화를 나눈 적이 있다. 나는 그분에게 우리가 다수 세계에서 복음주의적 신학 교육을 강화하기 위해 박사 학위를 재정적으로 지원하고, 필요한 기독교 문서를 제작하여 나누고, 지역 교회 목사들을 위해 성경적 설교 기술을 훈련하는 등 우리가 하고 있는 모든 일에 대해 이야기해 주었다. 그러자 그녀가 말했다. "오, 그러니까 여기는 진짜 선교단체는 아니라는 거군요." 물론 그 말이 랭엄 파트너십이 한 나라에서 다른 나라로 **선교사들을 보내는** 곳이 아니라는 뜻임을 나도 알고 있었다(사실 많은 직원들이 타문화 상황에서 섬기고 있기는 하다). 하지만 나는 그 말에 대답해야 할 필요성을 느꼈다. "아니요, 우리도 선교단체입니다! 혹시 사람들을 '**가르치라**'고 했던 대위임령 세 번째 내용을 읽어 보셨나요?"

가르침은 대위임령에 대한 순종의 본질적인 부분이다. 케이프타운 서약은 교회가 전 세계적으로 수행하는 전체적인 선교 안에서 신학 교육이 차지하는 중요한 역할을 표현하고 있다. 신학 교육은 교회의 가르치는 사역의 한 부분으로서 복음 전도와 함께 선교의 다섯 가지 표지 중 두 번째 위치를 차지하며, 하나님의 교회를 세우고 성장시키는 일에 본질적으로 기여한다.

지상 교회의 선교는 하나님의 선교를 섬기기 위한 것이고, 신학 교육의 사명은 교회의 선교와 함께하며 그것을 복돋우기 위한 것이다.···
 우리 중 교회와 선교단체의 지도자들은 신학 교육이 **본래** 선교적인 것임을 인식해야 한다. 우리 중 신학 교육을 담당하는 자들은 **의도적으로** 신학 교육이 선교적인 교육이 되게 할 필요가 있다. 학문 기관에서 신학 교육의 지위는 그 자체가 목적이 아니라, 이 세상 속에서의 교회의 선교에 봉사하기 위한 것이기 때문이다.[9]

이것으로 도표의 왼쪽 부분을 모두 다루었다. 지금까지 복음 전도를 통해 교회를 세우고 가르침을 통해 제자를 삼는 과업을 살펴보았고, 이것들은 선교의 첫 번째와 두 번째 표지다. 다음 장에서는 도표의 오른쪽을 다루고자 한다.

---

[9] Third Lausanne Congress, "Cape Town Commitment", 2F.4(강조는 저자의 것).

6장
긍휼과 정의를 통해 사회 섬기기

5장에서 우리는 교회에 초점을 맞추고, (선교의 첫 번째와 두 번째 표지인) 복음 전도와 가르침을 통해 교회를 수적 측면과 성숙의 측면에서 자라게 하는 일에 대해 살펴보았다. 이 장에서는 초점을 바깥으로 돌려 우리가 사회에서 맡는 역할을 살펴보고자 한다. 이는 선교의 세 번째와 네 번째 표지로서, 사랑과 긍휼의 행동을 통해 인간의 필요에 응답하는 일과, 정의와 화해와 평화의 실현과 옹호를 추구하는 일을 말한다.

그런데 대위임령의 어느 부분에서 **이 내용을** 말하고 있을까?

그리스도가 명령하신 것을 지키기

마태복음 28장에 **긍휼**이나 **정의** 같은 명확한 단어가 등장하지는 않는다. 하지만 20절에서 예수님이 하신 말씀 중에는 그 단어들을 명백하게 시사하는 대목이 있다. "**내가 너희에게 분부한 모든 것을** 가르쳐 지키게 하라." 복음서를 읽다 보면, 예수님이 제자들에게 긍휼과 정의와 화해와 중재에 대해 아주 많은 말씀을 들려주셨음을 알 수 있다. 예수님이 명령하신 **모든** 것에 순종하기 위해서는, 반드시 급진적인 사랑과 관대함, 가장 멸시받는 사람들에 대한 관심, 하나님 나라에서 변화된 삶을 살기 위해 실제적으로 요구되는 것들에 관한 모든 가르침에 귀를 기울여야 한다. 이는 모두 선교의 세 번째와 네 번째 표지가 언급하는 내용을 함의하거나 포함하는 것들이다.

여기서 주목할 사항은, 예수님이 '**내가 너희에게 가르친 모든 것을 가르치라**'고 하지 않으셨다는 점이다. 즉 중요한 것은 그분의 가르침을 전달하고 진리를 상대방의 머리에 넣어 주는 것이 아니다. 이 말은 예수님이 가르치신 **내용**이 중요하지 않다는 뜻이 결코 아니며, 그런 점에서 오해가 없기를 바란다. 우리가 그분의 삶과 본보기와 가르침, 죽음과 부활이 기록된 네 권의 복음서를 가지고 있다는 사실은, 그분의 초기 제자들이 그분의 행동과 말씀에 대한 확실한 기록을 보존하고 전달하는 책임을 얼마나 진지하게 여겼는지를 보여 준다. 사도들에게 예수님**의** 가르침과 예수님**에 관한** 가르침은 명백히 가장 큰 중요성을 지니고 있었다. 이렇듯 가르침은 필수적인 과업이지만, 대위임령은 단순히 **예수님이 가르치신 바**를 사람들에게 가르치는 일에만 국한되지 않는다.

예수님은 말씀하셨다. "내가 너희에게 **분부한** 모든 것을 가르쳐 **지키게**[순종하게] 하라." 이 대목으로 인해 대위임령은 실천적 명령이 된다. 그것은 단순히 지적인 교리를 전달하는 문제가 아니라, 윤리적 명령에 순종하는 문제이기도 하다. 대위임령 안에 놓인 이 특별한 표현은 두 가지 특징이 있다.

첫째, 일차적인 명령('가서 제자를 삼으라')에 순종하는 사람은, 실제적으로 긍휼을 나타내고 사랑으로 섬기는 일에 관한 모든 가르침을 포함해 그리스도가 명령하신 모든 것에 순종할 것임을 상정한다는 점이다. 그리스도를 닮은 순종이 수반되지 않는 선교는 결코 온전할 수 없다.

둘째, 변혁되고 또 변혁하는 순종이 제자 훈련을 받는 사람의 삶에도 이루어지게 만드는 것이 제자 삼는 과업의 한 부분임을 강조한다. 그렇게 해서 제자로 삼는 사람**과** 제자가 되는 사람 모두가 (바울이 예수님의 말씀을 상기시키며 이야기한 대로) "열심히" "조심하여" "좋은 일에 힘쓰게"(딛 2:14; 3:8, 14) 되는 것이다. 선한 일을 실제적으로 행하는 것과 자신이 제자 삼은 사람에게 선한 일에 힘쓰도록 가르치는 것 모두 예수님의 대위임령이 명백하게 드러내는 의미에 불가피하게 포함된 내용이다.[1]

바울에 대해 말하자면, 그는 승천산에서 예수님이 주신 명령에 대한 마태의 기록이 나오기 전에 많은 교회를 세우고 몇몇 서신을 쓴 사람이지만, 그의 삶을 이끌었던 이상은 우리가 여기서 강조하고 있는 내용과 강한 일치를 보여 준다. 그의 선교 목표가 열방 가운데 "믿음의 **순종**"(롬 1:5; 16:26, ESV)을 일으키는 것에 있다는 표현이 (두 번) 등장하는 것에서 우리는 그 점을 확인할 수 있다.

사실상 바울이 주장하는 바는, 복음이 단순히 믿음의 대상이 아니라 순종의 대상이라는 점이다(롬 15:18-19; 고후 9:13; 살후 1:8). 복음을 순

---

1   Ron Sider도 복음 자체와 관련해서, 예수님이 하신 설교와 하나님 나라 복음의 예시를 최대한 사용해 이 점을 강하게 지적한다. "만약 복음이 단지 용서의 문제가 아니라 하나님 나라의 복음이라는 점을 받아들인다면, 우리의 사역이 인간의 물리적 필요와 영적 필요 모두를 다루는 것이 선택 사항이 아니라 복음에 필수적인 것임을 명확하게 이해할 수 있을 것이다." Ronald J. Sider, "What If We Defined the Gospel the Way Jesus Did?" in *Holistic Mission: God's Plan for God's People*, ed. Brian Woolnough and Wonsuk Ma, Regnum Edinburgh 2010 Series (Oxford: Regnum, 2010), pp. 17-30(인용문은 29쪽)를 보라. Scott W. Sunquist, "An Intermission on Evangelism: What Is the Good News(*Euangelion*)?", in *Understanding Christian Mission: Participation in Suffering and Glory* (Grand Rapids: Baker Academic, 2013), pp. 214-218에서 신약성경에 나타난 복음의 의미에 대한 탁월한 해설도 보라.

종의 문제로 받아들이는 이 같은 이해는 베드로(벧전 4:17)와 야고보(약 2:14-26)와 요한(요일 2:3; 3:21-24; 5:1-3)과 히브리서 저자(히 5:9) 역시 공유하고 있다. 물론 이 모든 것은 예수께로 거슬러 올라간다(예를 들어, 마 7:21-27; 28:20; 눅 11:28; 요 14:23-24). 본질적으로 **언어적인**(좋은 소식의 선언) 특성을 지닌 복음은 또한 **윤리적인**(응답의 요구) 특성을 지닌다.

즉 복음 자체가 순종을 **요구**하고 대위임령이 순종을 **가르칠** 것을 명령한다면, 대위임령을 충실하게 따르고자 하는 선교는 결코 메시지를 전하고 신앙을 가르치는 일에만 머무를 수 없다. 그것은 이 세상에서 살아가는 삶의 모든 영역에서 그리스도의 주되심에 실제적으로 순종하는 문제이며, 그러한 순종은 본보기가 되고 가르치고 학습하여 실천되어야 한다. 혹은 그리스도께서 직접 하신 말씀에 따르면, 그것은 "내가 너희에게 분부한 모든 것을 지키[는]" 일이다. 그 모든 것을 말이다.[2]

긍휼과 정의를 함께

이제 선교의 세 번째와 네 번째 표지로서 긍휼과 정의를 생각해 보자. 과연 그 둘을 같은 범주로 묶어, '예수님이 명령하신 모든 것에 대한 순종'이라는 말에 함축되고 포함된 기독교 선교의 사회적 차원을 요약하

---

2 John Stott가 1966년과 1975년 사이에 자신의 저술과 강연의 강조점을 변화시켜 대위임령에 대한 이러한 이해에 다다른 과정은 흥미롭다. 이전까지 대위임령을 따르는 교회의 선교란 전적으로 "전도하고, 회심시키고, 선교를 가르치는" 것에 국한된다고 주장하는 진영에 서 있던 그는 1975년에 이런 글을 썼다. "이제…나는 다른 입장에 서게 되었다. 대위임령은 단순히 세례받은 제자들에게 예수님이 앞서 명령하신 모든 것(사회적 책임이 포함되는)을 가르칠 의무를 포함하는 것이 아니다. 예수님의 말씀을 왜곡하는 죄를 범하지 않기 위해서는, 복음 전도의 책임뿐 아니라 사회적 책임 또한 대위임령의 결과가 아닌 그 실제적인 명령 자체로 이해되어야 한다는 사실을 나는 분명히 알게 되었다." John Stott and Christopher J. H. Wright, *Christian Mission in the Modern World*, 2nd ed. (Downers Grove, IL: IVP Books, 2015), pp 22-23.

는 내용으로 보는 것이 정당한가? 나는 그렇다고 생각한다. 물론 둘을 구별하는 것이 가능하지만 말이다.

긍휼은 고통받고 아프고 배제된 사람들에 대한 인간의 깊은 동정심과 진정한 공감에서 우러나오는 행동을 말한다. 긍휼은 자비와 친절과 실제적 사랑으로 충만하여, 가난한 사람을 돕고 아픈 자를 치유하고 빈곤을 경감하고 재난의 희생자를 돌보기 위해 그들이 있는 곳으로 내려간다.

정의는 공정함을 지향하는 인간의 깊은 본능에서 우러나오는 행동을 말한다. 세상에는 올바르지 않은 일들이 일어난다. 누군가가 타인을 악의적으로 학대하고 침해하고 착취하고 노예로 삼을 때 우리는 불쾌해지고 분노를 느낀다. 특히 그런 짓을 저지르고도 처벌받지 않을 때, 혹은 그런 행동이 제도화되고 정상적인 것으로 여겨져 합법화되고 심지어 국가적·국제적 차원에서 구조적 법제화가 이루어지는 것을 보면 더욱 그렇다. 이로 인해 피해를 입고 스스로를 위해 정의를 갈망하는 사람들이 있다. 또한 이런 사람들을 위해 적극적으로 정의를 추구하는 사람들이 있다. 잘못된 행위는 바로잡아야 한다. 정의를 행하는 일은 너무나 힘들고 고통스러운 작업이지만, 그것이 가능한 모든 곳에서 결과적으로 화해와 평화가 이루어진다.

여기서 제안하고자 하는 생각은, 애정 어린 긍휼의 행동과 화해시키는 정의가 짝을 이루면 그것이 그리스도의 주되심 아래 대위임령에 온당하게 헌신하며 선교하는 교회가 사회를 섬기는 강력하고 중요한 수단이 된다는 점이다. 이를 지지해 주는 두 가지 근거가 있다.

첫 번째, **하나님의 성품**이다. 성경, 특히 예수님과 사도들이 읽었던 성경(우리가 가진 구약성경)에서 만나는 하나님은 완전한 사랑과 완전한 정의를 결합하시는 분이다. 그분은 정의의 행동을 하는 가운데 사랑을 나타내신다. 모든 사랑의 행동 가운데서 그분은 정의롭고 의로운 분이시다. 긍휼은 야웨의 자기 정체성의 본질을 규정한다. 정의는 그분 보좌의 기초다. 다음은 그런 성품을 핵심적으로 나타내는 구절들이다.

여호와께서 그의 앞으로 지나시며 선포하시되, "여호와라, 여호와라, 자비롭고 은혜롭고 노하기를 더디하고 인자와 진실이 많은 하나님이라. 인자를 천대까지 베풀며 악과 과실과 죄를 용서하리라. 그러나 벌을 면제하지는 아니하고 아버지의 악행을 자손 삼사 대까지 보응하리라."
(출 34:6-7)

여호와는 은혜로우시며 긍휼이 많으시며
　노하기를 더디 하시며 인자하심이 크시도다.
여호와께서는 모든 것을 선대하시며
　그 지으신 모든 것에 긍휼을 베푸시는도다.
…
여호와께서는 그 모든 행위에 의로우시며
　그 모든 일에 은혜로우시도다. (시 145:8-9, 17)

여호와께서 다스리시나니 땅은 즐거워하며…
　의와 공평이 그의 보좌의 기초로다. (시 97:1-2)

무릇 나 여호와는 정의를 사랑하며. (사 61:8)

> 내가 인자와 정의를 노래하겠나이다.
>
> 여호와여, 내가 주께 찬양하리이다. (시 101:1)

두 번째, **예수님의 가르침**이다. 대위임령은 마태복음 끝부분에 등장하므로 예수님의 가르침에 대한 마태의 기록에만 국한해서 보자면, 여기서 사랑 어린 긍휼과 자비 및 정의에 대한 헌신의 동일한 조합을 확인할 수 있다. 때로 그것들은 결합되어 나타나기도 한다. 예를 들어, 우리는 보통 가난하고 궁핍한 이들에게 자선을 베푸는 행위가 '세 번째 표지'인 긍휼의 예시라고 생각한다. 하지만 예수님은 그것이 "**의**를 행하는"(마 6:1-4을 보라) 일이라고 분명하게 말씀하신다. 예수님은 그 말씀을 하시면서 팔복의 네 번째 내용에서 사용하신 것과 동일한 단어 '디카이오시네'(*dikaiosynē*)를 사용하신다. "**정의**에 굶주리고 목마른 자는 복이 있다"(마 5:6, 저자 사역). 이 단어는 종종 "의"로 번역되며, 우리는 그것을 하나님과 바른 관계에 놓인 영적 상태를 뜻하는 말로 제한해 왔다. 물론 이 단어는 그런 뜻을 포함한다. 하지만 예수님(그리고 그분이 사용하신 언어)과 구약성경을 보면, 이 단어는 단지 하나님과의 바른 관계뿐 아니라 이 땅에서 맺는 바르고 정의롭고 공정한 관계들을 뜻한다. 의-정의는 단순히 어떤 상태나 속성이 아니라 사람이 **행하거나 갈망하는** 어떤 것이었다. 그것에 굶주리고 목마른 사람은 복이 있다고 예수님은 말씀하셨다. 그리고 팔복의 그다음 내용이 이어지며 정의와 긍휼이 긴밀하게 연결된다. "긍휼히 여기는 자는 복이 있나니"(마 5:7).

예수님과 동시대에 살았던 사람들은 이스라엘 하나님의 통치가 정의와 평화를 가져올 것임을 성경을 통해 알고 있었다. 따라서 예수님에 대한 믿음을 통해 하나님 나라 안으로 들어가는 사람들은, 지금 이곳이라는 일시적 장소에서 하나님 나라의 정의가 실현되게 하는 방식으로 살아가야 한다. 그것이 불안하지 않은 안전을 얻는 방식이기 때문이다. "먼저 그의 나라와 그의 의[혹은 정의]를 구하라"(마 6:33). 바로 여기가 바리새인들이 그 모든 종교 규정을 세세하게 지키면서도 결국 실패하고 말았던 지점이다. 그래서 예수님은 그들이 스스로 하나님 나라에 들어가지 못할 뿐 아니라 다른 사람도 들어가지 못하게 한다고 혹독하게 꾸짖으신다. "화 있을진저, 외식하는 서기관들과 바리새인들이여! 너희가 박하와 회향과 근채의 십일조는 드리되, 율법의 더 중한[문자적으로 '더 심각한', '더 중대한'] 바 **정의와 긍휼과 믿음**은 버렸도다"(마 23:23).

예수님은 율법의 '더 심각한' 문제를 축약하는 세 개의 단어를 선택하시면서 미가가 사용한 유사한 조합을 염두에 두셨던 것 같다. "정의를 행하며 인자를 사랑하며 겸손하게 네 하나님과 함께 행하는 것이 아니냐"(미 6:8). 혹은 스가랴의 다음과 같은 권고를 떠올리셨을 수도 있다. "진실한 재판을 행하며 서로 인애와 긍휼을 베풀며"(슥 7:9). 예언자들과 마찬가지로, 예수님에게 긍휼과 정의의 행동은 함께 **짝이 되어** 인간의 잘못으로 인해 고통받는 인간에 대해 하나님을 모방한 반응을 나타내는 방식이었다.[3]

예수님은 이후 대위임령에서 하실 명령을 삶에서 본으로 보이셨다. 즉 그분은 긍휼을 **가르치는** 데 그치지 않고 율법과 예언서가 요구한 내용에 **순종하셨다**. "그분은 그 어떤 추악한 현실 속에 놓인 인간의 필요도 두려움 없이 직면하셨다. 그분이 본 것은 반드시 그분 안에 긍

---

3   Damon So, "The Missionary Journey of the Son of God into the Far Country", in Woolnough and Ma, *Holistic Mission*, pp. 47-58도 보라.

휼을 불러일으켰고, 긍휼은 섬김으로 나아가게 했다. 때로 말씀도 하셨지만, 그분의 긍휼은 결코 말로 끝나지 않고 반드시 행동으로 표현되었다. 그분은 보셨고, 느끼셨고, 행동하셨다. 눈으로 본 것은 가슴으로 움직이고, 가슴에서 다시 손으로 움직여 갔다. 인간의 필요는 늘 긍휼을 불러일으키고, 그것은 언제나 건설적인 행동으로 이어졌다."[4]

단락을 맺으며 덧붙이고 싶은 내용은 이것이다. 기독교 선교 역사는 예수님을 따르는 자들이 가난하고 궁핍한 이들, 질병과 장애를 가진 사람들, 무지하고 문맹인 사람들, 노예가 되고 갇힌 자들, 폭력과 학대를 당하는 자들에 대한 예수님의 긍휼을 드러내고 그런 조건을 해결하기 위해 자애로운 행동을 취하는 모습을 끊임없이 보여 주는 역사다. 물론 그렇다고 해서 그들이 인간의 필요에 대한 실제적이고 그리스도를 닮은 그 같은 반응을 **선교**라는 구체적인 단어로 이해하고 표현했다는 말은 아니다. 하지만 그것은 다소 핵심을 벗어난 이야기다. 그들은 분명하게 자신들이 그리스도의 명령에 순종하며 그분의 본보기를 따르고 있다고 믿었다(그리고 그렇다고 말했다). 오늘날 우리가 그들의 행동을 **선교**라는 단어로 마땅히 표현해야 하는 것은, 그들이 하나님의 부르심과 예수님의 마음에 순종하고자 하는 분명한 목적을 가지고 있었기 때문이다.

동시에 흥미로운 사실은, 인간의 필요에 사랑과 긍휼의 행동(선교의 세 번째 표지)으로 반응하고자 하는 마음을 느낀 사람들이, 애초에 그런

---

[4] John Stott, *Walk in His Shoes: The Compassion of Jesus* (Nottingham: InterVarsity, 1976), 『누가 나의 이웃인가』(IVP); Jason Fileta, "Relentless Love and Justice in Radical Whole-Life Discipleship", in *Living Radical Discipleship: Inspired by John Stott*, ed. Laura S. Meitzner Yoder (Carlisle, UK: Langham Global Library, 2021), p 64에서 재인용. Fileta는 자신의 글에서 "정의를 프로젝트로 만들어 버리는 길들여진 사랑"과 "정의를 삶의 모든 영역 안으로 통합하는 거친 사랑"을 구분한다.

조건을 만들어 내는 요인을 제거해야 한다는 필요 또한 끊임없이 인식했다는 점이다. 그런 조건들은 보통 착취적이고 억압적인 제도하에 장기적으로 지속되는 불의의 형태로, 문화에 깊이 뿌리내린 불평등의 형태로 나타났다. 그래서 그들은 정의를 추구하며 선교의 네 번째 표지를 향해 나아갔다. 심지어 매우 이른 4세기 무렵에도 소아시아의 그리스도인들은 노예 제도와 싸웠고, 어떤 이들은 노예를 해방하기 위해 상당한 개인적 희생을 치르기도 했다. 인도로 나갔던 초기 선교사들은 그곳에서 맞닥뜨린 더 끔찍한 사회적 관행을 불법화하는 사회적·정치적 캠페인에 앞장섰다. 거의 비슷한 시기 영국에서는, 복음주의적 성향을 지닌 클래펌파(Clapham sect) 회원들이 모든 정치적 힘과 노력을 결집해 장기화되고 있던 노예제 폐지 운동과 여타 사회 개혁 운동(의심의 여지 없이, 정의의 문제를 다루는 운동이었다)에 헌신했다. 현대의 노예화 및 인신매매의 문제와 싸우는 크리스천 솔리데리티(Christian Solidarity)와 IJM(International Justice Mission)의 경우처럼, 오늘날에도 세 번째 표지(긍휼)를 지향하는 선교 기관들이 네 번째 표지(정의)를 **선교적** 부르심으로 받아들이는 기관들과 함께하고 있다.[5]

---

[5] 이 문단의 내용과 관련된 자료를 열거하기 위해서는 별도로 몇 권의 책이 더 필요할 것이다. 다행히도 이 내용을 철저하게 다룬 많은 책이 출간되었으며, 오래전에 나온 다음 두 권의 책은 긍휼과 정의의 행동에 대한 복음주의적 근거와 헌신에 대한 이해를 돕는 책으로 여전히 유익하다. Stephen Charles Mott, *Biblical Ethics and Social Change* (New York: Oxford University Press, 1982). 『복음과 새로운 사회』(대장간); and Waldron Scott, *Bring Forth Justice: A Contemporary Perspective on Mission* (Grand Rapids: Eerdmans, 1980). 『사회정의와 세계선교를 향한 제자도』(두란노). 기독교 신앙의 핵심 신념과 그리스도의 메시지에 근거하여 사회경제적 부정의의 문제에 건설적으로 접근해 온 교회의 긴 역사에 대해서는 다음 책을 참조하라. Tom Holland, *Dominion: How the Christian Revolution Remade the World* (New York: Basic Books, 2019). 『도미니언』(책과함께); John Dickson, *Bullies and Saints: An Honest Look at the Good and Evil of Christian History* (Grand Rapids: Zondervan, 2021). 지난 3세기 동안 영국에서 복음주의와 사회 참여가 복음주의적으로 결합되어 온 과정에 대한 탁월한 연구는 Ian J. Shaw, *Evangelicals and Social Action: From John Wesley to John Stott* (London: Inter-Varsity, 2021)에 담겨 있다.

이제 대위임령으로 돌아가 보자.

신명기와 대위임령

나는 그리스도의 이름으로 사회를 섬기는 통로가 되는 선교의 세 번째와 네 번째 표지가 예수님의 말씀에 함의되어 있고, 제자 삼는 일은 "너희에게 분부한 모든 것을 지키도록" 가르치는 일을 포함해야 한다고 말했다. 왜냐하면 그리스도의 명령은 분명하게 긍휼과 정의의 문제를 아우르기 때문이다. 하지만 그 구절 자체에 담긴 성경적 반향에 귀를 기울이는 것도 중요하다. "너희에게 분부한 모든 것을 지키게['순종하게'라는 명백한 의미를 포함한다] 하라." 이 구절은 거의 분명하게 신명기를 의도적으로 상기시킨다.[6]

신명기를 보면, 모세나 하나님은 종종 이런 방식으로 이스라엘에게 말씀하신다. "내가 오늘 명하는 모든 명령을 너희는 지켜 행하라"(신 8:1)와 같은 권고가 흔히 등장한다. 예수님의 말씀을 직접 들었던 제자들은 그분의 말씀이 신명기를 반영하고 있다는 사실을 눈치챘을 것이다. 특히 예수님이 말씀을 시작하면서 자기 정체성을 드러내신 순간은 더욱 그러했을 것이다(참조. 신 4:39). 지금 말씀하고 계신 분은 성경의 주 하나님이시다!

신명기에서 하나님은 이스라엘에게 '하나님의 길로 행함'으로써 그분의 성품을 반영할 것을 분명하게 명하고 계신다. 예를 들어, 신명기

---

6 그렇게 놀라운 사실이 아닌 것은, 예수님은 광야에서 사탄의 시험을 받을 때 신명기 6장과 8장을 세 번이나 인용하실 정도로 이 책을 깊이 묵상하셨기 때문이다(예를 들어, 마 4:1-11을 보라).

10:12-19의 말씀을 보자. 백성에게 그들의 하나님이 어떤 분이고 무엇에 가장 관심을 두시는지를 설명한 후, 본문은 곧장 이스라엘 역시 이처럼 해야 한다는 말로 이어진다. 가족이 없는 이들을 보호하고(정의의 행동), 땅이 없는 이들을 돌보라(외국인들을 위한 실제적인 긍휼). "너희의 하나님 여호와는 신 가운데 신이시며 주 가운데 주시요 크고 능하시며 두려우신 하나님이시라. 사람을 외모로 보지 아니하시며 뇌물을 받지 아니하시고 고아와 과부를 위하여 정의를 행하시며 나그네를 사랑하여 그에게 떡과 옷을 주시나니, **너희는** 나그네를 **사랑하라**. 전에 너희도 애굽 땅에서 나그네 되었음이니라"(신 10:17-19).

이런 예시는 신명기에서 숱하게 발견할 수 있고, 사실상 구약성경 전체가 이런 예시를 제공한다.[7] 하나님은 자신의 백성 이스라엘이 가난하고 궁핍한 자들, 집과 가족과 땅이 없는 자들에게 긍휼을 가지고 정의를 추구함으로써 **하나님을 닮기를** 바라셨다. 이런 행동은 바로 야웨 자신이 어려움에 처한 이스라엘을 위해 하신 행동이다. 출애굽 때 하나님은 고통받는 히브리 노예들에게 긍휼 어린 관심을 보이시고, 그들을 억압에서 구출하심으로써 정의를 실행하셨다. 이제 하나님은 이스라엘이 자신들의 사회적·정치적·경제적 삶에서 그와 같은 신적 긍휼과 정의를 구체화하기를 명하신다. 너희가 예배하는 그 하나님처럼 행하라! '주님의 길로 행하는 것'은, 다름 아닌 하나님의 성품을 드러내고 그분의 본을 따르는 것이다.

---

7 나는 *Old Testament Ethics for the People of God* (Downers Grove, IL: IVP Academic, 2004)에서 야웨의 성품을 반영하는 구약 윤리의 본질을 좀 더 깊이 있게 다루고 있다. 더 상세한 분석을 보려면 David L. Baker, *Tight Fists or Open Hands? Wealth and Poverty in Old Testament Law* (Grand Rapids: Eerdmans, 2009)를 참조하라.

그래서 예수님은 사실상 이와 동일한 방식과 어조로 제자들에게 다음과 같이 말씀하신 셈이다. '너희 임무는 사람들을 제자로 삼고 그들을 가르쳐 내가 너희에게 명령한 것들을 지키게 하는 것이다. 너희도 알다시피, 내 명령은 성경에서 하나님이 그분의 백성에게 명령하신 모든 것에 깊이 뿌리를 박고, 긍휼과 정의의 하나님이신 내 아버지의 성품을 반영한다.'

세상의 빛

예수님은 제자들에게 놀라운 말씀을 하셨는데, 그것은 이같이 공유된 성경적 배경으로부터 나온 것이다. "너희는 세상의 빛이라"(마 5:14). 어부들과 세리 한 사람, 전직 테러리스트 한 사람으로 구성된 이 기묘한 무리에게는 너무나 뜻밖의 말씀으로 들렸을 것이다. 이토록 넓은 전망을 담고 있는 은유를 통해 예수님은 무엇을 말씀하고자 하셨을까? 그들이 복음의 진리를 전하는 자가 되어, 무지와 죄의 어둠 속에 있는 사람들에게 복음의 빛을 비추어 주리라는 뜻일까? 물론 그럴 것이다. 사도들이 받은 사명의 전체 과업 안에는 그 일이 포함되어 있었을 것이고, 실제로 어떤 경우에는 예수님이 제자들에게 하나님 나라를 전하는 임무를 주기도 하셨다. 바울은 이 은유를 바로 그런 뜻으로 사용했다. "'어두운 데에 빛이 비치라' 말씀하셨던 그 하나님께서 예수 그리스도의 얼굴에 있는 하나님의 영광을 아는 빛을 우리 마음에 비추셨느니라"(고후 4:6). 하지만 여기서 예수님이 "빛"이라는 말을 통해 무엇을 강조하고 계시는지를 다시 한번 살펴보자. "너희 빛이 사람 앞에 비치게 하여 그들로 너희 **착한 행실**을 보고 하늘에 계신 너희 아버지께 영광을 돌리게 하라"(마 5:16). '너희의 위대한 설교를 듣고'가 아니라, "너희의 착한 행실을 보고"다. 물론, 그들은 분명 **전해야 할 메시지가 있었다**. 하나님 나라의 좋은 소식이 '좋은 소식'으로 전해져야 할 필요가 있을 때는 분명한 말로 전해야 하고, 나는 이 점을 반복해서 강조해 왔다. 하지만 여기서 예수님이 말씀하시는 "빛"은 단순한 말이 아니라 **삶**이다. 그 삶은, 선함과 자비와 사랑과 긍휼과 정의로 가득 찬 **매력적인** 삶이다.[8]

여기서도 예수님은 구약의 강력한 전통 하나를 끌어오신다. 하나님은 **이스라엘**을 '열방의 빛'이 되도록 부르셨다. 만약 그들이 하나님이 주신 율법을 따라 살아간다면, 그들의 사회적 삶의 어떤 특질이 최소한 주변 민족들 사이에서 호기심을 자아낼 것이다(신 4:6-8). "빛"이 되는 것은 윤리적이고 사회적인 의미를 강하게 지니고 있었다. 이사야는 "빛"과 "의"를 수사학적으로 강력하게 결합한다.

> 내가 기뻐하는 금식은
> 흉악의 결박을 풀어 주며
>   멍에의 줄을 끌러 주며
> 압제 당하는 자를 자유하게 하며
>   모든 멍에를 꺾는 것이 아니겠느냐?
> 또 주린 자에게 네 양식을 나누어 주며
>   유리하는 빈민을 집에 들이며
> 헐벗은 자를 보면 입히며

---

8   "착한 행실"에서 "착한"(good)으로 번역된 헬라어는 *kalos*다. 이 단어는 '도덕적으로 올바를' 뿐 아니라 '아름답다'는 의미도 가지고 있다.

또 네 골육을 피하여 스스로 숨지 아니하는 것이 아니겠느냐?
그리하면 **네 빛**이 새벽같이 비칠 것이며
　네 치유가 급속할 것이며
네 공의가 네 앞에 행하고
　…

주린 자에게 네 심정이 동하며
　괴로워하는 자의 심정을 만족하게 하면
네 빛이 흑암 중에서 떠올라
　네 어둠이 낮과 같이 될 것이며. (사 58:6-8, 10)

긍휼과 정의에 헌신하고 그것을 실천하는 사람들에게서 빛이 비친다. 조금 뒤에 이사야가 표현하는 대로, 이런 종류의 빛은 **하나님 임재**의 빛과 그분 백성 가운데 있는 **영광**을 반영한다. 하나님 백성의 삶에서 나오는 하나님의 빛은 열방을 끌어당길 것이다.

일어나라, 빛을 발하라. 이는 네 빛이 이르렀고
　여호와의 영광이 네 위에 임하였음이니라.
보라, 어둠이 땅을 덮을 것이며
　캄캄함이 만민을 가리려니와
오직 여호와께서 네 위에 임하실 것이며
　그의 영광이 네 위에 나타나리니
나라들은 네 빛으로,
　왕들은 비치는 네 광명으로 나아오리라. (사 60:1-3)

이같이 하나님을 반영하고 모방하는 사랑 어린 정의의 행동이 발하는 빛은 **선교적 차원에서 사람들의 마음을 끌어당긴다**. 이 빛은 살아 계신 하나님을 영광되게 하도록 사람들을 인도할 것이다. 이는 정확히 예수님이 말씀하신 내용이 아닌가? 바로 이것이 세 번째와 네 번째 표지를 **선교**의 표지로 여기는 것이 온당한 이유다. 우리는 단순히 그리스도인이 괜찮은 사람이어야 하기 때문에 좋은 일을 하는 것이 아니다. 우리는 하나님의 성품을 반영하는 존재이기 때문에 하나님을 영광되게 한다. 그렇게 함으로써 다른 사람들 또한 하나님을 영광되게 하도록 이끌며, 이것이 하나님의 선교의 본질이다.

선교의 세 번째와 네 번째 표지는 일종의 **선교적 자력**을 만들어 낸다.

그래서 **구약성경**의 하나님은 이스라엘에게 하나님의 고유한 성품을 반영하고 구체화하는 방식으로서 실제적이고 현실적인 긍휼과 정의의 행동을 명령하셨다. 이 야웨 하나님은 가난하고 궁핍한 자를 돌보시고 과부와 고아를 위한 대의를 옹호하신다.

예수님은 자신의 제자들에게 그와 같은 명령을 내리시고, 또한 대위임령을 통해 그들이 제자 삼는 이들에게 그 명령을 전할 것을 명하셨다. "[그들에게] 분부한 모든 것을 가르쳐 지키게" 함으로써 말이다.

그리고 그들은 그렇게 했다.

신약의 교회

우리는 사도행전을 통해 초기 교회의 확장에 관한 흥미로운 이야기를 잘 알고 있다. 복음 전도와 교회 개척을 통해 교회가 성장하고 사방으로 뻗어 나가는 모습은 감탄을 자아내기에 충분하다. 이 교회들은 선교의 첫 번째와 두 번째 표지를 아주 명백하게 보여 주었다! 하지만 예수님을 따르는 초기 공동체와 사도들이 대위임령의 다른 요소에 얼마나 헌신했는지를 간과해서는 안 된다. 그들은 사회경제적 긍휼과 정의에 대한 예수님의 가르침에 순종했다.

누가는 예루살렘에 있던 최초의 제자 공동체가 **경제적** 나눔을 통해 **영적** 연합을 이루려고 했다는 사실을 두 번 언급한다. "각 사람의 필요를 따라 나눠" 주는 일은 일차적으로 공동체 내 빈곤의 문제를 해결하는 수단이었지만, 예루살렘 사람들에게까지 나눔이 확장되었을 가능성이 있다. 왜냐하면 누가가 그들이 적어도 잠시나마 "온 백성에게 칭송을 받[았다]"고 기록하고 있기 때문이다(행 2:45, 47).

> 믿는 무리가 한마음과 한뜻이 되어 모든 물건을 서로 통용하고 자기 재물을 조금이라도 자기 것이라 하는 이가 하나도 없더라. 사도들이 큰 권능으로 주 예수의 부활을 증언하니 무리가 큰 은혜를 받아 **그중에 가난한 사람이 없으니**, 이는 밭과 집 있는 자는 팔아 그 판 것의 값을 가져다가 사도들의 발 앞에 두매 그들이 각 사람의 필요를 따라 나누어 줌이라.
> (행 4:32-35)

흥미로운 것은, 의식적이든 그렇지 않았든 그들이 신명기에 나오는 또 다른 하나님의 말씀을 성취하고 있었다는 사실이다. 적어도 누가는 그런 생각을 하고 있었던 것 같다. 왜냐하면 "그중에 가난한 사람이 없[었다]"는 그의 문장은 신명기 15:4을 거의 직역하여 헬라어로 옮긴 것이기 때문이다. "**당신들 가운데 가난한 사람이 없게 하십시오.** 그러면 주 당신들의 하나님이 당신들에게 유산으로 주어 차지하게 하시는 땅에서 당신들이 참으로 복을 받을 것입니다. 주 당신들의 하나님의 말씀을 잘 듣고, 오늘 내가 당신들에게 명한 이 모든 명령을 다 지키면…"(신 15:4-5, 새번역; 행 4:34에서 누가가 선택한 endeēs는, '가난한'이라는 뜻을 지닌 여러 헬라어 단어들 중에서 칠십인역 신 15:4의 단어와 일치한다).[9]

그렇다면 사도 바울은 어떨까?

우리는 보통 바울의 첫 번째 선교 여행이, 사도행전 13장에서 성령의 음성을 듣고 안디옥 교회의 파송을 받아 소아시아에 복음을 전하고 교회를 세우기 위해 바나바와 함께 떠난 여행이라고 생각한다. 하지만 사실 **처음으로** 바나바와 다소의 사울이 성령의 음성을 듣고 안디옥 교회의 **파송**을 받은 것은, 사도행전 11:27-30에서 기근을 예상하고 구제금을 가지고 예루살렘 교회로 갔을 때였다. 바울의 첫 번째 선교 여행은 기근 구호 활동이었다! 누가는 이렇게 말한다. "바나바와 사울이 부조하는 일[10]을 마치고 마가라 하는 요한을 데리고 예루살렘에서 [안디

---

9 15:5의 마지막 구절은 예수님이 대위임령을 말씀하시며 채택하신 신명기의 고유한 표현을 보여 주는 또 하나의 예시다. "**내가 너희에게 분부한 모든 것을** 가르쳐 **지키게 하라**"(마 28:20).
10 여기 사용된 헬라어는 흔히 '섬김'이나 '사역'으로 번역되는 '디아코니아'(diakonia)다. 중요한 사실은, 이것이 사도행전 6장에서 과부들에게 매일 음식을 나누어 주는 일과 말씀 전하는 일을 모두 의미하는 단어로 세 번 사용된다는 점이다. 하지만 유감스럽게도 NIV 성경은 2절에서 '말씀' 앞에 '사역'이라는 단어(헬라어 원문에는 존재하지 않는)를 삽입하는 반면, 동사형 diakoneō를 좀 더 열등한 것으로 느껴지는 '식사 시중을 들다'로 번역함으로써(그래서 설교자가 시중드는 사람보다 더 중요하게 느껴지는데, 이는 사도들이 의도했던 바가 아니다) 이런 동일성을 흐리게 만든다. 이 본문을 직역해 본다면 다음과 같을 것이다. "그들의 과부들이 매일의 **사역**[diakonia, 음식을 나누어 주는 일]에서 소홀히 여겨지고 있어서…'우리가 하나님의 말씀을 제쳐 놓고 음식 나누는 **사역을 하는**[diakonein] 것은 옳지 않습니다.…우리는…말씀 **사역**[diakonia]에 집중하겠습니다"(1, 2, 4절). 분명히 두 가지 활동이 모두 '사역'으로 여겨지고, 모두 성령 충만한 사람을 필요로 했다. 하나는 사회적이고(음식을 나누는 '디아코니아') 다른 하나는 영적인(말씀을 나누는 '디아코니아') 활동이다. 사도들은 **자신들의** 우선순위와 부르심이 무엇인지를 알고 있었다. 하지만 교회 안의 모든 사람이 사도인 것은 아니었다(그리고 지금도 그렇다!). 그래서 사도들은 기도하는 가운데 다른 사람들을 지명하도록 했고, 그렇게 지명된 사람들은 다른 사역에 **자신**의 우선순위를 가지고 기름부음 받은 자들이었다. 우리 용어로 표현해 본다면, 사도들은 **전체 교회**가 선교의 첫 번째와 두 번째와 세 번째 표지를 추구하도록 했고, 그 어떤 것도 지배적 위치를 차지하거나 다른 것을 주변으로 제쳐 두는 일이 없도록 했다.

옥으로] 돌아오니라"(행 12:25). 바로 이 첫 번째 선교 이후에, 성령은 바나바와 사울을(처음에는 요한 마가도 함께) 더 먼 지역에 보내도록 교회에 지시하셨다(행 13:1-3).

바울은 첫 번째 선교 여행 때 가난한 자들을 돌보는 일이 자신의 선교와 가르침의 한 부분이 될 것이라는 강한 인상을 받았고 이후로도 그런 생각이 지속되었던 것 같다. 그 사실을 어떻게 알 수 있는가? 바로 그의 말을 통해서다! 아마도 가장 초기에 쓴 편지였을 갈라디아서의 두 번째 장에서, 그는 자신이 선교사로 살아오며 가장 중요했던 어느 순간에 대해 쓴다. 바로 예루살렘을 다시 방문해 그곳에 있던 다른 사도들을 만났을 때의 이야기다. 그들은 이방인들에게 복음을 전하는 자신의 사역을 받아들이고 지지해 주었고, 하나님이 처음에 베드로와 같은 사람들에게 동료 유대인에게 복음 전하는 일을 맡기셨듯 바울과 바나바에게는 이방인에게 복음 전하는 일을 맡기셨다는 사실에 동의했다. 그것을 확실히 하기 위해 "친교의 악수"를 나누었다. 바울은 이런 의미심장한 말을 덧붙인다. "다만 우리에게 가난한 자들을 기억하도록 부탁하였으니, 이것은 나도 본래부터 힘써 행하여 왔노라"(갈 2:10). 그 함의는 이런 것이다. '그들이 나에게 부탁할 필요가 없었던 것은, 이미 내가 하고 있던 일이기 때문이었다!'[11] 벌린 버브루그(Verlyn Verbrugge)와 키스 크렐(Keith Krell)은 이런 결론을 내린다.

---

[11] 바울이 사용한 동사의 시제에 대한 다른 방식의 독법은, 예루살렘의 사도들이 가난한 자들을 기억해 달라고 부탁한 이후에야 바울이 그 일을 시작했다고 보는 것이다. 하지만 Verlyn Verbrugge와 Keith Krell은 철저한 분석을 토대로 NIV가 바울이 쓴 내용의 정확한 의미를 번역했다는 결론을 내린다. *Paul and Money: A Biblical and Theological Analysis of the Apostle's Teachings and Practices* (Grand Rapids: Zondervan, 2015), pp. 122-129을 보라.

갈라디아서 2:1-10이 말하는 회의가 언제 있었든 바울은 이미 바리새인으로서, 그리고 이후에는 안디옥과 여러 지역에서 일어난 예수 운동의 지도자로서 가난한 사람들을 돕는 일에 관계되어 있었다. 소아시아와 마케도니아, 아가야에 차례로 교회를 세우면서 빈곤을 맞닥뜨린 그는 가난한 자들을 열성적으로 도왔고(만약 다른 방법이 없다면, 생계를 위해 일하며 그들에게 짐이 되지 않음으로써) 교회 역시 그렇게 하도록 촉구했다. 이것이 주 예수님이 그에게 기대한 바였을 것이다. 왜냐하면 이것이 바로 이 땅에서 그분이 하신 일이기 때문이다.[12]

바울에게 가난한 자를 실제적으로 돕는 일은, 설교와 가르침과 함께 선교 사역의 필수적인 부분이었다. 그것은 복음을 전도하고 교회를 세우는 일에 통합되어 있었다. 누군가는 바울이 사도행전 6장에서 예루살렘의 사도들이 보여 준 초기 사례를 통해 사도의 일을 배웠다고 주장할 수도 있을 것이다. 물론 그는 자신의 일차적인 사도적 부르심이 복음을 전하고 말씀을 가르치는 일임을 알았다. 하지만 그는 그리스도를 영화롭게 하는 신실한 백성이 예루살렘의 가난한 이들을 위해 그리스 교회 안에서 모금을 하도록 선택받고 지명되었다는 사실을 분명히 했다. 그는 이 문제에 정말 큰 관심을 기울이고 있었으며, 고린도전서 16:1-4과 고린도후서 8장이 이를 잘 보여 준다. 중요한 것은, 그가 이 전체 프로젝트를 성도를 위한 자신의 '디아코니아'(diakonia)라고 묘사한다는 점이다(롬 15:25). 바울은 선교의 세 가지 표지 모두를 받아들이고 구체화했다.

---

12 Verbrugge and Krell, *Paul and Money*, p. 129.

여기에는 선교의 네 번째 표지도 암시적으로 나타나 있다. 물론 그것은 현대적 의미로 정치 체제 내에서 정의를 위해 분투하는 일은 아니었다. 왜냐하면 로마제국 안의 그리스도인들에게는 권력자들이 그 일을 하도록 기도하는 것 외에 다른 가능성이 열려 있지 않았기 때문이다(롬 13:1-7; 딤전 2:1-2). 바울은 특별히 유대적 배경을 가진 신자와 이방인 신자들이 모여 다원적 특성을 지닌 기독교 공동체 속에서, 일종의 공평함을 이루어야 할 필요를 느꼈다. 누군가가 겪고 있는 빈곤을 해결하기 위해 누군가의 재산을 걸어 '평등'을 이루는 것이다. 그가 목표로 삼는 것을 표현하는 단어 이소테스(*isotēs*)가 두 번 사용되고 있는데, 이것은 '평등'이라는 뜻으로 흔히 사용되는 헬라어다. 이 맥락에서 우리는 그것을 '균등함'(고후 8:13-14)으로 읽을 수 있을 것이다. 비슷한 맥락에서, 그는 이방인들이 예루살렘 교회에 구제금을 보낸 일을 두고 일종의 빚을 갚은 일로 설명한다. 복음의 영적인 복을 받고 나서 물질적인 도움으로 갚은 것이다(롬 15:27).

교회 내에서인가, 교회를 넘어서인가?

이 지점에서 흔히 반대 의견이 제기된다. 사랑과 긍휼과 관대함을 발휘하는 것은 교회 내부의 일이라는 것이다. 즉 그것은 교회를 넘어 사회에까지 확장될 문제가 아니라, 그리스도인들이 **교회 내에서 실제적인 방식으로 서로에게** 가족적 사랑을 베푸는 일이다. 바울은 가난한 그리스도인들을 위해 모금했을 뿐 더 넓은 사회를 위한 구호 활동을 시작한 것이 아니다. 우리는 당연히 전자를 행해야 하지만, 후자(**공적으로** 긍휼을 베푸는 행동과 사회 정의에 대한 관심)는 교회의 선교와 상관이 없다. 이것이 사람들이 주로 하는 이야기다.

이런 문제 제기에 대해 성경적으로 응답하는 몇 가지 방식이 있다. 첫째, 이 책에서 계속 강조해 온 대로, 온전한 선교 신학과 실천을 위해서는 성경 전체가 필요하다는 점을 기억하라. 그래야만 신약성경에 나타난 첫 세대 기독 교회의 실천에만 갇히지 않을 수 있기 때문이다. 우리는 구약성경이 하나님의 성품과 명령에 기초하여 긍휼과 정의의 사회적 시행을 얼마나 강조하는지, 예수님의 가르침이 구약에 얼마나 깊이 뿌리내리고 있는지를 살펴보았다. 앞서 강조했듯이, 이스라엘이 존재하게 된 것은 '열방의 빛', 즉 **열방 가운데서 하나님이 인간 사회에 원하시는 바를 보여 주는 모형 혹은 모범이 되기** 위해서였다. 따라서 순수하게 해석학적인 관점에서 보자면, 우리는 이스라엘의 존재 목적과 관련해 긍휼과 정의의 영역에 대한 구약의 명령을 오직 이스라엘이나 교회와 관련된 것으로만 제한할 수 없다. 그것은 '온 땅의 심판자'가 요구하시는 바를 제시하는, 혹은 모범을 보여 주는 명령이다. 더 단순하게 말하자면, 하나님이 이스라엘에게 그것을 요구하신 이유는 그것이 인류에게 요구하는 내용이기 때문이다. 그렇다면 그리스도 안에서 인간성이 회복되어 하나님의 참된 형상을 소유하게 된 사람들에게는 얼마나 많은 것을 요구하시겠는가. 긍휼과 정의의 사회적 시행은 구약 이스라엘에게 주신 하나님의 명령에 철저히 통합되어 있었고, 따라서 메시아 예수 안에 있는 하나님의 이스라엘에게 주신 그리스도의 명령에서 결코 삭제해 버릴 수 없다.

둘째, 다양한 종류의 선한 일이 '동족' 안에만 국한되어야 한다는 생각을 거부하셨다. 그분은 그것이 이교적인 이방 세계의 특징이라고 지적하셨다. 그리스도께 순종하고 아버지를 모방하는 하나님 나라

시민을 독특하게 구별해 주는 것은, 그분의 제자 집단 **바깥**의 사람들과 심지어 원수들에게까지 나타내는 사랑 어린 돌봄과 관대함이다(마 5:43-48). 사실 로마제국에 끔찍한 전염병이 창궐했을 때 이방인 관찰자들에게 큰 인상을 남긴 것도 바로 그리스도에 대한 이러한 순종의 행동이었다. 당시 그리스도인들은 (이교도들에게는 너무나 놀랍게도) 교회 내의 병자들뿐 아니라 외부의 병자들까지도 돌보는 모습을 보여 주었다. 하나님 나라의 사랑을 더 넓은 사회에 보여 주기보다 선교의 세 번째와 네 번째 표지를 교회에만 국한시키는 것은 예수님의 분명한 가르침과 완전히 상반된다. 초기 몇 백 년간 그분을 따랐던 제자들은 결코 그 가르침을 그렇게 해석하지 않았다.

셋째, 바울은 분명 동료 신자들의 모임 안에서 서로 돌봄을 주고받고 관대하게 베푸는 일의 중요성을 강조했다. 하지만 그것은 모든 이에게 선을 행해야 하는 의무라는 맥락 안에 놓여 있다. "그러므로 우리는 기회 있는 대로 **모든** 이에게 착한 일을 하되 **더욱** 믿음의 가정들에게 할지니라"(갈 6:10). 배타적으로 하는 것이 아니라, 특별히 더욱 그렇게 하라는 것이다.

이 본문은 그 점을 소극적으로 인정하는 고립된 본문이 아니다. 바울이 그리스도인들에게 우리가 선교의 세 번째와 네 번째 표지라고 부르는 일에 참여하기를 기대했다는 강력한 증거가 디도서에 등장한다.

이 짧은 편지를 쓰게 된 배경이 중요한데, 아마도 바울이 크레타섬에서 복음 전도와 교회 개척을 한 후에 디도가 그곳에 남게 된 것 같다. 크레타는 해적과 폭력배들이 득실거리는 악명 높은 불법의 소굴이었기에, 바울은 다음과 같은 당대인의 말을 주저 없이 인용할 수 있었다. "그레데인 중의 어떤 선지자가 말하되 '그레데인들은 항상 거짓말쟁이며 악한 짐승이며 배만 위하는 게으름뱅이라' 하니"(딛 1:12). 그런 사회에 무슨 변화의 소망이 있었겠는가? 하지만 바울은 그것이 "**경건함에 이르는 진리**의 지식"(딛 1:1, NIV)을 통해 이루어진다고 생각했다.

앞서 살펴보았듯이, 복음의 진리는 윤리적 차원에서 변혁을 일으킨다. 그것은 우리가 죽을 때 하늘나라로 데려가는 정도가 아니라, 지금 여기서 '경건함으로 귀결된다.' 복음의 진실성에 대한 믿을 만한 증거는, 세상(심지어 크레타나 그와 유사한 오늘날의 어떤 지역의) 사람들이 **신자**들이 복음으로 **변혁된** 삶을 공적으로 살아가는 모습을 지켜볼 때 생겨난다. 따라서 교회가 모일 때 목사와 장로들에게 특별히 주어지는 의무는 이렇게 세상 속에서 적용되는 복음, "경건함에 이르는 진리"를 **가르치는** 것이다. 복음으로 변혁된 삶을 사는 것의 의미를 사람들에게 알려 줌으로써 말이다. 이것이 디도서 2장에서 계속 반복되는 요지이며, 그 새로운 삶은 **공적으로 눈에 보이는 선한 일**을 반드시 포함해야 한다.

이 짧은 편지에서 바울은 여섯 번이나 신앙의 증거이자 은혜의 복음의 열매로서 선한 일의 중요성을 강조한다(딛 2:11-14; 3:4-8). 여기서 선한 일이란 단순한 개인적 올바름이 아닌 공적 선함을 의미하는 것이 분명하다. 이것은 그리스도인들끼리 서로 돌보는 데 제한되지 않고 외부 세계에 유익을 끼치고 가시적으로 드러나는 형태의 경건함이다.

이제 바울이 적용하는 방식을 따라 "경건함에 이르는 진리의 지식"이라는 구절을 상세히 들여다보자. "진리"는 명백히 복음을 의미한다. 그는 우리가 복음의 진리로서 받아들이는 구원이 전적으로 하나님의 은혜에 달린 문제이며, 결코 우리의 선행이나 의에 기반한 것이 **아님**을 분명히 한다(딛 3:5-6). 하지만 우리를 **구원하는** 은혜는 또한 즉각적으로 선한 일을 열망하고 헌신하는 '경건한' 삶을 살도록 **가르친다**(2:12-14;

3:8). 그렇다면 디도는 바울이 시작한 과업을 완수하기 위해 무엇을 해야 하는가?(1:5) 바로 장로를 세우는 일과 함께, 가르치고, 가르치고, 또 가르치는[13] 일이다. 그가 가르쳐야 하는 내용은 복음 자체(복음 전도를 통해)뿐 아니라, 모든 범주의 신자들(남녀노소)이 실제적으로 적용해야 할 복음의 실천이다. 이런 가르침이 실제로 적용된다면, 공적 영역에서 선교적 영향력을 발휘하게 될 것이다. 복음으로 변화된 삶(경건함과 선한 일이 특징이 되는 삶)은, (소극적으로는) 반대를 누그러뜨리고(2:5), (적극적으로는) 구원의 복음을 빛나게(2:9-10) 하는 방식으로 드러날 것이다.

사실 바울이 지속적으로 사용하는 용어들은,[14] 일반적으로 시민적 선을 행함으로써 사회적 인정과 영예를 획득한 공적 후원자들에게 적용되던 표현이었다. 바울은 그리스도인 신자들이 그러한 공적 봉사에 열심을 가지고 헌신해야 한다고 강력하게 주장한다.[15] 거짓말과 탐욕과 야만적인 악으로 가득한 문화 속에서, 그들의 친절과 온유함, 긍휼, 공

---

[13] 이 단어는 디도서 2장의 NIV 번역에서 8회 등장하는데, 이는 헬라어 원문보다 많은 횟수다. 하지만 이 단어는 디도의 가르침의 대상이 되는 사람들을 지칭하는 대격 명사들의 연속적 배열 안에 함의되어 있다.

[14] 바울은 짧은 세 개의 장에서 kala erga('선한 일'; 예수님이 '세상의 빛'에 관한 말씀을 하시며 사용한 것과 동일한 단어)를 네 번(2:7, 14; 3:8, 14), pan ergon agathon('모든 선한 일')을 두 번(1:16; 3:1) 사용한다. NIV의 번역 '선한 것'은 구체적으로 선한 **일**을 특정하지 않아 다소 부족해 보인다. 마찬가지로, "옳은 것을 하라"(롬 13:3하)는 "선한 일을 하라"(to agathon poiei)는 말이다. "로마 세계에서 '선한 일을 하는 것'은 후원과 공적 봉사와 관련된 용어였다. 일반적으로 그것은 공적 봉사 행위를 통해 도시의 복지를 증진해야 하는 부유하고 힘 있는 이들의 의무로 여겨졌다. 하지만 바울은 여기서 그러한 문화적 기대를 교회로 가져온다. 그는 유력자들이 아니라 힘없는 기독교 공동체가 공적 후원자의 역할을 맡아야 한다고 주장한다. 이렇게 해서 '선한 일'이 겸손한 사랑과 섬김의 행동이라는 측면에서 새롭게 정의된다. 그것은 이제 교회가 공적 영역에서 행하는 변혁적 증언의 일부가 되었다." Dean Flemming, *Recovering the Full Mission of God: A Biblical Perspective on Being, Doing and Telling* (Downers Grove, IL: IVP Academic, 2013), p. 189. 『하나님의 온전한 선교』(대서).

[15] 그리고 그들은 실제로 그렇게 했다. Bruce W. Winter, *Seek the Welfare of the City: Christians as Benefactors and Citizens* (Grand Rapids: Eerdmans, 1996)에는 공적인 후원(benefaction이라는 영어 단어는 '선행'을 뜻하는 라틴어에서 왔다!)에 참여했던 초기 그리스도인들에 관한 유익한 이야기가 기록되어 있다.

정함, 신실함, 자제심, 정직함이 드러나야 한다. 그것들은 그 자체로 **선교적 영향력**을 발휘할 것이다. 심지어 그리스도인 노예들이 일하는 불명예스러운 일터에서도 말이다. 선교의 세 번째와 네 번째 표지는 그 자체로 본질적인 가치를 지니고 있지만(선을 행하는 것은 그 자체로 좋은 일이다), 변증과 복음 전도의 측면에서 강력한 힘을 발휘한다. 우리는 베드로전서를 가지고도 이 점을 설명할 수 있다. 이 책에서 베드로는 그리스도인들이 공적 무대에서 '선을 행하는 자'가 되어야 한다(그로 인해 고난받든 그렇지 않든 상관없이. 사실은, 특별히 고난받을 때)고 반복해서 촉구한다.[16]

따라서 긍휼과 사회적 의를 추구하는 일이 교회 내의 신자들에게만 **국한된다**는 생각은, 바울이나 이후 몇 세기 동안 활동했던 제자들의 것이 아니었다(물론 교회에서 **모범**을 제공해야 하지만). 그리고 궁핍한 자들을 돌보는 일의 중요성을 강조하는 다른 많은 본문들을 찾아볼 수 있다. 디모데전서 6:17-19이나 야고보서 2:14-17, 요한1서 3:17-18 등을 예로 들 수 있을 것이다.

나는 예수님과 그분의 사도들이 다음과 같은 잠언 29:7의 단순한 주장에 모두 동의했을 것이라고 생각한다. "의인은 가난한 자의 사정을 알아주나 악인은 알아줄 지식이 없느니라."

따라서 이 모든 성경적 이유로 인해, 나는 세상 속에서 그리스도의 주되심 아래 하나님 나라의 복음을 증언하는 복음 중심적 사회 참여가, 그리스도인의 선교에서 온당하고 사실상 필수 불가결한 차원에 속한다고 굳게 확신한다. 만약 우리가 대위임령에 내포된 모든 성경적 뿌리와

---

16 이점을 강조하는 베드로전서에 대한 상세한 해설을 보려면, Dean Flemming, "Mission from the Margins: Being, Doing and Telling in 1 Peter", in *Recovering the Full Mission of God*, pp. 209-229를 참조하라.

그것이 상기시키는 내용들을 끌어안고 대위임령 전체에 순종해야 한다면 말이다. 대위임령이 복음 전도와 가르침만을 **유일하게** 타당한 교회의 선교 과업이라고 좁게 규정한다는 생각은 해석상으로 비논리적이고, 나로서는 생각할 수도 없는 일이다. "**내가 너희에게 분부한 모든 것**을 가르쳐 지키게 하라"는 **그저** "그들이 복음을 전도하고 가르치도록 가르치라"는 의미가 아니다(물론 이런 의미를 포함하지만). 왜냐하면 이것이 예수님이 제자들에게 지키라고 명령하신 '전부'가 아니기 때문이다. 지금까지 살펴보았듯이, 초기 교회와 사도 바울은 그리스도와 복음에 대한 선교적 헌신의 의미를 결코 그 정도로 생각하지 않았다.

우리는 믿음과 실천, 말씀과 행위, 복음 선포와 복음의 입증을 **통합**하도록 부름받았다.

그러므로 이것들이 서로 총체적이고 필수 불가결하게 서로 연결되어 있음을 받아들이고, 비성경적이고 유해한 방식으로 서로를 경쟁시키는 이분법을 영속화하지 않도록 주의하자. 스캇 선퀴스트는 그런 취지를 다음과 같이 잘 요약하고 있다.

지난 한 세기 동안, 우리는 일반적으로 복음 전도와 정의라는 기독교 선교의 뚜렷이 구분되면서도 필수적인 두 요소에 대해 말해 왔다. 하지만 이런 접근은 잘못된 길로 이끌 위험이 크다. 왜냐하면 복음 전도는 예수님에 관한 것이고 예수님은 통합된 온전한 인간이셨기 때문에, 인류를 향한 예수님의 사랑을 이분법적으로 읽는 것은 아무 의미가 없기 때문이다. 예수님의 사랑은 우리의 가장 인간적인 필요와 거대한 사회적 불의를 모두 향한다. 사실상 우리 모두가 알고 있듯이, 그것들은 같은 구조 안에 포함되어 있다.…따라서 우리는 복음 전도를 말씀과 실천, 전도와 정의, 설교와 사회 정의 같은 이분법으로 시작하기보다, 예수 그리스도 안에 있는 하나님의 단일한 특성(사랑)으로 시작해야 한다.

누군가가 예수님 삶의 '양면'에 대해 이야기한다면 의심해 볼 필요가 있다. 과거에는 그런 언어를 가지고, 하나님의 선교를 함께 춤추는 두 사람의 파트너(복음 전도와 사회 정의), 동전의 양면 등으로 표현하는 것이 일반적이었다. 하지만 이런 비유는 단순히 불충분할 뿐 아니라 오도의 위험이 있다. 예수님은 하나님의 낮아짐과 자기 비움의 사랑으로 충만하고 그 사랑이 흘러넘치는; 온전한 인간이셨다.…그분의 사랑은 자신을 죽인 자들을 용서하실 만큼 개인적이고, 세상의 죄 때문에 고통받으실 만큼 광범위한 사랑이다.[17]

---

17 Sunquist, *Understanding Christian Mission*, p. 320.

7장
창조 세계의 선함과 영광

그리스도의 주되심을 중심으로 '선교의 다섯 가지 표지'를 통합하고자 애쓰는 우리는, 이제 선교적 헌신의 세 가지 초점 중 세 번째를 다룰 차례가 되었다. 5장에서 우리는 도표(그림 7.1을 보라)의 왼쪽 부분을 다루며, 선교의 첫 번째와 두 번째 표지인 복음 전도와 가르침을 통한 **교회** 세우기를 살펴보았다. 6장에서는 도표의 오른쪽으로 이동해, 선교의 세 번째와 네 번째 표지인 긍휼과 정의를 통한 **사회** 섬기기를 살펴보았다. 지금부터 다룰 다섯 번째 표지는 **창조 세계**를 경건한 태도로 이용하고 돌보아야 할 책임에 관한 것이다.[1]

그렇다면 **이 내용**은 대위임령의 어느 부분에 들어 있는가?

---

[1] 창조 세계에 대해 성경이 가르치는 바에 대한 상세한 해설, 이 장과 다음 장의 주제에 관한 확장된 설명, 창조 세계를 이용하고 돌보는 우리의 선교적 책임에 관한 심화된 논의 등은, 내가 쓴 세 권의 책의 관련된 장과 각각의 참고 문헌에서 확인할 수 있다. Christopher J. H. Wright, *Old Testament Ethics for the People of God* (Downers Grove, IL: IVP Academic, 2004), 3, 4장; *The Mission of God: Unlocking the Bible's Grand Narrative* (Downers Grove, IL: IVP Academic, 2006), 12장; *The Mission of God's People: A Biblical Theology of God's People, Biblical Theology for Life* (Grand Rapids: Zondervan, 2010), 3, 15장.

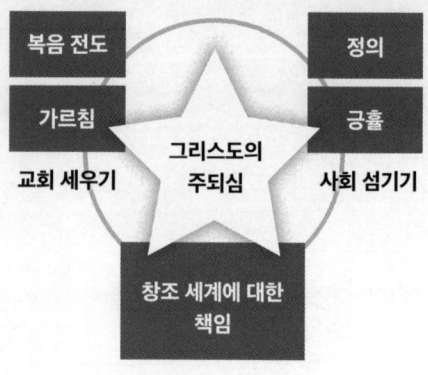

그림 7.1. 교회, 사회, 창조 세계

사실 창조 세계와 관련된 이야기는 예수님이 대위임령에서 가장 먼저 말씀하셨기 때문에, 우리의 논의를 이 주제로 시작해도 무방했을 것이다. 앞서 나는 대위임령이 명령이 아니라 단언으로 시작한다는 점을 강조했다. "하늘과 땅의 모든 권세를 내게 주셨으니." "하늘과 땅"이라는 이 익숙한 조합은, 구약에서 창조 세계 전체를 지칭하는 전형적인 유대적 표현 방식이었다.

사실 예수님의 이 말씀뿐만 아니라, 성경 자체가 창조 세계에 대한 언급으로 시작되고("태초에 하나님이 천지를 창조하시니라", 창 1:1) 끝난다("또 내가 새 하늘과 새 땅을 보니", 계 21:1). 2장에서 살펴본 대로 하나님의 선교 전체는 위대한 성경 드라마를 따라 창조에서 새 창조로 흘러가고, 3장에서 살펴본 선교적 해석학의 함의를 내포한다. 다른 어떤 곳보다 이 장에서는 그 거대 서사의 흐름 속에서 성경 말씀을 읽는 것(예수님의 말씀을 듣기 위해)이 중요하다.

왜냐하면 여기서 예수님이 성경 드라마의 정중앙, 창세기에서 요한

계시록에 이르는 위대한 정경들의 최고점에 서 계시면서, 자신이 시작부터 끝까지 그 모든 것의 주인이라고 주장하고 계시기 때문이다. 예수님은 이제 곧 성부의 오른편으로 올라가시겠지만, 자신이 그저 '하늘 위'에만 계시지는 않을 것임을 분명히 하신다. 예수님은 하늘**과 땅**의 주인, 온 창조 세계의 주인이시다.

여기서도 신명기는 마태복음 28:18에서 예수님이 하시는 놀라운 주장이 상기시키는 성경의 반향을 제공하는 본문이다. 신명기 4장에서 모세가 이스라엘에게 들려주는 야웨에 대한 말씀을 들어 보라. "그런즉 너는 오늘 **위로 하늘에나 아래로 땅에** 오직 여호와는 하나님이시요 다른 신이 없는 줄을 알아 명심하고"(신 4:39). 이스라엘의 주 하나님 야웨는 하늘과 땅의 하나님이시다(즉, 온 창조 세계를 창조하고 소유하고 다스리는 분이다). 이것은 구약성경에서, 특히 시편에서 반복적으로 강조하는 이스라엘의 하나님에 관한 진리다. 승천산의 예수님은 성경이 계시하는 하나님(예수님을 따르던 이들이 만군의 주 하나님, 땅끝까지 창조하신 창조주로 알고 예배하던 하나님)에 대한 우주적 진리를 자신의 정체성과 지위를 설명하는 데 사용하신다.

제자들이 승천산에서 예수님을 뵙고 그분을 경배한 것은 결코 놀라운 일이 아니다(마 28:16-17). 물론 마태는 몇몇 사람이 의심했다는 사실을 솔직하게 기록하고 있지만 말이다. 하지만 그분을 경배했던 이들은 순수하게 유대인으로서 그렇게 했을 수 있다. 왜냐하면 십자가에 못 박히셨다가 부활하신 그리스도 앞에 엎드린 그들은, 이제 자신들이 살아 계신 하나님, 이스라엘의 거룩하신 분, 하늘과 땅의 창조주요 온 창조 세계의 주님의 임재 안에 있음을 전적으로 확신했기 때문이다.

따라서 우리가 대위임령에 순종하며 어떤 다양한 방식으로 선교를 수행하든, 그것은 예수님이 온 창조 세계의 주님이시고 땅이 그분께 속한다는 우주적 진리를 전제로 하고 그 진리의 승인을 받아야 한다. 우리가 이 행성의 어느 곳으로 가든, 우리는 '그분 소유의 땅'을 밟는 것이다. 그분은 지주이시고, 우리는 임차인이다. 땅의 소유권은 하나님께 있고, 관리자인 우리는 이 땅에서 이 땅에 대해 무엇을 하든 **그리스도께** 책임을 져야 한다. 그러므로 우리는 주님이신 예수 그리스도에 대한 개인적 복종과, 하늘과 땅의 주인이신 그분께 속한 창조 세계 안에 살고 그것을 사용하고 돌보는 사회경제적 실천을 분리할 수 없다.

사실, 앞 문단이 설명하는 성경적 논리에 수긍하면서도 창조 세계를 돌보는 일이 **교회의 선교**에 포함된다는 이해를 받아들이기 힘든 사람들이 있다. 이들은 1974년과 1989년에 작성된 대표적인 로잔 문서가 표명하는 대로 복음 전도와 사회 참여를 통합하는 데는 큰 이견이 없다. 그래서 복음 전도, 가르침, 긍휼, 정의라는 선교의 **네** 가지 표지의 정당성을 인정한다. 하지만 창조 세계 돌봄이 기독교 선교의 성경적인 다섯 번째 표지가 될 수 있는지에 대해서는 여전히 확신하지 못한다.

한편 우리에게는 실용적인 근거를 가지고 이 다섯 번째 표지를 정당화하려는 시도가 편리할 수도 있다. 오늘날 세상이 직면하고 있는 파괴적인 현실의 위급함을 지적함으로써 말이다. 종 다양성의 급감(생물학자들이 '제3차 대멸종'이라고 부르는), 열대림의 파괴, 해양 오염 및 수온 상승과 극지방 만년설의 해빙 같은 문제들은 정말 심각하다. 오늘날 자연 서식지가 파괴되면서, 코로나19처럼 동물에게서 인간에게로 전염되는 인수 공통 전염병의 발생 가능성이 높아졌다. 또한 기후 변화는 지구에 거주하는 생명체들 중 가장 가난하고 취약한 이들을 강타하면서 끔찍한 부정의를 낳고 있다.

현실의 문제들이 너무 거대하고 절박하고 긴급하다. 역사적으로 볼 때, 교회는 수 세기 동안 긴급한 인간적 필요와 호소(질병, 기근, 무지와 문맹, 노예 제도, 난민, 전쟁 등)에 강력하게 선교적 대응을 해 왔다. 따라서 선교 신학 및 실천과 관련해 인류가 직면한 당대의 현실(환경과 기후 위기)에 대응하기 위해서는, 이 문제를 진지하게 받아들였던 앞선 그리스도인들의 선례를 무수히 찾을 수 있다.

땅에 대한 그리스도의 주되심을 단언하는 태도 역시 우리와 타인들이 살아가는 실제 장소를 생각하는 방식에 영향을 끼친다. 사람과 장소는 하나님의 목적 안에서 서로 연결되어 있다. 구약성경(창 10장; 신 2장; 32:8)과 바울(행 17:24-26)은, 하나님이 각 족속에게 주권적으로 땅을 나누어 주시고 또한 그들이 이주하는 문제에까지 전체적으로 관여하신다는 사실을 한결같이 인정한다. 하나님은 사람들이 살아가는 물리적 공간과 환경에 관심을 갖고 관여하시는 분이다. 생태학은 단순히 자연에 대해 감상적인 사랑을 느끼거나 멋진 경관을 즐긴다거나 위험에 처한 종을 보호하는 문제에 국한되지 않는다. 그것은 인간의 행복과도 긴밀하게 연결되어 있다. 다른 사람을 포괄적으로 돌보는 일(성경적 견지에서의 이웃 사랑)에는 물리적 환경을 돌보고 그것을 향상시키거나 위협하는 것에 관심 갖는 일이 포함된다. 이는 선교가 사람들의 물리적·지적·영적 필요를 돌보는 일(의료, 교육, 복음 전도, 목회 사역을 통해)이라는, 오래전부터 받아들여져 온 관점의 논리적 확장이다. 왜냐하면 인간의 필요와 관련한 이 세 가지 차원은 좋든 나쁘든 그들이 살아가는 환경의 질에 영향을 받기 때문이다.

하지만 이 장과 다음 장에서 내가 하게 될 작업은, 성경으로 돌아가 철저하게 성경적인 창조 신학의 윤곽을 그리는 것이다. 우리는 지금 성경의 거대 서사 안에서 선교적 해석학의 토대를 놓고 있는 중이다. 따라서 이 장에서는 성경의 시작 부분으로 거슬러 올라가, 특히 구약성경이 그리고 있는 창조 세계의 선함과 영광에 대해 숙고해 볼 것이다. 물론 인간으로서 우리가 창조 세계를 책임 있게 사용하고 돌보며, 환경을 파괴하는 습관을 억제해야 할 긴급한 경험적 이유가 허다하다. 하지만 **그리스도인**으로서 우리는 더 고상한 동기를 가지고 있는데, 그것의 함의는 명백히 선교적이다. 왜냐하면 우리는 **창조 세계**의 선함과 영광 안에서 우리가 사랑하고 섬기는 **하나님**의 선함과 영광을 보는 사람들이기 때문이다. **그것**에 대한 우리의 반응은 **그분**에 대한 우리의 반응을 표현하고 드러낸다.

이어지는 8장에서는, 성경의 서사 끝부분으로 이동해 창조 세계의 종말론적 목표를 숙고해 볼 것이다. 우리는 3장에서, 선교에 대한 온전한 이해를 위해서는 우리를 앞으로 나아가게 하는 그리스도의 대위임령을 돌아볼 뿐 아니라 '이야기의 끝'(우리를 앞으로 끌어당기는 종말론적 비전)을 내다볼 필요도 있음을 알게 되었다. 위대한 이야기(대위임령과 함께)에 기반한 선교적 해석학이 의미하는 바는, 우리가 현재 성경의 서사 5막 안에 살고 있으며 1-4막의 역사적 사실에 의해 형성되고 6-7막의 궁극적 절정을 기대하고 있다는 뜻이다. 이것은 땅에 대한 관점과 창조 세계에 대한 책임과 돌봄이라는 문제에도 동일하게 적용된다. 우리 행성의 **궁극적 운명**에 대해 우리가 믿는 내용은, 지금 이곳에서 이곳에 대해 해야 하는 일을 생각하는 방식에 막대한 영향을 미친다. 이 점에서 오류나 결함이 있는 신학은 끔찍하게 치명적인 결과를 가져올 수 있다 (그리고 이미 그렇게 되고 있다).

창조 세계의 선함

창조 세계는 선하다. 이것은 성경의 첫 번째 장(성경 드라마 1막)이 전달하는 의심의 여지 없이 명백한 메시지다. 하나님은 여섯 번이나 자신이 막 완수하신 일을 두고 '좋다'고 선언하신다. 일곱 번째에는 '매우 좋다'고 말씀하신다. 우리는 이와 같은 창조 세계의 선함을 두 가지 방식으로(하나님과 관련해서, 그리고 우리와 관련해서) 생각해 볼 수 있으며, 각각에 대해 다루어야 할 내용이 몇 가지 있다.

하나님과 관련해서 창조 세계는 선하다
1. 선한 창조 세계는 선하신 하나님을 계시한다

고대 근동의 다른 우주론들을 보면, 창조 세계가 서로 악의를 가지고 다양한 수준에서 충돌하는 수많은 신들이 만든 것으로 그려진다. 하지만 그와 반대로, 구약성경은 창조 세계가 살아 계신 한 분 하나님 야웨의 작품이며 따라서 한 분 하나님의 존재와 능력과 성품을 증언한다고 설명한다. 예를 들어, 창조 세계는 그 자체로 하나님의 영광(시 19:1-4)과 하나님의 의(시 50:6), 기쁨으로 돌보시는 하나님(시 65:9-12), 넉넉하게 공급하시는 하나님(시 104:27-30), 하나님의 친절(행 14:17), 하나님의 능력과 신성(롬 1:20)을 계시한다.

비록 창조 세계 자체는 하나님이 아니지만, 우리는 그 안에서 살아 계신 하나님을 대면한다. 마치 베토벤의 교향곡 자체가 베토벤은 아니지만 그의 교향곡에서 베토벤을 '들을' 수 있는 것처럼 말이다(혹은 렘브란트가 그의 그림 '안에' 있는 것은 아니지만 그의 그림에서 렘브란트를 '볼' 수 있는 것처럼). 우리가 예술가의 손으로 만든 작품에서 그 예술가를 알아보듯이,

하늘과 땅을 만드신 최고의 예술가에 대해서도 마찬가지다.

2. 창조 세계는 하나님으로부터 내재적 가치를 부여받는다

창세기 1장은 '그것이 하나님 보시기에 좋았다'는 말을 반복해서 들려준다. 이 말은 자신이 만든 작품에 대한 하나님의 평가이며, 우리의 평가와는 아무런 관련이 없다. 사실 이 여섯 번의 표현은 우리가 그 서사 안에 등장하기도 전에 이루어졌고, 이것은 그 말이 창조 세계의 아름다움이나 유익에 대한 **인간의** 반응을 표현한 것이 아니라는 뜻이다(물론 우리가 이곳에 존재하게 된 이후에는 마땅히 그렇게 반응해야 한다!). 그것은 하나님의 창조 세계 전체에 대한 **그분의** 평가를 표현한 것으로, 전체 우주 안에서 제대로 기능하는 모든 부분에 대한 승인의 표시다. 창조 세계가 내재적 가치를 지니는 것은, 모든 가치의 근원이신 하나님이 그것을 가치 있게 여기시기 때문이다. 창조 세계가 선하다고 이야기할 때 그것은 일차적으로 **우리에게 가치 있다**는 말이 아니다(물론 당연히 우리에게 가치가 있지만). 그 말은 **하나님이** 그것을 **가치 있게 여기시고** '목적에 맞게'(즉 하나님의 목적을 위해) 창조하셨다는 말이다.

이 사실을 보여 주는 사례는, 인간의 필요를 채워 주는 창조 세계의 측면들(농작물과 가축)뿐 아니라 적어도 고대 세계의 관점에서는 인간의 삶에 직접적 유익을 주지 않는 측면들까지 함께 경축하고 있는 시편 104편이다. 이 본문은 땅 위에 있는 야생의 공간(큰 나무와 산들)과 그곳에 살고 있는 야생 동물들(숲에 사는 짐승, 사자, 고래 등)을 경축한다. 시편 기자는 이들이 그저 하나님이 창조하신 의도를 따라 존재하고 행하는 모습을 주목하고, 송축하고, 가치를 부여한다. 하나님은 그들의 존재와 행위를 즐거워하신다!

3. 창조 세계는 하나님의 소유다

"땅과 거기에 충만한 것…은 다 여호와의 것이로다"(시 24:1). "하늘과 모든 하늘의 하늘과 땅과 그 위의 만물은 본래 네 하나님 여호와께 속한 것이로되"(신 10:14). 우리는 이런 구절들에 너무 익숙한 나머지, 이 같은 우주적 단언이 얼마나 충격적이고 특히 고대 근동의 다신론적 세계에서는 얼마나 반문화적인 것이었는지를 무의식적으로 과소평가하곤 한다. 성경은 (이 지구를 포함한) 온 우주가 이스라엘의 하나님 야웨의 소유라고 주장한다. 그 모두가 이 한 분 하나님께 속해 있다. 우리 하나님께.

그러므로 땅은 우리가 아닌 하나님의 소유권 아래 놓여 있다. 하나님은 최고의 지주이시고 우리는 임차인이다. 우리는 창조주께 속한 땅에서 허락을 받고 살아가는 하나님의 임차인이다.[2] 이러한 성경적 진리는, 이곳에서는 충분히 다룰 수 없는 경제적이고 생태적인 부문에 심대한 윤리적 함의를 불러일으킨다. 근본적으로 그것은 우리가 하나님이 소유하시는 땅을 다루는 방식에 있어 그분께 책임이 있음을 단언한다. 창조 세계에 대한 이 같은 책임성은 "이것은 하나님께 속한 것들을 돌보는 일이며 하나님을 향한 우리 사랑의 당연한 귀결이다. '땅과 그 안에 가득 찬 것이 모두 다 주님의 것이다.' 이 땅은 우리가 사랑하고 복종한다고 말하는 하나님의 소유물이다. 간단히 말하면, 이 땅이 우리가 주님이라 부르는 그분께 속해 있기 때문에 우리는 이 땅을 돌본다."[3]

---

2   혹은 내가 언젠가 묵었던 어느 호텔 방 화장실의 글귀처럼, "우리는 모두 이 행성에 온 손님입니다." 하지만 이 글은 우리가 누구를 찾아온 손님인지, 그러니까 이 행성의 소유주가 누구인지를 구체적으로 밝히지 않았다!

3   Third Lausanne Congress, "The Cape Town Commitment: A Confession of Faith and a Call to Action" (Lausanne Movement, 2011), 1.7a, https://lausanne.org/content/ctc/ctcommitment #capetown.

4. 창조 세계는 하나님의 성전이다

고대 근동 세계에서 성전은 (문자 그대로) '소우주', 즉 우주의 모양과 질서를 땅 위에 구현한 작은 표상으로 여겨졌다. 성전의 배치와 모양과 구조는 수직적 차원의 세계(땅, 바다, 하늘)에 대해 믿는 바를 수평적 차원에 나타내려는 시도였다.

반대로 우주 전체는 '확대된 성전', 즉 신들이 거하는 공간으로 인식되었다. 신들은 이를테면 하늘에 '살았지만', 자신들의 임재와 지상의 영토에 대한 지배를 구체화하는 지상의 성전에 그들의 형상(조상)을 두었다.

구약의 이스라엘 또한 우주와 성전을 이런 식으로 연결하는 사고방식을 보여 준다. 광야의 성막과 이후 예루살렘에 세워진 성전은 하늘과 땅의 우주적 연합을 보여 주는 모형, 한 분 살아 계신 하나님 야웨의 임재와 통치를 나타내는 소우주였다. 동시에 그 반대의 관점에서 보면, 창조의 각 단계마다 하나님이 말씀하신 '좋다'는 선언은, 전 창조 세계를 일종의 거대한 성전으로 승인하신 표현이었다. 그 모든 복잡성이 질서 정연하게 자리를 잡아, 그분이 자신의 '형상'(인간)을 두고 또한 몸소 거하시는 공간으로서 기능하는 성전 말이다. "하늘은 나의 보좌요 땅은 나의 발판이니"(사 66:1). 하나님은 성전 용어를 가지고 이와 같이 선언하신다.[4] 또한 2장의 결론부에서 보았듯이, 이 성전 이미지는 마지막의 위대한 7막에 정확히 이르기까지 성경 드라마에 일관되게 등장한다. 7막

---

4   특별히 다음 책들을 참조하라. John H. Walton, *The Lost World of Genesis One: Ancient Cosmology and the Origins Debate* (Downers Grove, IL: IVP Academic, 2009), 『창세기 1장과 고대 근동 우주론』(새물결플러스); G. K. Beale, *The Temple and the Church's Mission: A Biblical Theology of the Dwelling Place of God*, New Studies in Biblical Theology 15 (Downers Grove, IL: IVP Academic, 2004. 『성전 신학』(새물결플러스).

에서 요한계시록 21-22장에 나타나는 요한의 환상은, 하늘과 땅이 연합된 전 창조 세계를 모든 민족으로부터 나아온 백성과 하나님의 궁극적이고 영원한 거처로 묘사한다. 그렇기 때문에 그곳에서는 더 이상 물리적 성전이 필요 없을 것이다.

그렇다면 우리가 이 땅에서 행동하고 이 땅을 다루는 방식을 규정하는 것은, 성전 뜰에 모인 이스라엘이 거룩한 임재 앞에서 느꼈던 기쁨과 경외가 혼합된 감정이어야 할 것이다. "아름답고 거룩한 것으로 여호와께 예배할지어다"(시 96:9). 이 권고는 단순히 교회에서의 행위뿐 아니라 창조 세계를 향한 우리의 태도와 행동에까지 영향을 미친다.

성경은 자연 세계를 언급할 때 그것을 끊임없이 하나님과 연관시킨다. 창조 세계는 하나님의 명령에 순종하고, 하나님의 영광을 계시하며, 하나님께 공급을 받고, 하나님의 목적(심판이나 구원)에 기여하고, 하나님의 임재로 충만하다. 성경과 기독교의 관점에서 볼 때, 창조된 우주에 관한 가장 중요한 '사실'은 그것이 하나님과 관계되어 있다는 점이다.

따라서 우리가 창조 세계를 '신성하게'(sacred) 여긴다는 것은, 그것이 '신적'(divine)이라는 뜻이 아니다. 창조 세계 자체 혹은 그 일부를 '신'으로 대하는 것은 우상숭배다. 창조 세계 안에 있는 그 무엇이라도 예배하는 것은 우리에게 명백히 금지되어 있다(신 4:15-20; 참조. 욥 31:26-28). 사실, 한 분 참되고 살아 계신 하나님에 대한 예배와 감사를 창조 세계의 한 요소에 대한 예배로 바꾸어 버리는 것이 인간의 우상숭배, 즉 우리 원죄의 본질이다. 그 우상숭배는 참담한 결과를 가져온다(롬 1:18-32). 창조 세계가 신성하다는 말은 그것이 하나님과 관련되어 있다는 뜻이다. 창조 세계는 그것을 창조한 선하신 하나님과의 **관계로 인해** 선하다. 그러므로 창조 세계 안에서 우리의 태도와 행동은, 그것의 창조주이자 우리의 하나님을 향한 반응을 반영한다.

인간과 관련해서 창조 세계는 선하다

이처럼 이 땅은 하나님이 만드신 그분의 땅이다. 하지만 동시에 우리의 땅이기도 하다. "하늘 위의 하늘은 여호와께 속했지만, 땅은 아담의 자손들에게 주셨다"(시 115:16, 저자 사역). 땅은 인간이 거주하는 장소다. 땅의 소유권은 하나님께 있지만, 인간이 책임을 지고 있다. 어떤 면에서, 땅은 다른 동물들에게는 '주어지지' 않고 인간에게 '주어졌다'고 보아야 한다.

어떤 차원에서 볼 때 우리도 물론 동물들 사이에 있는 동물, 피조물 사이에 있는 피조물이다. 그렇다면 우리는 어떤 의미에서 다르다고 할 수 있는가? 인간이라는 종을 특별하거나 고유하게 만들어 주는 것은 무엇인가? 언뜻 보기에, 성경은 하나님이 창조하신 다른 동물들과의 차이점이나 그것들보다 우월한 면보다는 서로 공유하는 측면을 훨씬 강조하고 있다.

- 동물과 인간이 모두 복을 받고, 번성하라는 명령을 받는다(창 1:22, 28).
- 인간과 땅에 사는 피조물이 "여섯째 날"에 창조된다(24-31절).
- 땅이 생물들을 '내는' 반면(24절), 인간은 "땅의 흙으로" 만들어진다(2:7). 이것은 결코 우월함의 표시가 될 수 없다!
- 인간은 "생명의 기운"을 누리지만, 이것은 숨을 쉬는 다른 생물들도 모두 가진 것이다(1:30; 6:17; 7:15, 22; 참조. 시 104:29-30).
- 창세기 2:7에서 인간을 일컫는 "생령"에 해당하는 히브리어는 1:20-21의 해양 생물들과 9:10의 "땅의 모든 생물"에도 사용된다.

- 하나님은 동물과 인간 모두에게 음식을 제공하신다(1:29-30).

우리가 다른 모든 동물들과 함께 하나님의 사랑과 돌봄과 공급을 받고 있다는 것은 정말 놀랍고 기뻐할 만한 사실이다(시 104:14-30). 우리는 '아다마'(adamah, 땅)에서 나온 '아담'(adam, 인간)이다.[5] 우리는 창조주 하나님의 피조물이며, 이것은 놀라운 사실이 아닐 수 없다! 우리가 다른 모든 생물들과 함께 하나님의 피조물임을 인정하는 것은 우리의 인간성을 훼손하지 않는다. 오히려 이것은 우리를 포함하는 이토록 아름다운 전체 생물권을 존재하게 하신 하나님의 놀라운 능력과 힘을 경축하는 것이다.

그렇다면 무엇이 이 행성에 살고 있는 다른 종들과 우리를 구분해 주는가? 창세기는 두 가지 내용을 선언하는데, 첫째로 우리는 창조 세계 안에서 지배권을 행사할 수 있도록 하나님의 형상으로 창조되었다(창 1:26-28). 둘째, 우리가 땅 위에(처음에는 에덴동산에) 있는 것은 그것의 유익을 위해 일하고 돌보기 위해서다(창 2:15). 우리는 다스리기 위해 창조되었고, 섬기기 위해 이곳에 있다.

1. 인간은 다스리기 위해 창조되었다(창 1:26-28)

하나님이 이르시되 "우리의 형상을 따라 우리의 모양대로 우리가 사람을 만들고 그들로 바다의 물고기와 하늘의 새와 가축과 온 땅과 땅에 기는 모든 것을 다스리게 하자" 하시고,

---

[5] 영어 단어 human은 땅, 흙을 뜻하는 라틴어 후무스(humus)에서 왔다. 우리는 '땅의 생물'이다.

> 하나님이 자기 형상 곧 하나님의 형상대로
> 사람을 창조하시되,
> 남자와 여자를 창조하시고
>
> 하나님이 그들에게 복을 주시며 하나님이 그들에게 이르시되 "생육하고 번성하여 땅에 충만하라, 땅을 정복하라, 바다의 물고기와 하늘의 새와 땅에 움직이는 모든 생물을 다스리라" 하시니라. (창 1:26-28)

이 익숙한 본문의 문법이 함의하는 내용은, (NIV 성경이 정확하게 번역한 대로) 하나님이 다른 동물들을 다스리게 하려는 **의도를 가지고** 인간을 창조하셨고, 그런 기능을 수행하는 **능력을 갖출 수 있도록** 하나님의 형상으로 지으셨다는 것이다. 두 내용(하나님의 형상, 창조 세계에 대한 다스림)은 동일한 것이 아니지만, 서로 긴밀하게 연관되어 있다. 즉, 앞의 것이 뒤의 것을 가능하게 한다.

여기서 '다스림'은 왕이 행사하는 지배를 의미한다. 우리는 창조 세계 안에서 하나님이 위임하신 왕권을 행사하기 위해 창조되었다. 황제들이 자신이 지배하는 나라에 자신의 조상(형상)을 세워 그 영토에 대해 가지는 권력을 표시했듯이, 하나님의 형상을 가진 인간은 모든 창조 세계를 지배하는 진정한 왕의 권력을 표시하는 존재다.

그런데 하나님은 창조 세계 안에서 자신의 왕권을 어떻게 행사하시는가? "왕이신 나의 하나님"께 올려 드리는 시편 145편은, 하나님이 **자신이 만든 모든 것을 향해** 은혜롭고, 선하고, 자비롭고, 신실하고, 관대하고, 공평하고, 보호와 사랑을 베푸는 분이 됨으로써 자신의 왕권을 행사하신다고 말해 준다(특별히 9, 13, 16, 17절을 보라). 시편 104편은 여기에 훨씬 구체적인 색채를 더한다. 본문의 표현들은 인간이 아닌 피조물들에 대해 왕권을 행사하는 방식을 포함하는 왕이신 하나님의 표지를 보여 준다. 따라서 만약 인간이 **이** 하나님의 형상을 가졌다면, 창조 세계를 다스릴 권한을 받았다는 것은 결코 군림하고, 남용하고, 짓밟고, 낭비하고, 파괴할 수 있도록 허가를 받았다는 뜻이 아니다. 이것들은 하나님의 성품과 행동에 근거한 **왕권**과 전혀 상관없는, 타락한 인간의 오만함을 드러내는 **폭압**의 표지다. 우리는 자신의 형상으로 우리를 만드신 하나님을 반영하는 방식으로 창조 세계 속에서 왕권을 행사해야 한다.

인간이 행사해야 할 이상적이고 참된 왕권을 보여 주는 모형은 열왕기상 12:7에 나타나 있다. 이 장면에서 젊은 왕 르호보암은, 솔로몬이 부과했던 무거운 멍에를 가볍게 해 달라는 북쪽 지파들의 요구에 어떻게 반응해야 할지를 두고 유다의 원로들에게 조언을 구한다. "그들은 르호보암에게 이렇게 대답하였다. '임금님께서 이 백성의 종이 되셔서, 그들을 섬기려고 하시면, 또 그들이 요구한 것을 들어 주시겠다고 좋은 말로 대답해 주시면, 이 백성은 평생 임금님의 종이 될 것입니다'"(새번역). 나는 이것이 '오늘 약간의 호의를 베풀어서 그들을 달래 주고 나면 평생 당신의 종이 될 것입니다'라는 식의, 현실 정치의 냉소적인 한 단편을 보여 주는 말이라고 생각하지 않는다. 이것은 다스리는 자와 다스림을 받는 자 사이의, 통치 체제와 백성 사이의 관계에 대해 하나님이 바라시는 것을 표현한 말이다. 즉 서로 종이 되는 것, 이것이 이상적인 관계다. 백성은 왕을 섬겨야 하며, 그 조건은 왕이 공의롭게 그들을 섬기는 것이다. 이 모형을 창조 세계에서 인간의 왕권에 적용해 볼 때, 땅이 우리의 필요를 채워 주는 것은 우리가 하나님의 형상으로서 그분처럼 땅을 섬기고 돌봄으로써 왕권을 행사한다는 조건 아래서다.

여기서부터 자연스럽게 인간의 독특한 역할과 관련한 두 번째 논의로 나아가게 된다. 우리는 하나님의 형상을 지니고 왕으로서 다스리기 위해 창조되었을 뿐 아니라, 창조 세계를 위한 '제사장'으로 섬기기 위해 이곳에 있다.

2. 인간은 섬기기 위해 이곳에 있다(창 2:15)

"여호와 하나님이 그 사람을 에덴동산에 두어 그것을 섬기며 지키게 하셨다"(창 2:15, 저자 사역). 두 개의 상호 보완적 본문을 통해 알 수 있는 것은, 창조 세계**에 대한** 다스림(창 1장)은 창조 세계**를 위한** 종으로 섬김으로써(창 2장) 시행된다는 사실이다. 종-왕권은 매우 분명한 패턴으로 나타나며, 이것을 가장 완전하게 본으로 보여 주신 분은 당연히 (완전한 인간이셨던) 예수님이다. 그분은 의도적으로 제자들의 발을 씻기는 행위를 통해 주님이자 주인으로서 자신의 지위를 나타내셨다. 종의 모습으로 발휘되는 왕권. 이것이 바로 인간을 향한 하나님의 의도이고, 성육신하신 그분의 아들이 본으로 보여 주신 것이다.

그런데 '섬기며 지키다'라는 말은 또 다른 울림을 가지고 있는데, 바로 이것이 제사장 용어이기 때문이다. 레위기에서는 제사장과 레위인의 임무가 성막/성전에서 하나님을 섬기고 그곳에서 하나님이 맡기신 모든 것을 지키는 것이라는 말이 반복된다 그렇다면 인간은 창조 세계 안에서 왕의 역할뿐 아니라 제사장의 역할도 맡은 셈이다. 이 사실은 이후 하나님이 열방 가운데 이스라엘에게 맡기신 역할("제사장 나라", 출 19:6)에 대해 말씀하시고 요한계시록이 새 창조 안에서 구속된 인류가 맡은 역할을 기술한 내용에 비추어 볼 때 중요한 의미를 갖는다. "그들로 우리 하나님 앞에서 나라와 제사장들을 삼으셨으니 그들이 땅에서

왕 노릇 하리로다 하더라"(계 5:10).[6]

하나님이 그분의 형상을 창조 세계 내에 두셨다는 말 또한 성전을 암시한다. 왜냐하면 그야말로 성전은 신들이 자기 형상을 두는 곳이기 때문이다. 창조주의 확대된 성전으로 기능하고 있는 우주를 보시고, 하나님은 자신의 형상(살아 있는 인간)을 성전에 두시고 그곳에서 그와 함께 거하셨다. 창조 세계는 하나님이 거하시는 공간으로 기능하고, 인간은 하나님을 위해 다스리고 섬기며 그분의 형상으로 기능한다.

창조 세계의 영광[7]

어떤 의미에서 우리는 이 장에서 하나님의 손으로 지어진(혹은 더 나은 표현으로는, 하나님의 말씀으로부터 생겨난) 창조 세계의 선함을 '돌아보는' 작업을 해 왔다. 하나님은 자신이 창조하신 작품이 '좋다'고 거듭 말씀하셨고, 우리는 그 말씀이 의미하는 몇 가지 차원을 하나님과 그분의 형상

---

[6] Jonathan Leeman은 선교에 대한 성경적 이해를 서술하면서, 인간과 하나님의 백성 즉 교회가 수행하는 왕과 제사장 역할과 관련해 성경에 나타난 두 가지 이야기 흐름을 추적한다. 첫 번째는 "아들로서 다스리기─왕에 관한 줄거리"로, "교회가 방대한 사명을 가지고 있음을 시사한다. 즉 교회는 모든 일에서 하나님의 형상이 되어야 하고, 통치를 즐거워하는 왕의 아들로 공정하고 의롭게 살아가야 한다." 나는 그의 말에 동의하기 때문에, 선교의 다섯 번째 표지인 '창조 세계 돌봄'을 단순히 환경적 차원의 좁은 의미로 해석하기보다, 인간이 하나님이 창조하신 세계에서 살아가는 매일의 일상에서 책임 있게 살고 일하는 모든 방식과 관련한 의미로 해석했다. 두 번째 줄거리는 "하나님의 심판 중재하기─제사장에 관한 줄거리"다. "하나님은 구원을 선포하고 사람들의 죄와 반역에도 불구하고 그들을 구별해 하나님께 나아가게 하도록 교회에게 권한을 주셨다. 구체적으로, 교회의 사명은 어떤 의미에서 하나님의 심판을 선언하고 중재함으로써 제자를 삼는 일이라 할 수 있으며, 교회는 복음 선포와 세례, 성만찬, 가르침을 통해 그 일을 하고 있다." Jonathan Leeman, "Soteriological Mission: Focusing in on the Mission of Redemption", in *Four Views on the Church's Mission*, ed. Jason S. Sexton, Counterpoints: Bible and Theology (Grand Rapids: Zondervan, 2017), pp. 23-29(인용은 26, 29쪽).

[7] 이곳과 다음 단락의 몇몇 부분은, 창조 세계 돌봄과 관련한 자료집의 한 장에 실린 내 글을 가져와 수정한 것이다. "The Care of Creation, the Gospel and Our Mission", in *Creation Care in Christian Mission*, ed. Kapya J. Kaoma, Regnum Edinburgh Centenary Series 29 (Oxford: Regnum Books International, 2015), pp. 184-197. 978-1-908355-94-2. 허락을 받고 사용.

으로 지어진 인간과 관련하여 탐구해 보았다. 이제, 우리가 경험하고 있는 창조 세계를 '둘러볼' 차례가 되었다. 비록 우리가 하나님의 저주 아래 놓인 땅에서 타락한 죄인으로 살아가고 있지만(창 3장과 위대한 이야기의 2막 이후로), 우리를 둘러싼 창조 세계는 여전히 창조주의 영광을 계시하고 있기 때문이다. 성경은 흔히 하나님의 영광에 대한 이야기를 창조 세계에 대한 설명과 함께 전달하곤 하는데, 이런 연관성은 두 가지 방식으로 나타난다. 하나님의 영광은 창조 세계의 찬양을 통해 표현되고, 또한 창조 세계의 **충만함**을 통해 드러난다.

하나님의 영광은 창조 세계의 찬양을 통해 표현된다

나는 어린 시절 벨파스트의 한 장로 교회에 다니며 성장했는데, 그곳에서 웨스트민스터 신앙고백의 웨스트민스터 소요리문답을 공부했다. 열심히 파고들어야 했던 첫 번째 질문은 "사람의 제일 되는 목적은 무엇입니까?"였다. 이 질문의 의미는 인간이 존재하는 가장 궁극적인 목적과 목표는 무엇인가 하는 것이다. 그에 대해 제시되었던 답은 이것이다. "사람의 제일 되는 목적은 하나님을 영화롭게 하고 영원토록 그분을 즐거워하는 것입니다."[8] 나는 이 질문과 대답이 단순히 인간뿐 아니라 창조 세계 전체에 적용될 수 있다고 믿는다. 창조 세계는 하나님을 찬양하고 그분을 영화롭게 하기 위해 존재한다. 하나님은 창조 세계를, 창조 세계는 하나님을 즐거워하기 위해 그것이 존재하는 것이다.

만약 그렇다면, 인간 삶의 궁극적 목적(하나님을 영화롭게 하고 그분을 즐

---

[8] The Westminster Shorter Catechism, in *The Creeds of Christendom*, vol. 3, *The Evangelical Protestant Creeds*, ed. Philip Schaff, 6th ed. (1931; repr., Grand Rapids: Baker, 1990), p. 676.

거워하기)은 창조 세계와 **구별된** 것이 아니라, 창조 세계와 **공유하는** 어떤 것이다.

명백한 사실은, 인간은 이성과 언어, 감정, 시와 음악, 예술, 기교, 독창성 등 독특한 인간만의 방식으로 하나님을 영화롭게 한다는 것이다. 어느 찬송가의 가사처럼, 우리는 "가슴과 손과 마음과 목소리로 최고의 찬송을 부르며" 그분께 영광을 돌린다.[9] 우리는 **인간인 우리**가 하나님을 찬송하고 영화롭게 한다는 것이 무엇인지를 알고 있다.

그런데 성경은 **온 창조 세계**가 이미 하나님을 찬송하고 있고, 계속해서 그렇게 하나님을 찬송하도록 소환되고 있다고 단언한다.

> 여호와여, 주께서 지으신 모든 것들이 주께 감사하며
> 주의 성도들이 주를 송축하리이다. (시 145:10)

> 내 입이 여호와의 영예를 말하며
> 모든 육체가 그의 거룩하신 이름을
> 영원히 송축할지로다. (시 145:21)

> 너희 용들과 바다여,
> 땅에서 여호와를 찬양하라.
> 불과 우박과 눈과 안개와
> 그의 말씀을 따르는 광풍이며
> 산들과 모든 작은 산과

---

9   Francis Pott의 찬송가 "Angel Voices Ever Singing"(1861) 중에서.

과수와 모든 백향목이며
짐승과 모든 가축과
기는 것과 나는 새며
세상의 왕들과 모든 백성들과
고관들과 땅의 모든 재판관들이며
총각과 처녀와
노인과 아이들아,

여호와의 이름을 찬양할지어다.
그의 이름이 홀로 높으시며. (시 148:7-13)

창조 세계가 하나님을 찬양할 뿐 아니라 하나님 역시 그분의 창조 세계 안에서 기뻐하고 즐거워하신다는(심지어 재미있게 놀이하신다는) 점을 암시하는 본문이 있다. 위대한 창조 시인 시편 104편은, ('리워야단'이라는 별칭이 붙은) 거대한 해양 생물의 존재를 경축할 뿐 아니라 사실상 대양에서 그들과 함께 놀이하시는 하나님의 모습을 묘사하는 시다.

거기에는 크고 광대한 바다가 있고
그 속에는 무수한 생물들,
곧 크고 작은 동물들이 넘쳐납니다.
그곳에는 배들이 오고 가며,
거기서 뛰놀도록 주께서 지으신 리워야단이 살고 있습니다.
(25-26절, NIV)

마지막 행의 '뛰놀도록…지으신'이라는 표현은 (ESV의 각주가 제시하듯) "당신이 함께 놀기 위해 지으신"으로 무리 없이 번역될 수 있다. 야웨 하나님을 의인화하여 모든 종류의 행동과 감정을 지닌 분으로 그려 내는 시적 상상력은, 그분이 대양의 고래들과 첨벙거리며 즐겁게 헤엄치는 모습을 상상해 보도록 우리를 초대한다. 함께 그 모습을 상상해 보자.

최종적으로, 시편 기자는 나무가 노래하고 강이 박수를 치고, 하늘과 땅과 바다와 온 창조 세계가 터져 나오는 기쁨의 노래를 부르는 장면을 그려 낸다. 왜 그럴까? 바로, 하나님이 인간**과 자연** 모두를 위해 모든 것을 바로잡으러 오실 것이기 때문이다.

> 그가 임하시되,
>   땅을 심판하러 임하실 것임이라.
> 그가 의로 세계를 심판하시며
>   그의 진실하심으로 백성을 심판하시리로다. (시 96:13)

이것은 전체 성경 이야기의 종말론적 절정, 인간이 아닌 피조물들까지 분명하게 포함하는 절정을 가리킨다. 이 절정은 모든 인간 족속과 민족과 방언에서 나아온 사람들과 셀 수 없이 많은 천사의 무리를 포함한다. 다음은 요한의 환상에서 찬양이 최고조에 이른 부분이다.

내가 또 들으니 하늘 위에와 땅 위에와 땅 아래와 바다 위에와 또 그 가운데 **모든 피조물**이 이르되,

> "보좌에 앉으신 이와 어린양에게
> 찬송과 존귀와 영광과 권능을
> 세세토록 돌릴지어다!" (계 5:13)

물론 우리는 창조 세계가 어떻게 하나님을 찬양하는지에 대해서는 파악할 수도, 설명할 수도 없다. 하나님이 어떻게 인간이 아닌 피조물의 찬양을 받으시는지도 헤아릴 수 없다. 가장 단순한 설명은, 하나님의 모든 피조물(생물과 무생물)이 창조된 목적대로 존재하고 행동함으로써 하나님을 찬양하고 영화롭게 하며, 그들이 그렇게 할 때 하나님이 기뻐하시고 영광받으신다는 것이다. 인간이 아닌 피조물들은 단순히 존재함으로써 하나님을 영화롭게 한다. 왜냐하면 그들은 오직 하나님의 능력으로 유지되고 새로워짐으로써만 존재할 수 있으며, 그것으로 하나님의 위대하심을 증언하기 때문이다. 창조 세계가 그저 '그곳에' 있다는 사실 자체가 창조주께 영광을 바치는 찬사다. 마치 렘브란트가 그린 작품의 순수한 존재 그 자체가 렘브란트를 영광스럽게 하는 것처럼 말이다. 그러므로 창조 세계가 하나님을 찬양하고 영화롭게 하는 **방식**을 알지 못한다고 해서, 성경이 그렇게도 빈번하게 단언하는 사실을 부정해서는 안 된다. 즉, 창조 세계가 하나님을 찬양하고 있다는 사실을 말이다! 창조 세계의 영광은, 그것이 오직 하나님만이 아시는 방식으로 하나님의 영광을 들리지 않는 목소리로 찬양함으로써 그 영광을 구체적으로 표현한다는 사실에 있다(시 19:1-4).

하나님의 영광은 창조 세계의 충만함을 통해 나타난다

때로 하나님의 영광은 땅의 충만함과 연결된다. 히브리어로 이 표현은 문자 그대로 '땅을 채우는 것'이다. 우리는 창세기 1장의 창조 기사가, 아무런 기능이 없고 **비어 있는** 상태에서 질서 잡히고 **가득 채워진** 상태로 움직이는 것을 관찰할 수 있다. 광활한 공간들(하늘, 바다, 땅)이 차례로 채워지면서, 피조물들은 복을 받고 자신에게 할당된 공간을 '채우라'는 명령을 받는다. 땅의 생물 다양성이 가지는 깊은 풍요로움은 하나님의 분명한 의도에서 나오고, 그분의 지속적 승인을 받는다. 하나님은 충만함과 풍부함과 북적대는 다양성과 성장과 증식을 사랑하신다.

그 사실을 보여 주는 몇 가지 예가 있다.

- 시편 24:1: "땅과 거기에 **충만한 것**…은 다 여호와의 것이로다."[10]
- 시편 50:12: "세계와 거기에 **충만한 것**이 내 것임이로다." (숲의 짐승들과 가축과 새와 벌레를 모두 열거한 후에)
- 시편 104:31: "여호와의 영광이 영원히 지속될 것이며, 여호와는 **자신이 만드신 것들**로 인해 즐거워하실 것이다"(NIV). (시편 기자는 피조물의 다양성을 경축한 후 하나님의 영광을 '그분이 만드신 것들'과 평행한 위치에 놓는다. 이 표현은 창조 세계의 충만함, 지구의 놀라운 생물 다양성을 나타내는 또 하나의 방식이다.)

이것은 이사야가 성전에 계신 하나님을 보는 환상(사 6장)에서 스랍들이 외치는 내용에 대한 흥미로운 관점을 제공한다. 그들은 문자적으로 다음과 같이 외치고 있었다. "거룩, 거룩, 거룩—만군의 여호와. 온

---

10 이것과 다음 본문에서, 나는 NIV의 번역 "그 안에 있는 모든 것"보다 이렇게 히브리어를 문자적으로 옮기는 것을 더 선호한다.

땅의 충만[혹은 '채움']—그분의 영광"(사 6:3, 저자 사역). 여기서 두 개의 줄표는 히브리어 문장에 동사가 부재함을 나타낸다. 이것은 히브리어 본문의 일반적 특징인데, 이 말은 곧 영어로 번역할 때 문장 어딘가에 '이다/있다'에 해당하는 적절한 형태의 동사를 삽입해야 한다는 뜻이다. 따라서 대부분의 번역은 두 번째 구를 "온 땅이 주의 영광으로 가득 차 **있다**"(the whole earth *is* full of his glory)로 옮긴다. 물론 이것은 당연한 진실이다! 하지만 이런 식으로 번역해서 본문을 읽게 되면 '충만한'(full)이라는 단어의 무게가 줄어든다. 마치 땅이 하나님의 영광으로 채워진 일종의 그릇에 불과한 것처럼 말이다.

하지만 두 번째 구에서 '충만'(채움)이라는 단어는 아주 분명하게 명사로서 앞에 놓여 있다. '그분의 영광'과 대비되는 위치에 나란히 놓여 있는 단어는 땅이 아니라 '충만'이다. 앞서 살펴본 대로, 땅의 충만은 땅에서 놀랍도록 다양한 형태를 띠고 살아가는 생명들의 풍부함을 나타내는 간략한 표현이다. 따라서 (YLT의 번역을 따라) 동사 'is'(이다)를 다음과 같은 방식으로 문장에 삽입해 볼 수 있을 것이다. "The fullness of all the earth [is] his glory"[온 땅의 충만(은) 그분의 영광(이다)]. 즉, 땅을 채우는 생명들의 풍부함과 다양성이 하나님의 영광이 된다는 뜻이다. 하나님의 영광은 창조 세계의 넘쳐흐르는 풍요로움으로 우리 앞에 펼쳐진다.

물론 우리는 이 말을 읽고 범신론적 해석에 빠지지 않도록 주의해야 한다. 이 말은 하나님과 그분의 영광이 단순히 창조 세계의 총합에 불과하다는 뜻이 아니다. 창조주이신 하나님의 영광은 명백히 창조 세계 그 자체를 **초월해** 있다(몇몇 시편들은 이 진리를 '당신은 하늘 위에 당신의 영광을 두셨습니다'와 같은 방식으로 표현한다). 하지만 그럼에도 불구하고 우리는 하나님의 영광이 하늘이 선포하는 경이로운 장엄함(시 19:1)뿐만 아니라 땅을 채우는 풍부한 생명을 통해서도 우리에게 전달된다는 사실을 분명하게 단언할 수 있다.

우리는 **영광으로 가득 찬 땅** 위에 살고 있다. 이 땅은 그 자체가 가지는 풍부함으로 하나님께 영광을 돌리고, 우리에게 하나님의 영광을 계시한다. 이것이 바로, 바울이 하나님께 영광을 돌리지 않고 감사하지 않는 것에 핑계를 댈 수 없다고 말하는 이유다(롬 1:20-21).

창조 세계 돌봄과 선교

그렇다면 이 모든 것은 우리의 핵심 주제인 선교와 어떤 관계가 있을까? 창조 세계를 책임 있게 사용하고 돌보는 행동을 우리의 선교 신학과 실천에 포함시키는 것이 타당한가 하는 질문에 대해 어떤 답을 내리도록 도울 수 있을까? 결론을 내리는 방식으로, 이 질문에 두 가지 요점을 제시하고자 한다.

첫째, 하나님의 창조 세계를 돌보는 행동은 긍휼과 하나님의 정의를 모두 반영한다. 다시 말하면, 어떤 의미에서 창조 세계를 돌보는 행동 자체가 선교의 세 번째와 네 번째 표지의 확장이다(내 견해로는, 이러한 확장은 타당하다). 두 표지가 동료 인간을 넘어 인간이 아닌 창조 세계로 확장된 것이다.

이것이 하나님의 **긍휼**을 반영하는 이유는, 하나님의 창조 세계를 돌보는 일이란 본질적으로 그것이 감사나 보답을 할 수 없는 피조물에게 행사되는 사랑의 이타적 형태이기 때문이다. 그것은 진정으로 성경적이고 경건한 이타주의의 한 형태다. 이런 점으로 인해 그것은 하나님의 사랑과 동일한 특질을 반영한다. 그것은 그분을 향해 끔찍한 적의를 가진 인간을 사랑할 뿐 아니라, "**그 지으신 모든 것**에 긍휼을 베푸신다[혹은 '사랑하신다']"(시 145:9; 참조. 13, 17절)는 더 광범위한 의미의 사랑이다. 예수님 역시 그분의 인간 자녀들을 향한 한없는 사랑을 표현하기 위해, 새를 돌보고 풀과 꽃을 입히시는 하나님의 사랑을 모형으로 사용하셨다. 하나님이 인간이 아닌 피조물을 이렇게 긍휼을 가지고 세심하게 돌보시는 분이라면, 그분을 모방하고자 하는 이들 또한 반드시 그렇게 해야 한다.

창조 세계를 돌보는 일은 또한 하나님의 **정의**를 반영한다. 환경을 위하는 행동은 강자에 대항해 약자를, 힘 있는 자에 대항해 방어력이 없는 자를, 공격자에 대항해 희생자를, 거친 탐욕의 목소리에 대항해 목소리가 없는 자를 옹호하는 하나의 형태이기 때문이다. 이것 역시 정의의 시행에서 표현되는 하나님 성품의 특질을 나타낸다. 시편 145편은 하나님의 사랑과 함께 **의**에 관한 정의를 내리면서, 그분이 모든 피조물에게 필요한 것을 공급하시는 분임을 설명한다(시 145:13-17). 사실상 이 시편은 창조 세계를 돌보시는 하나님의 행동과 백성을 해방하고 신원하시는 정의의 행동을 평행한 위치에 놓고 있다. 그렇게 함으로써 창조와 구속이라는 구약의 두 전통이 아름다운 조화를 이루게 된다.

그러므로 구약성경이 의로운 **사람**(그의 의는 당연히 하나님의 의를 반영한다)의 표지를 설명할 때, 단순히 가난하고 궁핍한 **인간**을 향한 실제적 관심(물론 이것이 지배적으로 드러나는 내용이지만)에만 머무르지 않는 것은 결코 놀라운 일이 아니다. 진실로 "의인은 가난한 자의 사정을 알아주[는]"(잠 29:7) 사람이다. 하지만 현명한 사람은 따뜻한 마음으로 "의인은 자기의 **가축**의 생명을 돌[본다]"(잠 12:10)는 사실을 주시하는 사람이다. 성경적 선교는 성경적 의와 마찬가지로 총체적이다.

둘째, 창조 세계를 돌보는 일은 또 다른 성경적 원리의 확장이다. 즉, 우리가 타인을 대하는 방식은 우리가 하나님을 대하는 방식이 '구체화'된, 혹은 표현된 것이라는 원리다. 지혜서는 우리의 창조주이신 하나님과 관련된 이 같은 원리를 다음과 같이 표명한다.

가난한 사람을 학대하는 자는 그를 지으신 이를 멸시하는 자요
　궁핍한 사람을 불쌍히 여기는 자는 주를 공경하는 자니라. (잠 14:31)

가난한 자를 조롱하는 자는 그를 지으신 주를 멸시하는 자요. (잠 17:5)

가난한 자를 불쌍히 여기는 것은 여호와께 꾸어 드리는 것이니. (잠 19:17)

이 본문들에 나타난 원리는, 모든 인간이 하나님의 형상으로 창조되었기 때문에 우리가 다른 **사람**에게 무엇을 하든(좋은 것이든 나쁜 것이든) 그것은 **하나님**께 하는 것이라는 사실이다. 마태복음 25장에서 예수님은 이 원리를 확장해서 자신에게 적용하신다.

내가 알기로, 이 원리를 인간이 아닌 피조물에까지 적용하는 구체적 성경 구절은 없다. 비록 (의와 긍휼이 하나님의 성품과 뜻을 반영한다는 사실을 고려할 때) 다음과 같은 잠언의 한 구절이 그 원리에 근접하기는 하지만 말이다. "의인은 자기의 가축의 생명을 돌보나 악인의 긍휼은 잔인이니라"(잠 12:10). 하지만 나는 이 원리를 창조 세계로 확장하는 일이 타당하다고 본다. 땅 위에 있는 창조된 생명들의 충만함이 하나님의 영광이 되거나 그 영광을 전달한다면, 우리가 (땅을 개발하고 향상시키고 그 자원

들을 적절하게 사용하는 동시에 그것을 섬기고 돌봄으로써) 창세기 1-2장에서 주어진 명령을 이행하며 땅에서 행하는 모든 것이 **하나님의 영광을 인정하고 그에 기여하는** 일이다. 그 자체로 하나님을 영화롭게 하는 창조 세계를 경건한 존중과 돌봄의 자세로 대함으로써 우리는 하나님을 영화롭게 한다.

반대로 이 말이 가지는 부정적 함의는, 땅의 생명들을 불필요하게 파괴하고 손상하고 오염시키고 낭비함으로써 땅의 충만함을 감소시키는 일은, 성경적 의미에서 **하나님의 영광을 감소시키는** 일이다. 이것은 매우 심각한 문제다. 이것은 성경적이고 기독교적인 관점에서 볼 때, 최근의 생태 위기와 논쟁 한가운데서 우리가 취하는 태도와 입장과 행동에 미래가 걸린 중요한 문제들 중 하나다.

우리가 땅을 대하는 방식은 땅의 창조주를, 또한 우리의 창조주를 대하는 방식을 반영한다.

창조 세계의 선함과 영광은 하나님의 선하심 및 영광과 불가분의 관계로 연결되어 있다. 따라서 하나님의 선하심을 나누고 그분을 영화롭게 하는 데 목적을 둔 선교가 하나님의 창조 세계를 그 관심사와 과업에서 제외한다는 것은 생각하기 힘든 일이다.

8장
창조 세계의 종착지

이 책의 목적을 상기해 보자. 우리는 위대한 이야기와 우리가 맡은 위대한 임무의 관계를 설명하고자 했다. 하나님의 선교를 우리에게 제시하고 그 안에서 역할을 수행하도록 우리를 소환하는 하나의 전체적 서사로서 성경을 읽는 선교적 해석학을 탐구했다. 앞 장에서는 성경 서사의 1막에 비추어 창조 세계를 살펴보았으며, 이제는 이야기의 끝부분인 7막으로 이동할 차례다. 지금까지 우리는 본래의 창조 세계와 하나님이 승인하시는 그것의 내재적 선함을 **돌아보고**, 창조 세계의 찬양과 땅의 충만함을 통해 표현된 하나님의 영광을 **둘러보는** 작업을 해 왔다. 하지만 이제는 창조 세계를 향한 하나님의 궁극적 목적을 **내다보게** 될 것이다. 사실 이것은 아주 고무적인 방향이 아닐 수 없다! 창조 세계의 종말론적 종착지와 운명은 무엇인가? 창조 세계에 관한 성경 이야기의 처음과 끝이 결합할 때, 그것은 선교에 대한 우리의 이해와 실천에 어떤 영향을 미치는가?

하나님의 구속 목적은 창조 세계를 포함한다

가장 우선적으로 언급해야 할 사실은 창조 세계가 구속을 **필요로 한다**는 것이다. 성경 드라마가 1막(창조)에서 2막(반역)으로 이동하면서 발생한 결과는 비단 인류에게만 영향을 준 것이 아니다. 성경은 죄와 악이 인간의 생명뿐 아니라 자연 질서에도 영향을 끼쳤다고 분명하게 말하기 때문이다. 2장에서 이 점을 간략히 다루었지만, 여기서는 좀 더 상세하게 들여다볼 필요가 있다.

"땅은 너로 말미암아 저주를 받고"(창 3:17). 하나님은 아담에게 이렇게 말씀하셨다. NIV 성경이 이 구절에서 'ground'(땅)로 번역하는(다른 곳에서 'earth'로 번역하기도 하는) 히브리어 단어는, 훨씬 흔하게 쓰이는 '에레츠'(erets)가 아닌 '아다마'(adamah)다. 두 단어 모두 폭넓은 의미를 가지며 서로 명확하게 구분하기가 힘들다. 하지만 여기서 '아다마'는 '흙'을 의미하는 땅을 지칭할 가능성이 높다.[1] 즉 그것은 인간이 거주하도록 주어진, 우리가 의지해서 살아가는 육지의 공간이다. 여기서는 아마도 땅과 바다와 하늘로 이루어진 생물권을 의미하는 땅 전체, 즉 (우리가 말하는) 지구 전체를 의미하지는 않을 것이다.

따라서 나는 땅에 내려진 저주를 해석할 때, 그것이 지질학적 구조나 (오늘날 우리가 알고 있는) 지구의 기능에 대한 것이라고 보지 않는다. 그보다는 일차적으로 인간이 땅에서 살아가는 삶과 거기서 수행하는 노동, 특히 (하나님이 직접적으로 말씀하시는 바대로) 먹거리를 생산하기 위한 노

---

1   이 단어는 어원학적으로 아담('adam) 즉 땅의 피조물, 흙으로 만들어진 존재와 연결된다. 또한 인간(human)이라는 단어의 어원이 되는, '흙'을 의미하는 라틴어 '후무스'(humus)와 유사하다.

동과 관련된 것으로 해석한다. 이 노동은 자연스럽게 농업을 포함하겠지만 인간이 먹고살기 위해 행하는 모든 형태의 일까지 포함한다. 따라서 개인적으로 나는 잠재적 파괴력을 가진 모든 자연 현상(지각 표층의 이동, 지진, 쓰나미, 화산 분출 등)이 '저주'에서 기인한다고 믿지 않는다. 이런 지질학적 현상은, 그저 하나님이 지구라는 행성에서 생명이 살도록 하기 위해 사용하신 하나의 방식이다. 지각 표층의 이동 없이는 산도, 강도, 토양도, 기후 변동도, 강수 현상도 없을 것이고, 생물들과 궁극적으로는 인간이 거주하는 데 적합한 지구의 특징도 생겨나지 못했을 것이다. 우리는 왜 하나님이 이 지구의 우주적·지질학적·생물학적 '자연사'가 펼쳐지는 과정에서 생물들이, 그리고 한 종으로서 인간이 존재하는 데 필수적인 이런 작용과 절차가 필요하도록 하셨는지 궁금해하는 경향이 있다. 하지만 그럼에도 우리는 하나님께 우리를 위한(또한 그분 자신을 위한) 집을 설계하는 과정에서 그분이 좋은 방식을 사용하지 못했다는 말을 결코 할 수 없다는 사실을 잘 알고 있다.

하지만 바울은 주목할 만한 로마서 8장에서, **온 창조 세계**가 좌절한 상태이며 어떤 의미에서는 허무함에 굴복했고 이것이 하나님의 뜻으로 인한 것이라는 신학적 단언을 분명하게 제시한다. 바울이 '좌절'을 어떤 식으로 머릿속에 그리고 있었는지 정확히 알기는 어렵다. 하지만 (인류를 포함한) 온 창조 세계가 하나님께 영광을 돌리기 위해 존재한다는 그의 주장을 고려할 때, 창조 세계가 어느 정도는 그 일을 수행하고 있음에도(그가 읽었던 구약성경이 거듭 말해 주듯), 인간의 죄와 반역으로 인해 영광을 선포하는 과업을 온전히 실행하는 일은 좌절되었다는 암시로 보는 쪽이 개연성이 있다.[2] 창조 세계 안에서 왕이자 제사장이 되기 위해 하나님 형상으로 창조된 인류라는 종이 하나님의 영광에 이르지 못한다면(롬 3:23), 창조 세계 역시 인류와 함께 '부패에 속박된' 상태에 있을 수밖에 없다.

하지만(바로 여기서 성경의 복음이 말하는 아주 극적인 좋은 소식이 등장한다) 창조 세계가 굴복한 것은 "**소망 가운데**"(in hope, 롬 8:20, NIV) 하나님의 뜻으로 인한 것이었다. 2장에서 보았듯이, 성경에서 **소망**이라는 단어는 언젠가는 상황이 나아지기를 막연하게 바라는 무력한 자포자기식 갈망을 뜻하지 않는다. 그것은 확실성에 대해 확신을 가지는 것이다. 그 근거는 하나님의 약속과, 지금까지 보았던 위대한 성경 드라마의 3, 4막에서 그분이 보여 주신 강력한 행동이 가져다준 확신이다. 또한 우리가 가진 소망(7막의 내용)은 "피조물도⋯해방되어 하나님의 자녀들의 영광의 자유에 이르는 것"(롬 8:21; 구속의 용어인 **해방** 및 **자유**와 함께 **영광**이 다시 등장하는 데 주목하라)이다. 이것이 바로 하나님이 그분의 창조 세계를 위해 준비하신 미래다.

그렇다면 진실은, 창조 세계가 우리 죄의 영향력을 공유하는 것처럼 우리도 구속된 창조 세계의 충만함을 공유한다는 것이다. 창조 세계는 우리로 인해, 우리와 함께 고통받는다. 하지만 하나님이 모든 고통과 죽음으로부터 우리와 함께 창조 세계를 해방하실 때, 우리는 그것과 함께 기뻐할 것이다. 우리는 땅**으로부터** 구원받는 것이 아니라, 땅**과 함께** 구원받을 것이다. 하나님의 궁극적인 목적은 "하늘에 있는 것이나 땅에 있는 것이 다 그리스도 안에서 통일되게"(엡 1:10; 성경이 하나님의 선교

---

2 한 가지를 덧붙이고 싶다. 나는 창조 세계의 장엄한 광경(빠르게 지나가는 구름들 한가운데서 눈부신 햇살에 빛나고 있는 산, 우뚝 솟은 절벽 아래서 뇌성을 내며 움직이는 드넓은 대양, 수 세기 동안 조용한 위엄을 지키며 서 있는 나무, 눈부신 장관을 이루며 떠오르고 지는 태양)을 보며 경외감에 압도될 때가 있는데, 그때마다 이런 생각이 들곤 한다. '좌절된' 창조 세계가 이런 일을 할 수 있다면, 그것이 '해방되는' 날에는 과연 무슨 일이 일어날까!

에 대해 주장하는 가장 놀라운 보편적·우주적 표현 중 하나) 하는 것이기 때문이다.

우리는 4장에서, 그리스도의 대위임령을 이루는 구절들과 그 신학적 전제들이 어떤 식으로 구약성경에 뿌리내리고 있는지 살펴보았다. 창조 세계의 미래에 대한 바울의 단언 역시 마찬가지이며, 그가 제시한 소망과 비전은 그가 고안한 것이 아니었다. 그는 하나님이 십자가와 부활 안에서 메시아 예수를 통해 성취하신 것이, 단순히 인간뿐 아니라 **창조 세계**를 위해 성경에 약속된 내용이 성취된 것임을 알고 있었다. 하나님이 아브라함에게 땅의 **모든 민족**이 그를 통해 복을 받으리라고 하신 약속(그것이 이루어지는 방식은 하나의 '신비'였다)이 이제 "복음으로 말미암아 그리스도 예수 안에서"(엡 3:6) 이루어진다는 사실이 드러나고 있었다. 마찬가지로, 하나님이 **창조 세계**의 회복에 관한 약속을 그리스도를 통해 성취하실 것이다(골 1:15-20).

성경은 성취되어야 한다. 하나님의 구원 계획에 대한 예언자들의 이해에는 창조 세계가 반드시 포함되었다. 혹은 우리의 방식대로 표현해 보자면, 그들의 종말론에는 생태가 포함되어 있었다. 이 점이 이사야서보다 잘 드러나는 곳은 없다.

- 미래의 다윗 자손이 통치할 메시아 시대는 민족들 가운데 세계적 정의와 평화의 도래를 알릴 뿐 아니라, 환경이 약탈과 공포로부터 자유로워지고 조화를 이루는 세상을 열 것이다(사 11:6-9).
- 의의 왕이 다스리고 하나님의 영이 부어질 때, 백성뿐 아니라 자연에도 정의와 평화와 풍성함이 주어질 것이다(사 32:1, 15-20).
- 하나님이 오심으로써 구속된 자가 회복되고 돌아올 때, 인간들 사이에 기적이 일어날 뿐 아니라 창조 세계가 눈부시게 비옥해지고 풍요로워

질 것이다(사 35장).

- 하나님은 이미 "새 하늘과 새 땅을 창조하[는]"(사 65:17, 여기서 사용된 동사는 분사형으로, 어떤 일이 현재 진행되고 있고 미래에도 그러할 것이라는 의미를 전달한다) 일을 시작하셨다. 이어지는 묘사는 "새 땅"에서 이루어지는 인간의 삶을 그리고 있다. 그 삶은 기쁨으로 가득하고 눈물을 흘리는 일이 없으며, 온전한 수명을 누리고 가정을 세우는 삶이다. 사람들은 깊은 만족을 누리고, 매일의 노동이 열매를 맺고, 좌절과 불의라는 저주로부터 자유로울 것이다. **또한** 자연계에서도 환경이 평화와 조화를 누릴 것이다(사 65:17-25). 이 영광스러운 그림은 요한계시록 21-22장에도 그 심상과 용어를 제공해 준다.

이런 기대와 영광스러운 비전은, 예언서뿐 아니라 시편에 나타난 이스라엘의 정규적 예배에도 표현되어 있다. 앞서 우리는 시편이 하나님의 공급하심으로부터 유익을 얻는 가운데 하나님께 찬양과 영광을 돌리고 즐거워하는 창조 세계의 **현재적** 실재를 경축하는 방식을 살펴보았다. 여기서 나아가 시편 기자가 온전히 확립된 야웨의 통치를 묵상하는 순간, 그것은 단순히 **민족들**을 향해서만 선포해야 할 무엇이 아니라 온 **창조 세계**가 기뻐하고 경축해야 할 이유가 된다. 왜냐하면 하나님이 창조 세계와 백성을 위해 모든 것을 바로잡고자, 땅을 심판하러 오실 것이기 때문이다.

모든 나라 가운데서 이르기를, 여호와께서 다스리시니
  세계가 굳게 서고 흔들리지 않으리라
  그가 만민을 공평하게 심판하시리라, 할지로다.

하늘은 기뻐하고 땅은 즐거워하며

　바다와 거기에 충만한 것이 외치고

밭과 그 가운데에 있는 모든 것은 즐거워할지로다.

　그때 숲의 모든 나무들이

여호와 앞에서 즐거이 노래하리니,

　그가 임하시되 땅을 심판하러 임하실 것임이라.

그가 의로 세계를 심판하시며

　그의 진실하심으로 백성을 심판하시리로다. (시 96:10-13)

우리는 구약이 창조 질서에 거는 이 모든 기대를 단순한 상징과 비유로 치부하고, 오직 인간을 구원하시려는 하나님의 계획만을 언급하는 것으로 여기고 싶어 하는 경향이 있다. 혹은 많이 양보해서, 그런 표현들을 역사적으로 상대화하여 '구약의 저속함'으로 여길 수도 있을 것이다. 이스라엘이 현재적으로 경험했던 물리적 세계의 맥락 안에서 그들이 살고 믿고 소망했던 것은 훨씬 원시적이고 땅에 매일 수밖에 없는 한계가 있었다는 것이다. 우리와 우리의 기대를 이 물질적인 땅에서 천상에 있는 진정으로 영적인 환경으로 옮겨 주는 신약의 영적 메시지가 이런 편협하고 세속적인 관점을 초월하게 되었다고 추정한다. 하지만 이것은 완전히 틀린 생각이다. 이런 종류의 플라톤적 이원론은 구약과 신약 어느 것과도 상관이 없다.

바울은 우리와 창조 세계 모두의 미래를 위해 진통하며 신음하고 있는 **이** 창조 세계의 자궁에서 태어나는 해방된 새 **창조 세계**에 대해 이야기한다. 현재와 미래에 일어날 놀라운 일들을 시사해 주는 로마서 8:18-25의 이 묘사는, 또한 철저하게 물질적이다. 왜냐하면 "우리 몸의 속량을 기다리[는]"(23절) 우리는 부활한 몸으로 새 창조 세계 안에 거주할 것이기 때문이다. 그 몸의 원형은 "만물을 자기에게 복종하게 하실 수 있는 자의 역사로 우리의 낮은 몸을 자기 영광의 몸의 형체와 같이 변하게 하[실]"(빌 3:21; 참조. 요일 3:2) 예수님의 부활체다. 이때 바울이 로마서 8장에서 **몸의 부활**과, 부패의 속박에서 **모든 창조 세계가 해방되는** 일을 총체적으로 연결한다는 사실을 이해하는 것이 중요하다. 우리 인간의 미래는 창조 세계의 미래에 의존하며, 그 반대도 마찬가지다. 우리의 미래는 파멸할 운명에 놓인 창조 세계로부터 **탈출**하는 것이 아니라, 해방된 창조 세계를 누리는 것이다. 이 창조 세계는 그런 미래를 위해 지금도 호혜적 태도로 우리 몸의 구속을 간절히 바라고 있다.

이것이 예수님의 몸의 부활이 그토록 중요하게 여겨지는 하나의 이유다. 제자들은 부활하신 예수님을 보고 충격과 공포에 빠져 그분을 유령이라고 상상했다. 하지만 예수님은 의도적으로 제자들에게 자신이 온전히 물질적인 존재임을 입증해 보이신다. 그는 몸의 기관들과 뼈와 살을 지니고, 사람들과 접촉하고 음식을 먹고 불을 붙이고 아침 식사를 차릴 수 있는 능력을 가진 분이었다(눅 24:37-43; 요 21장). 하지만 물론 예수님의 부활한 몸은 시간과 공간의 정상적 한계를 초월하는 능력과 힘을 가지고 있었다. 한마디로 부활하신 예수님은 바울이 "영의 몸"(고전 15:44)이라고 부른 것의 원형을 보여 주신다. 그것은 비물질적(nonphysical)이라는 의미에서 영적인 것이 아니라, 종말론적 물질성의 모든 특성을 가진 새 창조에 속한 초물질적인(supraphysical) 몸이다.

따라서 나사렛 예수의 부활은 물질적인 전체 창조 질서에 대한 하나님의 긍정을 의미한다. 부활하신 예수님은 새 창조의 맏이다. 우리 역시 그분과 같이 몸을 가진 전적인 인간, 새로워지고 연합된 하늘과 땅 즉 새 창조 세계 안에 거하는 인간이 될 것이다.

창조 세계는 소거되는 것이 아니라 정화되고 새로워질 것이다

이 지점에서 우리는 창조 세계의 미래와 관련해 종종 제기되는 질문을 다룰 필요가 있다. 모든 것이 불태워지고 우주적 재난이 일어난다는 베드로후서 3장의 표현은 어떤 의미인가?

> 그러나 주의 날이 도둑같이 오리니 그날에는 하늘이 큰 소리로 떠나가고 물질이 뜨거운 불에 풀어지고 땅과 그중에 있는 모든 일이 드러나리로다. 이 모든 것이 이렇게 풀어지리니 너희가 어떠한 사람이 되어야 마땅하냐? 거룩한 행실과 경건함으로 하나님의 날이 임하기를 바라보고 간절히 사모하라. 그날에 하늘이 불에 타서 풀어지고 물질이 뜨거운 불에 녹아지려니와 우리는 그의 약속대로 의가 있는 곳인 새 하늘과 새 땅을 바라보도다. (10-13절)

어떤 사람들은 이 본문이 그리고 있는 주의 날이 명백하게 구속이나 갱신이 아닌 최종적 **멸망**이라고 주장한다. 그들은 이 창조 세계와 그리스도가 재림하실 때 벌어질 일 사이에 급진적 불연속성이 있다고 상정한다. 그들이 보기에 이 창조 세계는 우주적 소각을 통해 사라질 운명에 놓여 있다.[3]

---

3   이런 사고방식은 때로 창조 세계 돌봄과 관련된 모든 개념을 무시하는 태도를 수반하기도 한다. "지구가 불에 타 버릴 텐데, 왜 지금 그것을 보호하려고 애써야 하지?" 이런 질문에 대해 세 가지 답을 하고 싶다. 첫째, 앞으로 설명하겠지만 베드로가 말한 것은 그런 뜻이 아니었다고 나는 생각한다. 둘째,

하지만 우리는 그 장 전체의 맥락과 주장을 살펴봐야 한다. 이 장에서 베드로는, 모든 것이 지금까지 그래 왔듯 영원히 그대로 지속될 것이라는 무사안일한 믿음으로 미래의 심판을 비웃는 자들을 비판하고 있다(3-4절). 그들이 잊고 있는 사실은, 그런 태도가 홍수 이전에도 있었지만 하나님이 **결국** 개입하고 행동하셔서 심판이 일어났다는 것이다. 따라서 하나님은 과거에 예시로 보여 주셨던 일을 미래에 반드시, 그리고 최종적으로 다시 행하실 것이다. **그때** 물로 행하셨던 일을, **마지막에는** 불로 행하실 것이다.

여기서 주목해야 할 중요한 사항은 세상의 "멸망"과 관련한 용어가 두 사건 모두에 쓰였다는 점이다. 6-7절에서 유사한 의미의 두 단어를 눈여겨보라. "이로 말미암아 그때에 세상은 물이 넘침으로 **멸망**하였으되, 이제 하늘과 땅은 그 동일한 말씀으로 불사르기 위하여 보호하신 바 되어 경건하지 아니한 사람들의 심판과 **멸망**의 날까지 보존하여 두신 것이니라."

홍수로 인해 파괴된 것은 무엇인가? 파괴된 것은 지구 혹은 창조 세계 전체가 아니라 그 당시 땅 위에 살고 있던 불경건한 인간 사회다. 베드로는 "경건하지 아니한 사람들의 심판"이라고 말한다. 따라서 이 장 두 번째 부분에 등장하는 불과 관련한 묵시적 언어는, 첫 번째 부분의 물과 관련한 용어와 마찬가지로 정화하고 깨끗하게 하는 심판이라

설령 이 땅(베드로는 그것이 하늘과 땅을 포함한 전 우주라고 설명한다)이 (말 그대로) 불에 타서 종말을 맞을 것이라 해도, **지금** 그것을 보호하지 않을 이유가 될 수는 없다. 우리의 육체가 화장터에서 끝을 맞이할 것이라는 사실이 지금 **몸**을 돌보지 않는 이유가 될 수 없듯이 말이다. 심각한 질병으로 고민하는 환자에게 이렇게 말하는 의사를 상상해 보라. "음, 어쨌든 당신은 죽을 텐데 지금 치료해야 할 이유가 있나요?" 땅과 우리의 육체는 모두 하나님이 우리에게 돌봄과 관리를 맡기신 하나님의 선한 피조물이다. 셋째, 창조 세계와 인간 육체의 신성함은 몸의 부활과 하늘과 땅의 구속을 모두 긍정하는 성경(롬 8장은 두 진리의 결합을 분명하게 보여 준다)의 강력한 지지를 받는다.

는 성경적 의미로 이해되어야 한다.

창조 세계는 정화되고 모든 악이 씻겨 나갈 것이다. "땅과 그중에 있는 모든 일이 드러나리로다." 즉 모든 것을 보시는 창조주요 심판자의 눈앞에 그것들이 낱낱이 드러날 것이다. 이것은 전적인 소거가 아닌, 피할 수 없는 **심판**의 이미지다. 하나님께 죄악된 반역을 일으킨 '세상'의 멸망, 그 세상을 불로 깨끗하게 만드는 모습을 그려 내는 이미지다. 이후에는 어떤 일이 일어나는가? 베드로는 13절에서 놀라운 이야기를 들려준다. "우리는 그의 약속대로 의가 있는 곳인 새 하늘과 새 땅을 바라보도다." 베드로는 새로워지고 깨끗해지고 회복된 우주, 연합된 하늘과 땅을 이야기하고 있다. 이곳은 모든 반역과 불경함이 사라지고 오직 의가 존재하는 곳이다. 왜냐하면 하나님이 그곳에서 자신의 백성과 함께 거하실 것이기 때문이다.

이 내용을 다음과 같은 방식으로 설명할 수도 있다. 베드로후서 3장을 성경 드라마의 위대한 이야기의 윤곽과 연결 지을 때, 10-12절은 6막(모든 범위의 창조 세계를 깨끗하게 하는 최종적 심판)을, 13절은 7막(계 21-22장이 상세하게 묘사하는 새 창조)을 가리킨다고 볼 수 있다.

이 이미지에 대해 잠시 생각해 보자. 10절의 용어는 분명 공포스러운 우주의 용광로를 떠올리게 한다. 하지만 그것은 쓸모없는 재만 남기고 모든 것을 태워 버리는 용광로가 아니다. 이것은 모든 불순물을 제거해서 하나님의 새 창조를 위한 순금을 만들어 내는 제련 용광로다. 하나님의 창조 세계의 미래는 소거나 탈출이 아니라, 정화와 회복과 영원한 의다.

그런데 이 모든 것은 어떤 식으로 성취될까? 사실, 그것은 이미 성취되었다! 우리의 유한한 지성을 가지고 새로운 창조 세계가 어떤 모습일지, 하나님이 어떻게 그것을 이루실지 상상하기는 힘들 것이다. 오래 전부터 수많은 신자들의 몸이 땅이나 바다에 묻혀 사라지고, 혹은 순교하여 불태워지고 동물에게 잡아먹힌 사실을 아는 우리가 몸의 부활을 개념적으로 설명하기가 힘든 것처럼 말이다. 하지만 바울은 예수 그리스도의 십자가와 부활을 통해 우리 몸의 부활과 창조 세계의 구속이 이미 보장되고 앞당겨 성취되었다고 확언한다.

창조 세계는 그리스도의 십자가를 통해 하나님과 화해를 이루었다

골로새서 1:15-20은 바울이 예수 그리스도에 대해 쓴 글 중 가장 멋진 구절일 것이다.

그는 보이지 아니하는 하나님의 형상이시요 모든 피조물보다 먼저 나신 이시니, 만물이 그에게서 창조되되 하늘과 땅에서 보이는 것들과 보이지 않는 것들과 혹은 왕권들이나 주권들이나 통치자들이나 권세들이나 만물이 다 그로 말미암고, 그를 위하여 창조되었고, 또한 그가 만물보다 먼저 계시고 만물이 그 안에 함께 섰느니라. 그는 몸인 교회의 머리시라. 그가 근본이시요 죽은 자들 가운데서 먼저 나신 이시니 이는 친히 만물의 으뜸이 되려 하심이요, 아버지께서는 모든 충만으로 예수 안에 거하게 하시고 그의 십자가의 피로 화평을 이루사 만물 곧 땅에 있는 것들이나 하늘에 있는 것들이 그로 말미암아 자기와 화목하게 되기를 기뻐하심이라.

진정으로 우주적인 색채와 차원이 담긴 바울의 글에는 "만물"(*ta*

panta)이라는 단어가 다섯 번 등장한다. "하늘과 땅에서"라는 구를 첨가함으로써, 바울은 그것이 생각할 수 있는 모든 수준에 걸쳐 있는 전 창조 세계를 의미한다는 점을 분명히 한다. 그런 다음, 창조 세계에 대해 다음과 같이 설명한다.

- 그리스도에 의해, 그리스도를 위해 창조되었다.
- 그리스도에 의해 그 존재가 유지된다.
- 그리스도에 의해, 구체적으로는 "그의 십자가의 피로 화평을 이루사"(20절) **하나님과 화해하게 되었다.**

여기서 20절의 표현은 지극히 중요하다. 우리는 '눈을 들어' 그리스도의 죽음이 가지는 진정으로 우주적이고 전 창조 세계에 걸친 범위를 목도해야 한다. 바울은 하나님이 십자가를 통해 모든 창조 세계와 화해를 이루셨다고 말한다. 바울은 바로 이 점을 염두에 두고 그리스도 안에서, 그리스도 아래서 모든 창조 세계를 통일시키고자 하는 하나님의 전체 계획을 요약한 것이다(엡 1:10).

그다음 너무나 멋진 구절이 이어진다. "**그리고 너희 역시**"(ESV)라는 말로 시작되는 21절에서 복수형인 "너희"가 두드러진다. 광대한 창조 세계를 포괄하고 그리스도가 중심에 계시며 교회를 형성하는 본문인 15-20절의 맥락 안에서 바울은 이제 자신의 이방인 독자들에게로 관심을 돌린다. 직전에 **창조 세계**에 대해 사용했던(20절) '화해'라는 동일한 단어를 **그들**에게 적용하면서(22절), 놀랍게도 그들이 복음을 믿음으로 말미암아 하나님의 이 위대한 계획 안에 포함되어 있음을 확신시킨다. 화해의 수단 또한 동일하게 그리스도의 죽으심이다. 하나님의 위대한 이야기가 이제 (이방인, 그리고 개별적 인간으로서) 그들의 이야기가 되었다.

우리는 복음을 거꾸로 소개하는 경향이 있다. 보통 개인적 차원에서 시작해 이렇게 복음을 진술한다. '그리스도는 당신의 죄를 속량하고 당신에게 영원한 생명을 주기 위해 돌아가셨다.' 이것은 굉장히 놀라운 진리이기에, 우리는 하나님을 찬양할 수밖에 없다! 그러고 나서 우리는 교회의 차원으로 나아가게 될 것이다. '그리스도로 인해 구속된 우리는 모두 교회를 이루는 부분, 하나님의 백성, 그리스도의 몸이다. 그러므로 당신은 교회에 참여해야 한다.' 가능하다면 창조 세계의 차원까지 나아가게 될지도 모른다. '죽어서 천국에 가기 전까지는, 혹은 그리스도가 다시 오셔서 우리를 집으로 데려가시기 전까지는 이 땅에서 살고 일해야 한다.' 우리는 개인에게 우선순위를 두고 나서 큰 그림(혹은 그것에 대한 불충분한 이해)으로 (종종 가장 마지막에) 이동한다.

이 본문에서 바울은 이와 정확히 반대 방향으로 이동하는 모습을 보여 준다. 그는 온 창조 세계에 대한 그리스도의 우주적 주되심이라는 큰 이야기에서 시작한다[4장에서 보았듯이 예수님 역시 이른바 대위임령을 이 이야기로 시작하신다(마 28:18)]. 그러고 나서 그리스도가 머리 되시는 교회에 대해 이야기하고, 십자가를 통해 구속된 창조 세계로 나아간다. 이 모든 것을 다룬 이후에 그는 비로소 복음을 듣고 믿음으로 반응한 개인 신자들에게로 관심을 돌린다. "골로새의 신자 여러분 역시 '이 복음', 모든 창조 세계를 위한 좋은 소식을 믿은 덕분에 우주적 창조와 화해의 큰 이야기의 일부가 되었습니다. 하나님이 십자가를 통해 **여러분과도** 화해하셨습니다." 이것이 복음, 즉 그리스도의 죽음과 부활을 통해 성취된 구속하고 구원하고 화해시키는 하나님의 계획 안에 모든 창조 세계를 포함시키는 성경적 복음이다.

그래서 나는 자신이 그리스도인, 예수님을 따르는 제자라고 주장하고 주님이자 왕이신 예수께 복종(이것은 그리스도인이 무엇인지를 분명하게 정의 내리는 표현이다)한다고 말하면서도 창조 세계에 아무런 관심이 없거나 심지어 창조 세계를 위해 행동하는 이들에게 적의를 가지는 사람은 성경적 복음을 부인하는 사람이라고 생각한다. 왜냐하면 성경적 복음은 예수 그리스도께서 창조 세계의 창조주, 유지자, 구속주라고 선포하기 때문이다. 나는 성경적 복음이 선포하는 것을 무시하면서 그리스도를 **나의** 주님이요 구주라고 주장할 수 없다. 그분은 **창조 세계의** 주님이요 화해자이시다.

그렇다면 우리의 최종 목적지는 어디일까?

너무나 많은 그리스도인들이 우리가 이 땅을 떠나 하늘나라에 가서 살게 될 때 세상이 끝나리라고 믿고 있다는 것은 참으로 놀랍고도 유감스러운 사실이다. 이런 가정이 널리 퍼지게 된 것은, 이런 종류의 이미지를 전달하는 수많은 찬송가와 노래의 영향 때문일 것이다. 즉 올라가고, 고향으로 가고, 저 높은 곳의 왕국에 오르고, 영원한 안식으로 들어가는 것과 같은 이미지들 말이다. 하지만 이것은 결단코 성경의 결말이 아니다. 2장으로 돌아가 7막을 다시 확인해 보라.

물론 우리에게 큰 위안과 소망을 주는 중요한 진실이 하나 있다. 바로 신자들이 그리스도 안에서 믿음을 가지고 죽으면 이곳을 떠나 그리스도와 함께 있게 된다는 사실이다. 우리는 그들이 안전하게 보호를 받고 지상의 삶에서 겪는 모든 위험과 고통에서 벗어나 편히 쉴 수 있음을 확신할 수 있다. 이것은 때로 신자의 죽음과 그리스도의 재림 사이에 남아 있는 자들이 경험하는 **지상** 시간의 중간 경로를 의미하는 '중간 상태'로 불린다. 어떤 의미에서, 사망한 신자들은 지상의 시간을 떠나 부활하고 승천하신 그리스도의 임재가 있는 새 창조의 실재를 경험하고 있다고 볼 수 있다. 그렇게 한정된 의미에서 그들은 '천국에' 있다. 하지만 성경은 중간 상태는 그야말로 **중간**일 뿐임을 분명히 밝힌다. 우리의 **최종** 목적지는 그저 '죽어서 천국에 가는 것'이 아니다.

요한계시록 21-22장에 나타난 성경의 최종적이고 역동적인 움직임은 위가 아니라 아래를 향한 움직임이다! 요한이 본 것은, **우리** 모두가 하늘로 올라가는 것이 아니라 **하나님**이 이곳으로 내려오시는 장면이다. 그분은 하나님의 도성과 함께 내려오시고, 하늘과 땅을 다시 연합시켜 그곳에서 신부인 우리와 영원히 함께 거하신다. 하나님의 보좌에서 들려오는 큰 음성은 세 번이나 이렇게 외친다. "사람들과 **함께**…그들과 **함께**…그들과 **함께**"(계 21:3). 이것은 임마누엘 표적의 영광스러운 최종적 성취다. 임마누엘은 '우리가 하나님과 함께한다'가 아닌 '하나님이 우리와 함께하신다'는 뜻임을 기억하라. 우리가 하나님과 함께하기 위해 어딘가로 가는 것이 아니다. 시편 기자와 예언자들이 예언하고 기도한 대로 하나님이 우리와 함께하기 위해 이 땅에 오신다. "원하건대 주는 하늘을 가르고 강림하시고!"(사 64:1) 이에 하나님이 말씀하신다. '내가 그렇게 할 것이다!' 그리고 요한은 말한다. '내가 그 모습을 보았다!'

이제 모든 것을 종합해 보자. 앞 장과 이번 장을 통해 우리는 성경을 하나의 위대한 이야기로 읽는 선교적 해석학 안에 창조 세계를 포함시키는 작업을 해 왔다. 먼저 우리는 창조 세계의 선함과 영광에 대해 고찰해 보았다(1막의 내용을 반영하여). 그다음 그리스도의 십자가와 부활이 성취한 구속과 화해의 관점에서(4막) 창조 세계의 종착지(6막과 7막)를 규명하면서 경탄을 느꼈다. 그렇다면 선교적 의미에서 이 모든 것은 지금 여기서 행해지는 생태적 사고 및 행동과 어떤 관계가 있는가?

하나님의 창조 세계를 경건하게 사용하고 돌봄으로써 우리는 두 가지 일을 동시에 하게 된다. 한편으로, 하나님의 형상으로 만들어진 인간에게 하나님이 태초부터 부여하신 역할을 **수행한다**. 즉 하나님의 창조 질서 안에서 왕과 제사장으로서 다스리고 섬기는 역할이다. 그렇게 함으로써 우리는 창조 세계 안에서, 그것을 위해 수행하는 **모든** 일을 통해 하나님께 올바르게 영광을 돌릴 수 있다. 물론 그 일은 자연계와 구체적으로 연관되는 일(환경 보호, 환경생물학, 기후를 위한 행동 등과 같은 '창조 세계 돌봄')을 포함하지만 그것에 한정되지는 않는다.

다른 한편으로, 우리는 새 창조 세계에서 온전히 맡게 될 올바른 왕과 제사장 역할을 **내다본다**. 그것은 창조 세계에 대한 하나님의 자애로운 다스림을 시행하고, 하나님이 거하시는 성전으로서 그 장소를 그분을 위해 섬기는 역할을 말한다.

다시 말해, 지금 수행하는 생태적 행동은 성경의 시작 부분에서 주어진 창조적 책임인 동시에, 성경의 결말 부분(물론 이것은 새로운 시작이다!)에 대한 종말론적 표현이다. 그리스도인의 생태적 행동은 창조 세계 안에서 인간이 가지는 적절한 위치와 기능의 회복을 가리키고 기대한다. 그것은 우리가 본래 창조될 때 의도되었던 행동, 그리고 언젠가 온전히 구속되는 날 우리에게 기대되는 행동을 하는 것이다.

땅은 그것을 위해 지명된 왕과 제사장들이 드러나기를 간절히 열망하며 기다리고 있다. 이들은 바로, 새로워지고 화해되고 연합된 창조 세계라는 성전에서 예수 그리스도의 주되심 아래 하나님을 영화롭게 하는 구속된 인류다.

9장
위대한 이야기, 위대한 임무, 교회의 선교

이제 지금까지의 여정을 돌아보도록 하자. 우리는 **선교적 해석학**이라는 용어를 사용하는 하나의 방식, 즉 성경을 하나님의 선교를 보여 주는 방대한 서사로서 읽는 방식에 초점을 맞추어 왔다. 이 '위대한 이야기'는 대위임령이 포함되어 있는 맥락이다. 그 **이야기**는 하나님이 온 창조 세계와 열방을 향해 품으신 의도에 대해 들려준다. **대위임령**은 그리스도의 주되심 아래서, 하나님이 그분의 의도를 완수하고 사명을 성취하시리라는 확신을 가지고 하나님과 함께 일하라고 **우리에게** 명령한다.

성경이 펼쳐 보이는 광대한 하나님의 선교를 이해하기 시작했다면, 더 나아가 그에 부합하는 하나님 백성의 선교를 이해하는 방식은 무엇인지 질문해야 한다. 교회의 선교를 구성하는 것은 무엇인가? 이 질문에 대해 제시된 수많은 제안들 가운데 우리는 이른바 선교의 다섯 가지 표지(복음 전도, 가르침, 긍휼, 정의, 창조 세계에 대한 책임)를 고찰해 보았다. 이것들은 하나님이 그리스도 안에서 앞서 성취하신 구속과 우리에게 주신 은혜에 감사하며 순종으로 반응하기 위해 수행해야 할 선교적 의무들을 요약한 핵심 요점으로서, 충분한 포괄성과 성경적 타당성을 갖는다. 이 다섯 가지 표지들은 모두 성경에 근거를 두고, 예수님을 주님으로 부르는 것의 의미를 각각 고유한 방식으로 표현한다. 나는 '총체적 선교'를 이루는 모든 차원을 하나로 연결하는 것이 하나님 나라 복음의 중심성(주님이신 그리스도를 통한, 그리고 그분 안에서의 하나님 통치)임을 강조하기 위해 노력했다.

단순한 설명을 위해, 나는 선교적 노력이 이루어지는 세 개의 주요 영역 안에 다섯 가지 표지를 결합시켰다. 바로, 복음 전도와 가르침을 통해 **교회**를 세우고 성장시키기, 긍휼 사역과 정의 옹호를 통해 **사회** 섬기기, **창조 세계**를 책임 있게 사용하고 관리하고 돌보기. 5-7장이 이 세 영역을 다루고 있다.

결론부가 될 이 장에서는 모든 신자와 교회가 충분히 제기할 만한 질문을 다루어야 할 것이다. 위대한 이야기와 대위임령과 총체적 선교의 윤곽에 대한 개관이 과연 우리 자신과 교회에는 어떤 함의를 가지는가? 이런 선교적 해석학은 선교 신학뿐 아니라 우리의 실천을 어떻게 형성하는가?

이에 대해 나는 세 가지 요점을 제시할 것이고, 첫 번째 요점이 이후 내용의 기초가 된다.

하나님의 온전한 선교는 하나님의 교회 전체를 위한 것이다

(2장에서) 성경적 선교 신학에서 아브라함을 선택하신 일이 가지는 중요성을 강조한 이유는, 그것이 다음과 같은 결정적으로 중요한 두 가

지 요소를 결합하고 있기 때문이다. (1) 열방을 그분의 복의 영역 안으로 데려오고자 하는 하나님의 궁극적 의도(갈 3:8에서 바울은 이것을 "복음"이라고 부른다). (2) 그 의도를 성취하기 위해 하나님이 선택하신 수단(즉 아브라함의 자손인 한 백성).¹ 하나님의 기초적 부르심과 약속이 기록된 창세기 12:1-3의 절정을 이루는 행에는 두 요소가 모두 담겨 있다. **"땅의 모든 족속이 너로 말미암아** 복을 얻을 것이라"(앞 절에서 말한 대로 "너는" 큰 민족이 될 것이므로). 이 약속은 창세기에서 네 번 더 반복된다(18:18-19; 22:18; 26:4-5, 28:14). 그중 18:18-19은 하나님의 **선교**와 하나님 **백성**의 연결성이 가장 명확하게 드러나는 곳이다. 하나님은 열방에게 복 주시려는 의도를 다시 천명하고 나서(18절), 아브라함을 선택하신 이유가 하나님의 길을 따르는 공동체를 창조함으로써 자신이 그 약속을 지키려는 것임을 밝히신다(19절).²

따라서 처음부터 이 땅 위의 하나님 백성의 **존재**는 열방을 향한 하나님의 **선교**와 긴밀하게 연결되어 있다.³ 이것이 바로 이 단락의 제목에 두 번 사용된 'whole'(온전한/전체의)의 의미다.

선교는 소수의 전문가들(선교사 혹은 선교 협력자)에 의한 전문적 활동

---

1   물론 살아 계신 삼위 하나님이 열방을 위한 복의 가능성을 여신 '수단'은, 당연히 성령의 능력 안에서 성자 하나님 나사렛 예수의 십자가와 부활을 통한 것이다. 하지만 여기서 중요한 점은, 돌아가시고 부활하신 예수님이 엄밀하게 이스라엘의 메시아였고 현재도 그러하다는 사실, 그리고 하나님이 이스라엘을 창조하고 선택하셔서 이 백성을 통해 "연약한 육체를 입고 죽기로"[Samuel Crossman의 찬송가 "My Song Is Love Unknown"(1664)에서 인용] 하셨다는 사실이다.
2   이 문장에서 내가 부각한 의도성은, 히브리어 문장에서 두 번 사용된 '-하려고'라는 뜻의 *lema'an*이라는 단어가 표현하는 것이다. 이것은 문장의 세 절을 신적 목적에 대한 하나의 단언과 연결한다(창 18:19).
3   나는 이 단순한 진술이 가지는 여러 함의를 다음 책에서 깊이 있게 고찰했다. *The Mission of God: Unlocking the Bible's Grand Narrative* (Downers Grove, IL: IVP Academic, 2006) and *The Mission of God's People: A Biblical Theology of the Church's Mission*, Biblical Theology for Life (Grand Rapids: Zondervan, 2010).

이 아니며, **교회 전체가** 하나님의 선교를 위해 존재한다. 앞서 말했듯이, 하나님이 교회를 위해 선교하시는 것이 아니라, 그분의 선교를 위해 교회를 세우신 것이다. 하나님이 교회(아브라함과 유기적이고 영적인 연속성을 가진 백성)를 존재케 하신 것은 하나님이 온 창조 세계와 열방의 하나님이기 때문이고, 그 둘의 화해와 구속을 위해 목적의식을 가지고 전 역사를 통해 일하고 계시기 때문이다. 하나님은 구속된 백성을 창조하고 부르셔서, 현세의 **역사**가 진행되는 동안 그분의 구속적 선교의 동역자가 되게 하신다. 이 백성은 새 창조 세계에서 영광스럽고 지속적이고 목적 있는 삶을 살며 **영원토록** 그분의 왕, 제사장, 종이 될 것이다.

이 같은 우주적 진리는, 십자가에 달리고 부활하신 주 예수 그리스도께서 전하신 대위임령의 첫 번째 주장과 곧바로 이어지는 명령의 기초가 된다. "하늘과 땅의 모든 권세를 내게 주셨으니, 그러므로 너희는 가서 모든 민족을 제자로 삼아"(마 28:18-19). 지금까지 말해 왔듯이, 나는 대위임령을 교회의 선교에 권위와 내용을 부여하는 유일한, 혹은 가장 중요한 성경 본문으로 제시하려는 것이 아니다. 하지만 그것을 **하나의 중요한 본문**으로 여긴다 해도, 이 명령은 분명히 승천의 날에 부활하신 그리스도의 임재 앞에 서 있거나 무릎 꿇고 있었던 열한 제자와, 그분의 명령에 순종하고 세상 끝 날까지 함께하시겠다는 약속을 받는 모든 그리스도의 제자들에게 공히 주어진 것이다.[4] 대위임령은 선교 기관이나 단체만을 위한 것이 아니다. 그것은 온 교회, 모든 교회, 주 예수 그리스도를 따르는 모든 제자들에게 주어진 것이다. 사실 이 명령은 자기

---

4 대위임령이 모든 세대의 모든 그리스도의 제자들을 위한 것이라는 가정은 요한복음 17장에서 예수님이 드리신 위대한 대제사장의 기도와 부합한다. 그분은 그날 방에 함께 있던 제자들뿐 아니라 "그들의 말로 말미암아 나[예수님]를 믿는 사람들"(요 17:20)을 위해서도 기도하셨다.

반복적이라고 할 수 있는데, 왜냐하면 예수님이 가르치신 모든 것에 순종하는 일은 대위임령 자체가 지시하는 내용들을 포함해야 하기 때문이다.[5]

그런 의미에서 **전체** 교회는 선교적이다. 모든 지역 교회는 선교적 교회이며, 그렇지 않다면 그것은 교회로 존재하는 것이 아니다. 그런 교회는 종교적인 사람들이 서로 지지하기 위해 만나는 모임일 수 있지만, 자기 존재의 선교적 본질(자신들이 정말로 **그곳에** 교회로 모여 있는 **이유**)을 인식하지 못한다면 그들은 성경의 플롯을 잃어버린 것이다. 교회의 모든 속성과 행위는 어떤 식으로든 일차적으로 하나님의 백성인 교회가 지니는 존재 목적과 연결되어야 한다. 그 목적은 바로, 영원히 이어질 하나님의 궁극적 영광을 위해 역사 속에서 이루어지는 하나님의 선교를 돕는 것이다.

때로 이 지점에서 반대 의견이 제시되곤 한다. "만약 모든 것이 선교라면 아무것도 선교가 아니다."[6] 보통 이런 문구는, 교회가 하는 모든 것이 '선교'라고 **표현한다면** 복음 전도나 선교사 파송을 위한 어떤 분명하거나 특별한 범주도 남지 않을 것이라는 두려움에서 나온 것이다.[7]

---

5 이것은 Craig L. Blomberg가 "The Great Commission", in *Devotions on the Greek New Testament: 52 Reflections to Inspire and Instruct*, ed. J. Scott Duvall and Verlyn D. Verbrugge (Grand Rapids: Zondervan, 2010), pp. 25-26에서 지적한 내용이다.
6 나는 자주 붙어 다니는 이 꼬리표가 Stephen Neill 주교에게서 비롯된 것이라고 생각한다.
7 이런 문구는 **선교**라는 단어와 관련된 서로 다른 의미들 혹은 지시 대상들을 혼동하고 있기 때문에, 무의미하고 오해의 여지가 있다. 그 말의 피상성을 입증하기 위해 다음과 같은 단언을 생각해 보자. 성경은 **그리스도인의 삶과 교회가 하는 일의 모든 측면이 사역(즉 하나님을 섬기는 일)의 한 형태**라고 말한다. 이제, 안수받은 목회자의 사역을 보호하고 싶어 하고 그것이 무시되는 것에 두려움을 느끼는 어떤 사람이 이 강조된 문장에 대해 다음과 같은 문구로 응수한다고 가정해 보자. "만약 모든 것이 사역이라면 아무것도 사역이 아니다." 혹은, 성경적으로 볼 때 그리스도인의 삶과 일 전체가 하나님께 감사로 드리는 예배의 한 형태라는 단언은 공예배 때 행하는 특정한 공동체적 행위를 무시할 수 있다고 말하며 이렇게 경고하는 사람도 있을 수 있다. "만약 모든 것이 예배라면 아무것도 예배가 아니다." 우리는 이런 종류의 경멸적 수사학에서 피상적인 혼동을 간파할 수 있다.

슬프게도 '선교적' 교회로 자칭하면서도 타문화 및 해외 선교와 교회 개척이나 심지어 직접적 복음 전도 활동을 일체 포기한 듯 보이는 교회들이 실제로 있다. 그들이 사용하는 '선교적'이라는 용어는 해당 지역 사회에 유익을 끼치려는 소망을 가지고 종으로서 그곳에 존재한다(물론 이것 자체는 매우 좋은 일이다)는 의미일 뿐이다. 복음 중심성과 하나님이 그리스도 안에서 하신 일을 말로 전달하는 증언의 타협 불가능한 필요성을 다룬 4장에서 보았듯이, 나는 국내와 국외에서의 복음 전도와 교회 세우기가 절대적으로 중요하다고 믿는다. 하지만 복음 전도와 교회 세우기는 하나님이 교회를 불러 존재케 하신 목적으로서 성경이 지시하는 교회의 선교의 **전부**가 아니다. 온 교회는 하나님의 온전한 선교에 참여하도록 부름받는다. 교회의 삶의 모든 측면과 차원은 어떤 형태로든 우리의 근본적 존재 이유를 위해 우리를 준비시키고 동기를 부여하는 데 기여해야 한다. 그 존재 이유란, 세상 속에서 이루어지는 하나님의 선교에 참여하는 것이다.

나는 이 내용을 다른 책에서 이렇게 썼다.

이 점에 있어서, 레슬리 뉴비긴은 교회의 삶의 선교적 **차원**과 선교적 **의도** 사이의 유익한 구분을 제시한다. 교회는 하나님의 선교를 위해 존재하기 때문에 그 삶 전체(예배, 교제, 목회, 가르침, 봉사)가 선교적 차원을 갖는다. 왜냐하면 그것이 교회가 존재하는 이유이자 방식이기 때문이다. 교회의 모든 속성과 행위는 어떤 식으로든 일차적으로 하나님의 백성인 우리의 존재 이유와 연결되어야 한다. 우리의 존재 이유는 하나님의 궁극적 영광을 위해 하나님의 선교를 돕는 것이다. 교회의 활동은 교회가 존재하는 목적에 따라 평가되어야 한다. 그 활동들은 '목적에 부합하는

가?' 이것이 모든 교회의 삶이 가지는 선교적 **차원**이다.

하지만 교회는 또한 선교적 **의도**를 가지고 행동한다. 교회의 구체적 행동과 계획은, 말과 행동으로 하나님 나라의 좋은 소식을 증언하려는 의도와, 대위임령이 제시하고 전체 성경이 상술하는 광범위한 책임을 완수하려는 명확한 의도에 따라 계획되고 자원을 조달하고 수행된다. 이것들은 '선교의 다섯 가지 표지'로 요약되지만, 그 안에 완전히 담길 수는 없다.[8]

그러므로 하나님의 온전한 선교는 하나님의 교회 전체를 위한 것이다.

하지만 모든 사람이 모든 것을 할 수는 없다! 우리는 압도될 필요가 없다. 내가 4장의 내용으로 총체적 선교에 관한 설교나 강의를 하고 나면 때로 이렇게 말하는 사람들이 있다. "복음을 전파하고 신학을 가르치고 주린 자를 먹이고 창조 세계를 돌보는 일 등등 다양한 종류의 선교에 대한 말씀을 잘 들었습니다. 하지만 제 몸은 하나이고, 그 모든 걸 다 할 수 없습니다!" 그러면 나는 보통 이렇게 대답한다. "네, 무슨 말씀인지 알겠습니다. 하나님도 그렇게 생각하실 거예요. 바로 그렇기 때문에 그분이 교회를 창조하신 겁니다." 하나님의 온전한 선교에 참여하기 위해서는 교회 **전체**와 **모든** 구성원이 필요하다. **모든 사람**이 **모든 것**을 하는 것이 아니라, 하나님이 주시는 은사와 이끄심을 따라 의도를

---

8   Christopher J. H. Wright, "Participatory Mission: The Mission of God's People Revealed in the Whole Bible Story", in *Four Views on the Church's Mission*, ed. Jason S. Sexton, Counterpoints: Bible and Theology (Grand Rapids: Zondervan, 2017), pp. 90-91. Newbigin은 초기작 *One Body, One Gospel, One World: The Christian Mission Today* (London: International Missionary Council, 1958) 에서 이런 구분을 보여 준다.

가지고 **어떤 일**을 하는 것이다. 그렇게 하면 다양성을 가진 전체 교회가 다양한 방식으로 하나님의 선교에 참여하게 될 것이다.

따라서 하나님의 온전한 선교는 하나님의 교회 전체를 위한 것이다. 여기서 우리는 두 번째 답변으로 나아가게 된다.

전체 교회의 선교는 교회의 모든 구성원이 참여한다

전체 교회가 하나님의 선교를 위해 존재한다면, 그 구성원들도 마찬가지다. 교회의 정의가 선교적이라면, 모든 그리스도인의 소명 역시 선교적이어야 한다. 우리는 선교란 우리가 '선교 협력자'(mission partner, 최근의 많은 교회들이 오래되고 다소 편향적인 **선교사** 대신 사용하고 있는 용어)로 지명한 교회 구성원에 의해서만 이루어지는 어떤 것이라는 패러다임에 근본적으로 도전해야 한다. 이 패러다임에 따르면 나머지 사람들은 무엇인가? 선교 **비협력자**? 잠자는 협력자?

물론 우리가 말하는 **선교 협력자**는 보통 교회가 발견하고 임명하여 해외 혹은 국내의 타문화 지역으로 파송되는 사람이다. 그들은 일반적으로 '후원자를 모으고' 자신의 교회나 다른 교회에 소속된 동료 신자들로부터 재정적 지원을 받는다. 많은 경우 그들을 파송한 교회와 협력하는 선교 기관이나 단체를 통해 서로 지지하고 책임지는 구조를 형성하고 그 안에서 활동한다.

우리는 그들로 인해 하나님께 감사한다! 그들을 위해 기도하고 재정을 포함한 많은 것들을 후원한다. 장로 요한은 "주의 이름을 위하여" 순회하며 지역 교회들의 환대와 지지가 필요했던 '형제와 자매들'에 대해 다음과 같이 말한다. "네가 하나님께 합당하게 그들을 전송하면 좋으리로다.…이는 우리로 진리를 위하여 함께 일하는 자가 되게 하려 함이라"(요삼 6-8절: 선교사와 그 후원자들에 대한 아름다운 표현이다). 또한 그들은 그리스도의 전 지구적 몸의 여러 다른 지체들이 서로 복을 주고받게 해주는 멋진 대사들이다(신약 시대에 에바브라, 에바브로디도, 뵈뵈 같은 인물들이 그랬던 것처럼). 그러므로 내 말을 오해하지 않기를 바란다. 교회가 선교 협력자들을 후원하는 것은, 하나님의 교회가 선교적 순종을 해 나가면서 필요한 선한 방식의 일부다.

하지만 우리가 **해외로 보내는 사람들만**을 '선교 협력자'라고 지칭하게 되면, '선교'란 모든 교회 구성원들이 단순히 주 예수 그리스도의 제자가 됨으로써 참여하는 어떤 것이 아니라 **그들**이 하는 것이라는 의미를 부여하는 경향이 생긴다. 그래서 나는 '**타문화** 선교 협력자' '**국제** 선교 협력자' '**후원받는** 선교 협력자'와 같이 그 용어 앞에 수식어를 넣었으면 한다. 아마도 이들은 교회의 1-2퍼센트 정도의 비율을 차지할 것이다. 따라서 교회의 후원을 받는 타문화 선교 협력자들의 일이 아무리 필수적이고 중요하다고 해도, 이들은 대위임령을 받은 예수님의 모든 제자들 중 극히 일부에 불과하다.

런던 랭엄 플레이스의 올 소울스 교회에서 2020년 5월까지 주임사제(담임목사)로 있었던 휴 파머(Hugh Palmer)는 어느 일요일에 설교하면서 이렇게 말했다. "우리 교회는 매주 1,500명의 선교 협력자를 보내고 있습니다"(이 수치는 그 당시 우리 교회의 대략적인 출석 교인 수였다). 그리고 이렇게 덧붙였다. "그중 몇몇은 해외에서 섬기고 있습니다." 물론 그 말의 의미는 교회 문을 나서서 세상으로 가는 **온 회중**이 '선교지'로 가는 사람이라는 뜻이었다. 그들의 선교지는 자신들이 살아가는 곳, 매일 일하고 여가를 보내는 곳이다. 어느 곳이든 신앙이 불신앙을 대면하고, 신자의 삶 속의 하나님 나라가 세상 나라를 대면하는 곳이 선교지다. 그곳이 바로 선교의 최전선이다. 그곳은 옆 대륙에 있을 수 있지만 바로 옆집에 있을 수도 있다. 언제든, 어디서든, 어떤 방식으로든, 모든 신자는 예수 그리스도의 제자로 살고 일하도록 부름받는다. 말과 행동으로 복음의 진리를 증언하고, 빛과 소금으로서 하나님 나라의 현존과 요구와 가치를 구체화하면서 말이다.

따라서 전체 교회의 선교는 교회의 모든 구성원이 참여한다. **하지만 우리가 부름받아 파송되는 곳은 서로 다르다.**

우리는 교회의 구성원으로서 우리 모두가 공유하는 **일반적** 부르심(바울이 엡 1-3장에서 말한 모든 내용을 토대로 4:1에서 말하고 있는, 그리스도 안에서 구속되고 성령이 거하시는 하나님의 백성이 되라는 부르심)과, 하나님이 주권적 은혜를 따라 각 사람에게 다르게 수여하시는 **특별한** 은사와 부르심을 구별해야 한다. 예를 들어, 각각의 선교의 표지들과 관련해서 우리는 일반적 부르심과 특별한 은사를 확인할 수 있다.

- 우리는 **모두** 자신의 믿음을 증언할 준비가 되어 있어야 한다. 하지만 **어떤 사람**은 복음 전도자로서 특별한 은사를 받는다.
- 우리는 **모두** "그리스도의 말씀이 너희[우리] 속에 풍성히 거하여 모든 지혜로 피차 가르치며 권면"(골 3:16)해야 하지만, **어떤 사람**은 교사로서 특별한 은사를 받는다(엡 4:11. 약 3:1에 따르면 이 은사를 받는 사람은 많지 않다).
- 우리는 **모두** 긍휼과 친절을 실천하고 정의롭고 올바른 것을 옹호해야 한다. 하지만 **어떤 사람**은 정치나 사법적 변호 영역으로, 혹은 지구적 빈곤과 기아와 질병과 싸우는 전문적인 일로 특별한 부르심을 받는다.
- 우리는 **모두** 창조 세계를 책임 있게 이용하고 돌보며 살아가야 한다.

하지만 **어떤 사람**은 환경생물학을 공부하고 생태적 과학 연구와 옹호 활동을 하도록 부름받고, 학위를 얻고, 전문적으로 훈련받는다.

모든 교회 구성원은 하나님 백성의 일부로서 세상 속에서 헌신된 그리스도인으로 살아가는 일상적이고 보편적인 삶을 통해 자신의 선교적 부르심에 참여한다. 또한 하나님은 이런저런 사람들을 특별한 선교적 소명으로 불러 구비시키고 직업을 통해 그 소명을 따르게 하신다. 우리는 선교의 두 차원 모두를 북돋우고 장려하고 중요하게 여겨야 한다.

하나님의 온전한 선교는 하나님의 교회 전체를 위한 것이며, 전체 교회의 선교는 모든 구성원들이 참여한다. 이제 마지막 요점을 다룰 차례다.

모든 교회 구성원의 선교는 삶 전체를 포함한다

우리는 세속적 영역과 신성한 영역을 둘로 나누는 뿌리 깊은 사고 습관을 깨뜨려야 한다. 그것은 계몽주의 이후 서구 문화를 너무도 강력하게 지배해 온 패러다임이기 때문에 우리는 그것을 인식조차 하지 못하고, 원래 이치가 그런 것이라고 생각한다. 교회, 기독교적 활동, 예배, 기도, 복음 전도 등 하나님이 관심 가지시는 '종교적' 삶의 부분이 있다. 그 나머지는 우리 모두가 불가피하게 대부분의 시간을 쓰는 영역(일하고 가정생활을 하고 여가를 즐기는 이른바 세속적 세계)에서의 삶이다.

우리는 세속 영역에서의 일이 가지는 유일한 의미는, 교회에서 보수를 받는 '전임 사역자들' 즉, 진정으로 열심을 가진 그리스도인들이 살아가는 신성한 영역을 지원하기 위한 여유 자금과 시간을 버는 것이라고 생각한다. '하나님의 일'을 하는 것은 **그들**이다. 이런 '이분법적 사고'는, (특히) '사역'에 관한 대중적 개념을 포함한 교회 생활의 너무나 많은 부분에 나쁜 영향을 끼친다. 사람들은 여전히 사역이라는 용어를, 안수받은 목회 사역을 당연히 포함하는, 교회 안에서 교회를 위해 행해지고 교회가 보수를 지급하는 일에만 배타적으로 사용하는 데 익숙하다. '사역으로 부름받는다'거나 '사역을 맡는다'는 말을 들으면 '세속' 직업을 내려놓고 교회 기반의 사역이나 교회가 지원하는 선교와 관련된 더 고상하고 영적인 임무를 맡는 것을 자연스럽게 떠올린다.[9]

이것은 사람을 좌절시키는 유해한 이분법이다. 대다수의 그리스도인은 안수받은 목회 사역이나 타문화 선교 사역 혹은 여타 '전임 사역'에 종사하지 않는다(그래서도 안 된다). 그런데 그런 부르심이 교회 내 모종의 엘리트적 지위를 가진 사람에게만 해당된다고 한다면, '일반적 그리스도인들'은 쉽게 다음과 같이 생각하게 된다. 한편으로, 이들이 ('세속적' 세계에서) **대부분의** 시간을 들여 해야 하는 일이 하나님께, 혹은 영원을 위해서는 아무런 가치가 없다. 다른 한편으로, 이들은 하나님이 진정으로 관심 가지신다고 여기는 일, 이른바 교회 일 혹은 하나님의 일에 **적은 분량의** 시간만을 겨우 할애할 수 있을 뿐이다. 삶을 대하는 이런 방식은 사람을 깊이 낙담시키고, 쓸모없게 만들고, 의욕을 잃게 하고, 솔직히 비성경적이다.

---

9   막 안수받은 신임 목사가 어느 예배에서 인터뷰를 하며 했던 말이 기억난다. 안수를 받게 된 동기가 무엇이었느냐는 질문에 그는 이렇게 대답했다. "이전에 저는 수학 교사였습니다. 그러다가 제가 수학보다 예수님을 더 사랑한다는 사실을 깨닫게 되었지요." 충격적인 발언이었다. 도대체 그는 회중 가운데 앉아 있는 교사들을 향해 무슨 말을 하고 있었던가? 성직이 아니라 교직에 어떻게든 붙어 있는 것은 그들이 예수님을 덜 사랑하기 때문이라고? 아니면, 아이들을 위해 한 주 내내 교실에서 에너지와 기술을 쏟아부으며 소진되고 있는 그리스도인 여성보다는 목사가 예수님에게 더 많은 사랑을 표현하는 사람이라는 말인가? 이것이 바로 '성-속 분리'가 끼치는 비성경적인 영적 악영향이다.

존 스토트는 사역과 선교에 관한 이와 같은 이분법을 단호하게 반대했다. 성경적으로 볼 때 사역과 선교의 개념은 그리스도의 **모든** 제자들의 삶 전체를 정의하고 특징지어야 한다. 그들은 모든 방식으로 자신들의 은사와 능력과 훈련된 기술을 발휘할 수 있고, 자신들을 가로막고 좌절시키는 타락한 세상의 어떤 상황 속에서도 하나님이 주신 열망과 포부를 어떤 방식으로든 성취할 수 있다. 사도행전 6장이 말하는 다른 종류의 디아코니아(말씀을 나누는 사역과 '음식'을 나누는 사역)에 대해 내가 앞서 말한 내용[10]과 동일한 주장을 펼친 후 스토트는 이렇게 말한다.

하나님이 그곳으로 부르신다면, 선교사나 목사가 되는 것은 놀라운 특권이다. 하지만 **하나님이 부르신다면** 그리스도인 법률가, 기업가, 정치인, 경영자, 사회복지사, 방송 작가, 기자, 주부가 되는 것도 동일하게 놀라운 일이다. 로마서 13:4에 따르면 국가의 관리도 목사와 동일한 '하나님의 사역자'(*diakonos theou*)다.…

자신의 일상적인 일을 주요한 기독교 사역으로 여기고 그리스도를 위해 자신이 속한 세속적 환경에 침투해 들어가기로 결단하는 그리스도인 남녀들이 절실하게 필요하다.[11]

---

10 6장 주10을 보라.
11 John Stott, *The Contemporary Christian* (Downers Grove, IL: InterVarsity, 1992), p. 142(강조는 원문의 것). 『시대를 사는 그리스도인』(IVP). Stott는 이런 신념 때문에 런던 현대 기독교 연구소를 설립하고, 폭넓은 범위의 직업과 전문 영역에 속한 평신도 그리스도인들이 철저하게 성경적인 세계관을 가지고 일터로 나아감으로써 '삶 전체로 제자가 되도록' 구비시키는 일을 해 왔다. 또한 출판물을 통해 '성-속 분리'와 싸우는 일을 지속하고 있다. 예를 들어, Mark Greene, *The Great Divide* (London: London Institute for Contemporary Christianity, 2021), https://licc.org.uk/ourresources/the-great-divide/를 보라.

분명히 해 두자면, 존 스토트는 교회 내의 안수받은 목사나 기도하는 회중의 지지와 파송을 받은 선교사의 거룩한 부르심을 폄하한 것이 아니며, **나 또한 마찬가지다.** 사실상 그는 두 종류의 부르심을 (신학적이고 재정적이고 전략적으로) 철저히 지지하고 있다. 둘은 모두 교회의 사역과 세상 속에서의 선교에 필수적이다. 하지만 성경에서 목사나 선교사라는 단어가 가지는 넓은 포괄성을 고려한다면 둘 중 그 누구도 사역이나 선교라는 범주를 전적으로 점유할 수 없다. 있는 그대로 말하자면, 사역은 너무나 넓어서 '사역자'(안수받은 목사)에게만 오롯이 맡겨질 수 없다. 또한 선교는 너무나 광범위해서 '선교사'에 의해서만 이루어질 수 없다. 교회가 보수를 지급하는 직책들을 모든 신자들이 매일 하는 일이나 봉사보다 어떤 식으로든 '더 높은 부르심'으로 격상시키는 것은, 그들이 감당할 수 있는 수준을 훨씬 넘어서는 짐을 부과하는 것이다. 그래서 존 스토트는 이렇게 결론짓는다. "우리는 이런 위계를 거부하고 피라미드를 부수어야 한다."[12]

결론을 내리기 위해 시작점으로 돌아가고자 한다. 예수님은 위대한 이야기 중앙의 절정부에 놓인 대위임령 도입부에서, 자신이 전 창조 세계의 주님이라는 광대하고 우주적인 주장을 하셨다. 이 주장은 지구라는 행성 위의 모든 생명체가 살아가는 영역에 대한 주되심을 뜻한다. 예수님은 일터와 가정의 주님, 길거리와 하늘의 주님, 학교와 빈민가의 주님, 병원과 집의 주님이시다. 그분은 정부와 사업체와 대학과 스포츠와 문화의 주님이시며, 모든 시간과 공간의 주님, 하늘과 땅의 주님이시다. 주 예수 그리스도의 통치하시는 권위 **바깥**에서 살고 일할 수 있

---

12 Stott, *The Contemporary Christian*, p. 142.

는 공간은 이 땅 어디에도 존재하지 않는다. 이것은 제자가 되고 제자를 삼으라는 선교적 명령이 이처럼 보편적(예수님이 주님이신 곳이면 어디에나 있는)이라는 뜻이다. 즉 선교적 명령은 모든 곳에 있다.

선교는 특별한 전문 위원회에 맡겨진 의제가 아니다. 선교는 모든 종류의 관리 기술을 보유한 대행사가 알아서 처리하는 프로젝트가 아니다. 선교는 '나머지 사람들을 대신해' 임명되고 훈련받고 파송되고 보수를 받는 특별한 사람들을 위해 마련된 이국적 소명이 아니다.

선교는 하나님의 온전한 교회를 이루는 모든 구성원들의 삶 전체를 규정하는 존재 양식이다.

하나님이 우리와 모든 교회가 그 실재가 가지는 함의를 살아 내도록 도우시기를.

하나님의 영광을 위하여.

성경 찾아보기

구약

창세기

참조	쪽수
1장	23, 72, 172, 180, 187
1-2장	43-44, 192
1-11장	23
1:1	101, 166
1:20-21	176
1:22	176
1:24-31	176
1:26-28	42-43, 177-180
1:27	47
1:28	176
1:29-30	177
1:30	176
2장	117, 180, 192
2:7	176
2:15	42-43, 177, 180
2:18-25	47
3장	44-47, 72, 94, 182
3:6	46-47
3:15	48, 53
3:17	47, 194
4-11장	48
5:29	49
6:17	176
7:15	176
7:22	176
9:10	176
10장	169
11장	49
12장	49
12:1-3	212
12:3	50
15장	49
17장	49
18장	49
18:18	50
18:18-19	212
18:19	212
18:25	63
22:18	50, 212
26:4	50
26:4-5	212
28:14	50, 212

출애굽기

참조	쪽수
3:8-10	117
4:22	52
19:3-6	74
19:4-6	34, 51
19:6	180
34:6-7	142
34:6-8	114

레위기

참조	쪽수
10:10-11	131

25:23	51	24:1	43, 118, 173, 187	잠언		
		25:4-5	131	12:10	190, 191	
신명기		25:8-9	131	14:31	191	
2장	169	50:6	171	17:5	191	
4:1-14	131	50:12	187	19:17	191	
4:6-8	150	65:9-12	171	29:7	162, 190	
4:15-20	175	96편	79			
4:32-39	97	96-99편	115	**이사야**		
4:39	58, 104, 147, 167	96:1-3	121	6:3	187-188	
6:1-9	131	96:9	175	11:6-9	197	
6:4-9	97	96:10-13	63, 198-199	32:1	197	
6:20-25	131	96:13	185	32:15-20	197	
8:1	147	97:1-2	142	35장	198	
10:12-19	148	97:2	115	43:8-10	60	
10:14	173	98편	79	52:7	121	
10:17-19	148	101:1	143	58:6-8	151	
15:4-5	153-154	104편	44, 172, 178, 184	58:10	151	
15:5	154	104:14-30	177	60:1-3	151	
32:8	169	104:25-26	184	61:8	142	
33:10	131	104:27-30	171	64:1	208	
		104:29-30	176	65:17	66, 198	
열왕기상		104:31	187	65:17-25	65, 198	
12:7	179	115:16	43, 176	66:1	174	
		119:99	131			
욥기		145:9	142, 178, 190	**예레미야**		
29장	63	145:10	183	29장	31	
31:26-28	175	145:13	178, 190	29:7	117	
		145:13-17	190			
시편		145:16	178, 190	**호세아**		
8편	44	145:17	142, 178, 190	4:1-6	131	
19편	44	145:21	183			
19:1	189	148편	44	**미가**		
19:1-4	171, 186	148:7-13	184	6:8	144	

스가랴

7:9	144

말라기

2:1-9	131

신약

마태복음

4:1-11	147
5:6	143
5:7	143
5:13-16	117
5:16	149-150
5:43-48	159
6:1-4	143
6:33	144
7:21-27	140
16:18	104
23:23	144
25장	191
28:16-17	167
28:16-20	58
28:18	167, 206
28:18-19	213
28:18-20	100-101
28:19-20	130
28:20	140, 154

마가복음

1:1	121, 124
1:14-15	124

누가복음

11:28	140
24:37-43	200
24:44-48	94
24:44-49	103
24:45-48	59
24:46	103
24:48	103

요한복음

1:14	56
14:15	98
14:21	98
14:23	98
14:23-24	140
14:25-26	131
16:11	67
16:12-15	131, 132
17:6-8	132
17:13-18	82
17:20	77
21장	200

사도행전

1:1-11	59
2:45	153
2:47	153
4:32-35	153
4:34	154
6장	154, 156, 222
6:1	154
6:2	154
6:4	154

10:38	114
11:27-30	154
12:25	154-155
13장	154
13:1-3	155
13:17-22	69
14:17	171
17:24-26	169
18:27-28	133
19:1-7	132
20:20	133
20:27	69, 84, 85, 108, 133
26:17-18	84

로마서

1:1	122
1:1-4	124
1:5	59, 98, 139
1:18-32	175
1:20	171
1:20-21	189
3:23	196
4장	74
4:1-25	124
6:3-4	125
8장	64, 195, 200, 202
8:18-25	199
8:20	196
8:21	196
8:23	199-200
9-11장	74
13:1-7	157
13:3하	161

13:4	222	3:8	74, 212	1:20	124, 205
15:4	74	3:26-29	125	1:21	205
15:18-19	139	3:29	74	1:22	205
15:25	156	6:10	159	2:11-12	125
15:27	157			2:15	126
16:26	59, 98, 139	에베소서		2:20-3:4	68
		1장	58	3:1-4	80
고린도전서		1-3장	219	3:16	219
3:6-9	134	1:9-10	69, 85, 99, 107		
3:9	109	1:10	101, 196, 205	데살로니가전서	
3:10	117	1:13-14	78	1:2-3	98
10장	74	2-3장	74	1:9-10	84
10:26	115, 118	2:4-6	68		
15:3-4	94	2:10	117	데살로니가후서	
15:3-5	124	2:14-18	124	1:7-9	62
15:20	67	2:19-22	83	1:8	139
15:44	200	3:6	197		
16:1-4	156	4:1	219	디모데전서	
		4:11	219	2:1-2	157
고린도후서				2:14	47
4:6	149	빌립보서		6:17-19	162
5:14-17	23, 68	3:9	78		
5:17	81	3:20	80	디모데후서	
5:19	124	3:21	200	1:13-14	133
6:1	82, 109			2:1-2	133
8장	156	골로새서		3:15-17	74
8:13-14	157	1:9	107	3:16-17	75
9:13	139	1:9-11	84		
		1:10	85	디도서	
갈라디아서		1:11	86	1:1	15, 33, 160
2:1-10	156	1:15-20	101, 115, 197, 204, 205	1:5	161
2:10	155			1:12	33, 160
2:20	80	1:15-23	118	1:16	161

2장	160-161	3:1	219	**요한계시록**	
2:1-15	133	**베드로전서**		1장	58
2:4	161			1:5	67, 92, 118
2:5	161	2:9-12	74	4-7장	58
2:7	161	2:24	124	5:6	115
2:9-10	161	4:17	160	5:10	181
2:11-14	160			5:13	186
2:12-14	160-161	**베드로후서**		6:12-7:17	78
2:14	117, 139, 161	3:3-4	202	6:17	78
3:1	117, 161	3:6-7	202	7:9	53
3:4-8	160	3:10-12	203	20장	67
3:5-6	160	3:10-13	201	21장	68
3:8	117, 139, 161	3:13	203	21-22장	23, 65, 175, 198, 203, 208
3:14	117, 139, 161	**요한1서**		21:1	101, 166
히브리서		2:3	140	21:3	65, 208
1장	58	2:20-27	131	21:4-5	64-65
2:14-15	124	3:2	200	21:5	61
5:9	140	3:17-18	162	21:8	81
11장	76	3:21-24	140	21:22	66
11:1	78	5:1-3	140	22:3-4	66
				22:15	81
야고보서		**요한3서**			
2:14-17	162	6-8절	218		
2:14-26	140				

옮긴이 정효진은 부산대학교에서 영문학을 공부하고 IVP에서 편집자로 일했다. 현재 프리랜서로 출판 편집과 번역을 하고 있다. 옮긴 책으로는 『나를 위한 처방, 너그러움』, 『아기 새야, 높이 날아올라』(이상 IVP), 『이야기는 힘이 세다』, 『바이블 인포그래픽 3』, 『바이블 인포그래픽 활동북』(이상 성서유니온선교회), 『신성한 제인 에어 북클럽』(옐로브릭)이 있다.

하나님의 선교, 세상을 바꾸다

초판 발행 2024년 7월 10일
초판 2쇄 2025년 6월 30일

지은이 크리스토퍼 라이트
옮긴이 정효진
펴낸이 정모세

편집 이성민 이혜영 심혜인 설요한 박예찬
디자인 한현아 서런나 | 마케팅 오인표 | 영업·제작 정성운 이은주 조수영
경영지원 이혜선 이은희 | 물류 박세율 정용탁 김대훈

펴낸곳 한국기독학생회출판부 | 등록번호 제2001-000198호(1978.6.1)
주소 04031 서울시 마포구 동교로 156-10
대표 전화 (02) 337-2257 | 팩스 (02) 337-2258
영업 전화 (02) 338-2282 | 팩스 080-915-1515
홈페이지 http://www.ivp.co.kr | 이메일 ivp@ivp.co.kr
ISBN 978-89-328-2272-3

ⓒ 한국기독학생회출판부 2024

책값은 뒤표지에 있습니다.
무단 전재와 복제를 금합니다.